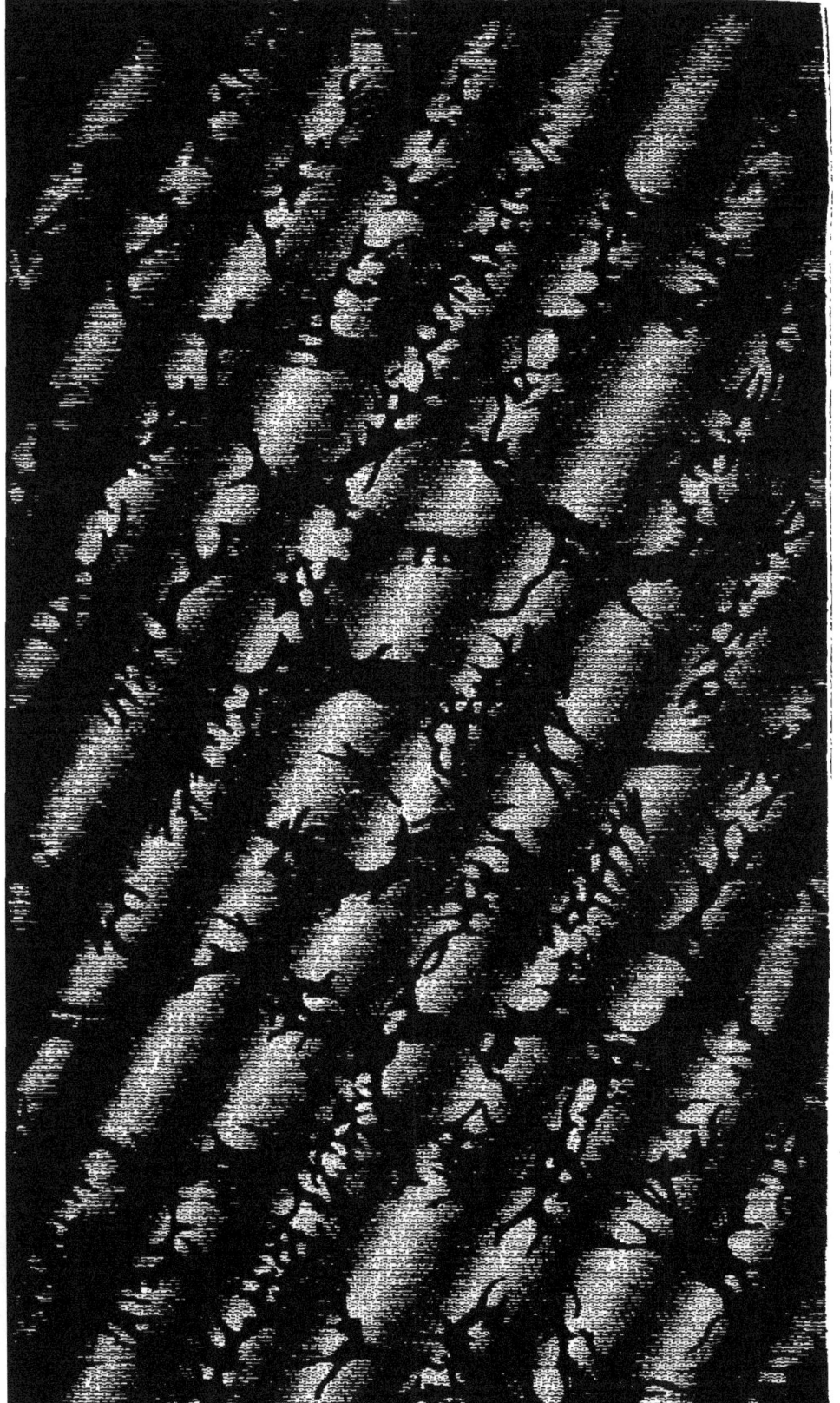

HENRY D'ESTRE

D'ORAN A ARRAS

IMPRESSIONS DE GUERRE

D'UN

OFFICIER D'AFRIQUE

LE BRANLE-BAS EN ALGÉRIE
DE LA MÉDITERRANÉE A LA MARNE
UN COIN DE LA BATAILLE DE LA MARNE
LA MARCHE EN AVANT
SOUS SOISSONS — SOUS ARRAS
DEVANT LE LABYRINTHE

PARIS
LIBRAIRIE PLON
PLON-NOURRIT ET Cie, IMPRIMEURS-ÉDITEURS
8, RUE GARANCIÈRE — 6e

1916
Tous droits réservés

Il a été tiré de cet ouvrage 15 exemplaires sur papier de Hollande, numérotés 1 à 15.

D'ORAN A ARRAS

OUVRAGES DU MÊME AUTEUR

Au Temps du panache. Nouvelles sur les armées de la Royauté, de la Révolution et de l'Empire. Un volume in-16. Prix.. 3 fr. 50

(Librairie Plon.)

L'Adversaire. Aperçu historique sur le développement de la puissance militaire de l'Allemagne, de ses origines à juin 1915. Une brochure in-8° (août 1915)........... 1 fr.

(Berger-Levrault, éditeur.)

HENRY D'ESTRE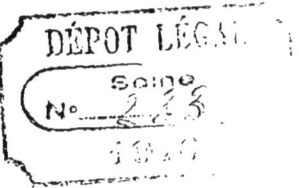

D'ORAN A ARRAS

IMPRESSIONS DE GUERRE

D'UN

OFFICIER D'AFRIQUE

Feuilles détachées d'un carnet de guerre

PARIS
LIBRAIRIE PLON
PLON-NOURRIT ET Cie, IMPRIMEURS-ÉDITEURS
8, RUE GARANCIÈRE — 6^e
—
1916
Tous droits réservés

Copyright 1916 by Henry d'Estre.

Droits de reproduction et de traduction réservés pour tous pays.

D'ORAN A ARRAS

IMPRESSIONS DE GUERRE D'UN OFFICIER D'AFRIQUE

I

LE BRANLE-BAS EN ALGÉRIE

Lyon, vendredi 24 juillet 1914. — Je suis arrivé en France lundi, détenteur d'une permission de trente jours, qu'en bon Algérien, sevré depuis mai de fraîcheur et de verdure, je compte passer dans la montagne. Là j'oublierai le siroco et la fâcheuse obstination du thermomètre refusant de descendre de son piédestal de 25 degrés à l'ombre. Là, perdant un instant de vue mes occupations habituelles, je délaisserai le Saumur (1), pour me récréer, au bord d'un lac bleu, et effectuer quelques ascensions.

Bref, j'ai fait de beaux projets. Ils doivent me

(1) Recueil de lois, décisions et décrets dont s'aide l'officier d'état-major dans ses travaux de chancellerie.

conduire en Savoie et en Suisse, peut-être même au Tyrol. Léger comme Perrette, je n'ai négligé qu'une chose en construisant mes châteaux en Espagne : le sempiternel : Inch'Allah! S'il plaît à Dieu! dont l'Arabe émaille sans cesse ses discours dès qu'il fait quelque projet. Les événements vont bientôt se charger de m'en rappeler l'éternelle sagesse.

En attendant, je me suis arrêté au passage à Lyon, pour y visiter l'Exposition, dont on m'a dit merveilles. A sa porte je rencontre Ben S..., un lieutenant indigène des tirailleurs algériens avec lequel j'ai fait la traversée. Rentré récemment du Maroc après deux ans de campagne, il est venu, la bourse bien garnie, achever en France son congé de fin de campagne et réaliser un rêve depuis longtemps caressé : voir Paris. Nous entrons et pénétrons d'abord dans le pavillon de la soierie.

Mon compagnon s'y croit transporté au septième ciel du paradis de Mahomet, et a peine à s'imaginer que les quelques centaines de mannequins en cire, très suggestifs, ma foi, dans leurs toilettes éblouissantes ou en leurs coquets déshabillés, ne soient des houris en chair et en os. Longtemps il stationne devant la vitrine de je ne sais quel grand magasin, où se prélassent une douzaine de gracieuses mondaines savourant le thé, dans des poses nonchalantes.

Il voudrait acheter une de ces poupées. Pour sa femme, prétend-il. Mais ses économies n'y suffiraient pas. Afin de lui faire oublier cette déconvenue, je le conduis au pavillon allemand, lourde construction tudesque qui symbolise admirablement l'Allemagne de 1914. Sur le frontispice est peint un aigle noir colossal qui, dardant des yeux étincelants, tient dans une de ses serres un sceptre impérial et dans l'autre un globe terrestre. Le bâtiment est en outre coiffé d'un toit bizarre et d'un goût bien germain. C'est une sorte d'énorme casque à pointe, en tuiles vertes, avec au sommet un clocheton jaune. Sans doute l'architecte auteur de cette étrange toiture a-t-il voulu traduire en elle la force allemande à l'abri de laquelle s'épanouissent l'industrie et le commerce.

Nous entrons. Dans les salles très nues, peu d'échantillons, mais les plans des grandes villes allemandes avec à côté des tableaux statistiques résumant, d'une façon très pratique, leur mouvement industriel et commercial. La nomenclature des principales firmes, accompagnée des facilités qu'elles offrent au client, figure bien en vue, et je constate, en les parcourant, que la plupart de ces maisons ont des succursales en France, installées pour nous concurrencer sur notre propre territoire. C'est l'invasion commerciale, la conquête économique, précédant celle à main armée pour la possession définitive du sol. Pour celle-ci, sans doute, sont effectués les formidables armements que l'Allemagne achève à l'heure présente?

Mais je m'énerve ici, et Ben S... s'y ennuie. Décidément le salon de la mode était plus gai et je suis, sans me faire prier, le conseil du camarade qui voudrait y retourner pour admirer les merveilleuses poupées. Nous y trouvons une demi-douzaine de messieurs à lunettes d'or, dont le costume et la raideur d'allure me disent assez la nationalité. Ils s'extasient bruyamment devant les vitrines, tout en prenant force notes et croquis. Ce sont sans nul doute des manufacturiers et couturiers d'outre-Rhin, venus pour étudier nos étoffes et copier nos modes. A leur retour, ils inonderont leur pays et le nôtre de leurs contrefaçons et s'enrichiront aux dépens de nos commerçants : concurrence un peu canaille, mais bien allemande!

Même jour, 17 h. 30, en gare de Perrache. — Me voici dans l'express de Grenoble, point de départ de mon excursion alpestre. Les journaux de Paris, arrivés à l'instant, donnent, précédés de manchettes énormes, l'ultimatum de l'Autriche à la Serbie. Sa lecture me persuade que la guerre est imminente et que mes projets de voyage vont tomber à l'eau, ou plutôt au feu de la grande guerre depuis longtemps voulue et préparée par l'Allemagne et sa complice l'Autriche. Dans mon compartiment, mes compagnons de route, des commerçants dauphinois qui rentrent de l'Exposition, commentent à haute voix les événements, et sont d'un avis tout différent du mien. A leurs yeux tout cela est bluff. C'est l'habituelle alerte annuelle. D'ailleurs, prétendent-ils, la guerre est impossible à notre époque, celle des nations armées et de l'enchevêtrement des intérêts économiques. Bref, à leur dire, on peut être tranquille et dormir sur ses deux oreilles.

Mardi, 28 juillet, même lieu. — Minuit! Je suis de nouveau à Perrache, en route cette fois pour l'Algérie! L'ordre de rejoindre mon poste m'a surpris ce matin à Grenoble, où j'étais resté pour attendre les événements. J'ai pris ici le rapide de Marseille, qui doit m'amener demain matin dans la cité phocéenne où j'ai débarqué il y a huit jours. Finis mes projets, et comme Perrette, je me répète : Adieu, veau, vache, cochon, couvée!

Le train est littéralement bondé de militaires qui rejoignent comme moi leurs garnisons. Rien que dans mon compartiment nous sommes sept officiers sur huit voyageurs. Sur les quais, quantité de soldats dont j'admire la gravité d'allure, le sérieux, la belle tenue aussi. Celle-ci contraste un peu avec le laisser-aller bruyant et un tantinet débraillé dont nos permissionnaires sont parfois coutumiers. Il y en a là plusieurs centaines, militaires de toutes armes, de toutes provenances. Parmi eux pas un homme ivre ou même simplement échauffé par la boisson. Pas un mot, pas un geste de récrimination de la part d'un quelconque de ces braves garçons, pourtant rappelés hâtivement de leurs foyers. Sur le visage de tous se lit la plus mâle assurance et la volonté arrêtée d'en finir, une fois pour toutes, avec les éternels provocateurs, s'ils veulent cette fois jouer la partie.

Allons, tout cela est bon signe! La liquidation de la vieille querelle me semble devoir s'ouvrir dans les meilleures conditions pour nous.

Mercredi 29, 6 heures du matin. En gare de Marseille. — Durant toute la nuit notre convoi s'est grossi de nouveaux arrivants : soldats et officiers d'Afrique de tous grades, de toutes armes, de tous services; aussi, à notre arrivée ici, une longue file de voitures de place se dirige de la station Saint-Charles vers le fort Saint-Jean, siège de la sous-intendance qui doit nous mettre en route sur Alger. Elle aura fort à faire, car la vieille forteresse est littéralement bondée de permissionnaires en rupture de permission.

Zouaves, tirailleurs, légionnaires, bat' d'Af' s'y entassent en compagnie de chasseurs d'Afrique, de spahis, de canonniers, de sapeurs, de tringlots. Bref, c'est un véritable kaléidoscope, un chatoiement de couleurs dont le soleil provençal rehausse encore l'éclat. Tout ce monde paraît dans les mêmes dispositions que les troupiers entrevus à Lyon. Près de moi, un vieux sergent de zouaves, à la barbe chenue, résume d'une apostrophe énergique l'opinion générale de ses camarades : « Qu'on leur casse la g... une fois pour toutes, à ces c..., et que ça finisse. »

Même jour, en mer. — Notre paquebot, la *Ville-d'Alger*, semble un affrété tant il regorge de militaires. Les cabines des différentes classes, le pont, l'entrepont, la cale même en sont pleins à déborder. J'ai trouvé à bord quantité de chefs, de camarades qui rejoignent comme moi. Les permissions de longue durée se demandant généralement après le 14 juillet, les plus chanceux ont séjourné en France environ quinze jours. Ce furent les heureux. D'autres, arrivés de la veille, ont à peine atterri. Mais le plus guignard est assurément le commandant X..., que chacun se montre en souriant. Parti d'Alger avant-hier, la télégraphie sans fil l'avisa, alors qu'il voguait vers la France, qu'en arrivant à Marseille il eût à se réembarquer aussitôt. On devine sa grimace, d'autant qu'il n'avait revu la mère patrie depuis plusieurs années et est sujet au mal de mer.

Naturellement, durant la courte traversée, (vingt-sept heures environ), la conversation roule sur les grands événements qui semblent devoir se dérouler d'ici peu. Sur la probabilité de guerre, les passagers sont très divisés. Les uns croient à l'inévitable lutte, les autres à une simple alerte comme il y en a tant eu. Vous verrez qu'une fois de plus tout cela tournera en eau de boudin et que nous en serons pour notre permission, concluent ces optimistes, et ils évoquent l'affaire Schnœbelé, Fachoda, Agadir, que sais-je!

Jeudi 30, 17 heures, en vue d'Alger. — L'aspect féerique d'Alger, vu du large, a été trop de fois décrit pour qu'il soit nécessaire d'y revenir ici. Mais peut-on omettre de rappeler que la ville compte actuellement 175 000 habitants et qu'elle déploie sur une longueur de 16 kilomètres, de Saint-Eugène à Mustapha, la splendeur de ses maisons blanches, qui l'a fait si justement comparer, par les poètes arabes, à un beau cygne endormi au bord d'un lac bleu.

L'heure de l'arrivée du paquebot coïncide précisément avec celle où Alger s'éveille au mouvement, pour jouir de la fraîcheur relative qu'amène la brise du soir. Le climat y est en effet assez pénible l'été, tant en raison de la chaleur que de sa grande humidité. Aussi en cette saison, aux heures chaudes du jour, c'est-à-dire de 9 heures du matin à 4 heures du soir, l'Européen et même l'indigène ne se hasardent guère dans l'étuve de ses rues. L'après-midi est donc le plus souvent consacrée au *dolce farniente* ou à la sieste réparatrice, qui dure généralement jusqu'à 4 ou 5 heures. Mais alors, quel mouvement dans la ville! Quelle cohue cosmopolite sur les terrasses de ses cafés, surtout sur le boulevard de la République, d'où l'on domine de cent pieds le port et l'admirable golfe au bord duquel s'étale l'antique El-Djezaïr.

Au moment où le navire accoste, tout Alger est là pour assister à l'arrivée du paquebot journalier. Tout ce monde est venu, moins pour apprendre de nous des nouvelles de France, ainsi qu'il en était au temps jadis, il y a bien longtemps, avant l'installation du câble télégraphique, mais bien plutôt pour nous en donner. La télégraphie sans fil ne fonctionnant pas à bord de notre paquebot vétuste, nous ignorons tout ce qui s'est passé en Europe depuis plus de vingt-quatre heures. Or, Dieu sait si les événements marchent vite en ce moment. Les Algérois vont donc nous renseigner à leur sujet. Combien ce fait, si naturel aujourd'hui, eût-il semblé paradoxal à nos pères : aux Français d'Alger de l'époque des navires à voiles, qui mettaient plus d'une semaine à accomplir la traversée; à ceux du temps des premiers vaisseaux à vapeur, qui effectuaient le voyage en trois ou quatre jours encore. Pour eux, l'arrivée du courrier était un événement, une source de nouvelles toutes fraîches à laquelle chacun venait s'abreuver avidement. Aujourd'hui, au contraire, les voyageurs ont hâte de débarquer pour savoir.

Nuit du 30 au 31. En chemin de fer. — Arrivé à 5 heures à Alger, j'ai pris le train de 9 heures pour gagner Oran. En descendant du paquebot, j'ai appris le bombardement de Belgrade, prodrome sans doute de l'universel embrasement. Aussi, durant tout le trajet, je songe aux grands événements qui s'accomplissent à cette heure. En vain, je cherche à échapper à cette obsession et tente de la combattre par le spectacle, très beau durant ces nuits d'été, de cette moitié d'Algérie que je traverse. Ni les splendeurs de la Mitidja avec ses moissons, ses orangeries et ses vignes; ni les beautés de l'Ouarsenis, dont les djebels arides se profilent dans le clair obscur à la façon de paysages de Doré, ne parviennent à m'en distraire. Elle se prolonge au lever du jour, durant la longue traversée du bled oranais, véritable grenier d'abondance de l'Algérie tant il est riche en blé. Mais les gerbes sont déjà cueillies, laissant à nu une plaine calcinée sur laquelle poudroie le soleil levant.

Sur la route longeant la voie ferrée une famille de bédouins chemine, que la lenteur de cet express algérien et la grande transparence de l'air me permettent de suivre un instant du regard. L'homme, jeune et vigoureux, chevauche l'unique bourriquot, portant en croupe son fils déjà grand et objet de son orgueil (1). Le faible aliboron plie sous la double charge, mais trotte néanmoins d'un pas allègre sur ses pauvres jambes qu'a peine à suivre la femme, une moukère jeune, mais déjà flétrie, toute courbée sous l'énorme fardeau dont l'a accablée son maître et seigneur. Il l'a surchargée ainsi, moins pour délester son âne, ce dont il ne se soucie, que pour se prélasser plus à son aise. Et je me dis que ce spectacle serait un peu l'image de la domination allemande, si d'aventure l'Allemagne allait triompher dans la lutte qui va s'engager vraisemblablement. La France vaincue deviendrait l'humble suivante, pliant sous le faix, et notre peuple si laborieux, si pacifique, jouerait le rôle de l'âne.

---

(1) Les indigènes considèrent le plus souvent la naissance d'une fille comme une calamité.

1er août. — Le télégramme nous apportant l'ordre de mobilisation nous est arrivé au Château-Neuf (1) aujourd'hui à 4 heures, nous remplissant de joie. Aussitôt d'autres dépêches venant de tous côtés ont commencé à affluer dans nos bureaux, sans préjudice des coups de téléphone. Il en arrive toutes les dix minutes environ, aussi bien de nuit que de jour, et cela durera jusqu'à notre départ. La franchise postale a quelquefois des inconvénients et il est des instants où le progrès n'apparaît pas toujours comme un avantage. Sous le premier Empire, où l'on ne connaissait que les estafettes, les états-majors jouissaient de plus de calme.

Il est 7 heures quand nous quittons le Château-Neuf, où le camarade de service vient de s'installer pour la nuit. Dehors, sur le boulevard, règne une prodigieuse animation. La foule va, vient, se presse, se bouscule; les terrasses sont *blanches* de consommateurs et jusqu'à une heure avancée de la nuit chacun commentera le grand événement.

Dimanche 2 août. — La proclamation du Président de la République à la nation française et l'ordre de mobilisation générale ont été affichés

---

(1) Siège de la division

ce matin dans toute l'étendue du territoire algérien. Les premiers mobilisés rejoignant aujourd'hui, les rues et boulevards de la ville se sont peuplés soudain de culottes rouges. Chacun s'étonne de se retrouver sous l'uniforme, et pas toujours à son avantage. La tenue de l'armée d'Afrique, surtout celle si seyante de nos zouaves, exige essentiellement une taille assez fine. Ceux de nos réservistes, restés sveltes, et c'est la majorité, ont très bonne figure; en revanche, certains bons pères de famille déjà bedonnants, avec la culotte bouffante qui raccourcit les jambes, et le boléro dissimulant mal le gros ventre, n'ont rien de guerrier dans leur allure. On les plaisante un tantinet. Eux prennent gaiement la chose. Comment se fâcher d'ailleurs sous ce ciel dont la pureté bannit toute mauvaise humeur?

Comme c'est dimanche, toute la population est dans la rue. Elle est ici aussi variée qu'à Alger, et l'élément néo-français, surtout israélite et espagnol, y abonde plus qu'ailleurs. Tous ces braves gens s'entretiennent de la guerre, maintenant inévitable, et cette perspective ne semble pas les troubler outre mesure. Pour être vif à la façon d'un Français du Midi, l'Algérien n'en possède pas moins un grand fonds de calme. C'est d'ailleurs, sur son continent, un homme de l'extrême septentrion. Dans ce pays aux vastes horizons, où la richesse se développe depuis dix ans d'une façon prodigieuse, les caractères s'affirment de bonne heure, et souvent avec une force singulière. Comme les affaires — et il en est d'énormes dans ce grand port cosmopolite — se traitent le plus souvent à la terrasse des cafés, c'est-à-dire dans la rue, chacun en reçoit plus ou moins le contre-coup et apprend ainsi à ne s'étonner de rien.

Aussi la guerre, pour surprendre tout le monde, n'étonnera personne. L'Algérien, qui, sous l'uniforme de zouave, ou de chasseur d'Afrique, va répandre si vaillamment son sang sur les champs de bataille de France et mériter ainsi, quand ce n'est déjà fait, ses lettres de grande naturalisation, considère du reste les événements de loin, pour le moment du moins, ne se sentant pas directement menacé. Les contingences possibles l'intéressent surtout actuellement. Le grand point d'interrogation qui se pose aujourd'hui pour lui est moins l'invasion éventuelle de la métropole, car chacun a confiance, que l'attitude possible de l'Italie et celle des indigènes. Qu'adviendrait-il, en effet, de l'Algérie, si la Méditerranée cessait d'être libre, ou si, comme en 1871, une partie de nos sujets musulmans levaient l'étendard de la révolte? De là un peu d'inquiétude, même chez les plus optimistes.

Mais celle-ci se calmera bien vite. Dès demain 3 août, nous apprendrons que le prince Ruspoli, chargé d'affaires d'Italie, a notifié à M. Viviani la neutralité de son pays. Quant au loyalisme de nos sujets musulmans (5 000 000 pour 800 000 Européens, souvent perdus dans le bled et parfois totalement isolés au milieu d'eux), il ne se démentira pas un seul instant. C'est par milliers qu'Arabes et Kabyles vont se présenter aux bureaux de recrutement, dans l'intention de s'engager pour la durée de la guerre. Ce fait si symptomatique témoigne de l'admirable cohésion de la colonie et fait le plus grand honneur à ses administrateurs. Une mesure bien comprise va d'ailleurs contribuer à cet état de choses, si différent de celui de 1871. C'est celle étendant aux femmes indigènes, mères et épouses de militaires sous les drapeaux, l'indemnité de 1 fr. 25 par tête et de 0 fr. 50 par enfant, attribuée dans la métropole aux Françaises dans la même situation. Cette généreuse disposition sauvegardera le présent et assurera l'avenir. L'influence de la femme est en effet considérable dans les milieux musulmans, en dépit de son attitude en apparence effacée (1). Bien souvent ce sont elles qui ont

---

(1) L'épisode suivant, survenu au Maroc, est significatif à cet égard. Quelques années avant la guerre, un chef indigène, prêt à se rallier à notre cause, après

déclanché des insurrections, qu'on eût pu parfois éviter, avec un peu plus de connaissance des mœurs arabes. Il était donc d'une psychologie excellente de mettre le beau sexe de notre côté. La mesure précitée a complètement réalisé ce but. Fathma, inquiète au début du départ de son homme, a vite pris parti de la situation quand elle a touché l'indemnité journalière. Mieux! elle a trouvé tout avantage dans le nouvel ordre de choses instauré par le Roumi (chrétien). Messaoud ou Mohamed présent, l'argent de sa paie allait parfois, en grande partie, au café maure, au bain et chez les almées. Aussi, depuis qu'il est à la guerre, elle n'a jamais été plus riche. Son rêve serait de voir durer, le plus longtemps possible, des temps si avantageux pour elle. Heureuse Fathma!

Un incident bien typique me donnera d'ailleurs, ce dimanche soir même et sous une forme gaie, une première note du loyalisme de nos sujets.

avoir longtemps guerroyé contre nous, faisait prévenir le commandant de la colonne française qui lui était opposée qu'il l'attaquerait une fois encore avant de demander l'aman. « Tu comprends, disait-il à l'interprète auquel il expliquait la chose, si je n'avais encore quelques hommes tués avant de rejoindre mes tentes, nos femmes nous traiteraient de lâches (Kelb beni Kelb, chiens fils de chiens), et aucun de mes cavaliers n'oserait se présenter chez lui. »

Il pouvait être 9 heures du soir, les derniers accents de la retraite militaire, le roulement des tambours, les sonorités des clairons et les sons nasillards de la nouba (1) venaient de s'éteindre vers les casernes lointaines, quand une rumeur grossissante parvint jusqu'à la terrasse de la brasserie où j'étais attablé avec quelques camarades, humant le frais et discutant sur les événements. Comme elle venait vers nous, nous nous levâmes, pour aller voir au coin du boulevard ce qui pouvait bien la motiver. Et une singulière et touchante manifestation se déroula sous nos yeux.

C'étaient les petits cireurs indigènes pas plus hauts qu'une botte, les petits biskris, dont une boîte en bois blanc renfermant quelques brosses constitue tout le fonds social, qui s'étaient réunis dans les hauts quartiers en un turbulent meeting. J'ignore ce qu'on y a voté, mais à l'issue de cette grave réunion, les manifestants défilaient maintenant, quatre par quatre, derrière le drapeau corporatif constitué par trois chiffons tricolores noués ensemble (le syndicat n'est pas riche). Et tous, brûlant du désir de combattre pour la noble cause, mais ne pouvant hélas! devenir tirailleurs ou spahis, dévalaient

(1) Musique indigène de nos tirailleurs.

vers le port en chantant *li* drapeau de la France.

Qui si qui rend li cœur joyeux!

Et longtemps après, dans la soirée, comme je regagnais ma petite villa de Miramar, sise sur la falaise dominant la rade où s'entassent maintenant, en vue du prochain départ des troupes, les cargos et les paquebots de toutes dimensions, les chants des petits cireurs acclamant la France montaient jusqu'à moi. Aux cieux, le croissant argenté de la lune, symbole de l'islam, affectait un profil quasi humain qui semblait sourire malicieusement. Sans doute souriait-elle, Phébé, à la pensée du grand soulèvement musulman dont rêvait, peut-être à cette heure, le kaiser.

Mardi 4 août. — Une dépêche officielle nous apprend que les croiseurs allemands *Gœben* et *Breslau* viennent de lancer des obus sur nos côtes algériennes. Ainsi préludent-ils, par le bombardement des villes ouvertes de Bône et Philippeville, par le massacre de quelques femmes, enfants et vieillards inoffensifs, aux sinistres exploits de la flotte allemande. On s'imaginait ici, ainsi qu'en France, être en guerre avec un peuple civilisé; aussi chacun s'étonne et s'indigne de ce manquement total aux conventions internationales. Comme on ne sait trop ce que sont devenus ces écumeurs et qu'Oran leur offrirait une large cible, la population s'inquiète un instant; mais le calme renaît bien vite. D'ailleurs les batteries de côtes qui battent au loin la rade seraient en mesure de répondre aux forbans et de les tenir éloignés, s'ils se présentaient d'aventure.

6 août. — Anniversaire de Frœschviller. On sait combien les troupes d'Afrique, et en particulier nos tirailleurs, se couvrirent de gloire dans cette journée, au cours de laquelle elles luttèrent longtemps avec succès contre des forces quadruples et ne furent écrasées que sous le nombre. Nous n'avions alors que trois régiments de zouaves et pas davantage de turcos. Depuis, leurs bataillons se sont multipliés, surtout en raison des nécessités de la campagne marocaine. Outre quatre régiments de zouaves et neuf de tirailleurs, l'armée d'Afrique va donner à la métropole de nombreux corps de marche. Les uns (ceux de tirailleurs) purement indigènes; les autres (ceux de zouaves) où viendront s'amalgamer avec les Français de France ou d'origine de nombreux néo-Français, Israélites algériens, Espagnols, Italiens, Maltais. Le sang versé en commun soudera bien vite ces éléments disparates; il muera ces corps, un peu hétérogènes au début, en de solides régiments, de tous points comparables à leurs aînés, aux vieilles bandes d'Afrique, de Crimée, d'Italie et d'Alsace.

Les premières unités que doit tout d'abord fournir la province d'Oran, en l'espèce une brigade d'infanterie et un régiment de cavalerie, se concentrent en ce moment ici en vue d'un départ prochain. J'ai donc été chargé d'aller ce soir, à la gare de Karguenta, recevoir le N° tirailleurs qui arrive de l'intérieur pour s'embarquer sous peu. Il est 10 heures quand je pénètre dans le hall. Le premier des trains militaires arrive peu après et je vois descendre aussitôt le commandant du régiment, le colonel D..., un colosse moustachu et tonitruant, énergique et bon enfant à la fois, véritable type du chef de corps que tous ses subordonnés craignent et vénèrent. Sur un coup de sifflet de leurs officiers, *les nases* (1) débarquent rapidement des wagons aménagés où ils sont entassés depuis le matin. Vaillants nases! Quels beaux et braves soldats, que ces gaillards! Comme ils sont bien pris dans leurs uniformes bleus, dont ils ont au suprême degré la coquetterie! Comme leurs cuirs sont bien astiqués et leurs armes bien fourbies!

(1) Sobriquet algérien du tirailleur.

Il en est de très vieux, au menton rasé, dont les favoris coupés court, selon l'antique mode musulmane, vont rejoindre la moustache. Il en est de tout jeunes, sans aucun soupçon de duvet et, parmi ces derniers, des adolescents du bled qui, ne sachant un mot de français, se contentent de sourire largement quand on leur parle en cette langue. Tous, sans trop savoir où on les mène, partent pleins de confiance et de joie, tout heureux de l'espoir prochain de faire parler la poudre. Rapidement leur colonne se forme et ils défilent sous l'œil vigilant du colonel avant d'aller cantonner en dehors de la ville, aux arènes. Ainsi leur première étape va se terminer dans le cadre de ces sanglantes joutes tauromachiques (1). Ils y rêveront, sans doute, au jour ardemment attendu par eux, où, tels des taureaux, ils fonceront baïonnettes baissées sur les soldats du kaiser.

8 août. — Les bâtiments devant transporter en France la deuxième brigade d'Afrique sont rassemblés depuis hier dans la rade de Mers-el-Kébir, à l'abri de sa pointe que domine un vieux fort espagnol et sous la protection des croiseurs qui doivent escorter le convoi. Comme,

(1) Ville en partie espagnole, Oran a une *plaza de toros* digne de celles des grandes cités de la péninsule

en haut lieu, on n'est pas encore absolument sûr de la pleine sécurité de la mer, on a jugé cette précaution nécessaire. Et au point du jour, alors qu'Oran sommeille encore, affrétés et navires de guerre gagnent le large, voguant vers des destinées inconnues mais assurément glorieuses.

15 août. — C'est aujourd'hui l'Assomption. Une foule énorme remplit la cathédrale où Mgr d'Oran, prélat très éloquent, a prêché sur les événements. Dans l'assistance, quantité d'hommes, les uns appelés par leurs croyances, les autres, et parmi eux nombre d'israélites cultivés, venus pour entendre le sermon.

Au sortir de la cathédrale, on commente les derniers communiqués, ils annoncent nos progrès en Alsace avec Pau. Nos troupes d'Afrique s'y sont déjà signalées à l'instar de leurs aînées et chacun ici se sent glorieux que l'Algérie ait sa large part dans la rétrocession de nos vieilles provinces.

Dimanche 16 août. — Je me suis rendu ce matin aux baraquements des tirailleurs, où campe en ce moment un bataillon marocain. Il vient d'arriver du Maroc oriental pour concourir à la formation d'une division mixte qu'on organise à Bordeaux. Ces tirailleurs marocains, contingent de notre nouvelle colonie, qui sous l'énergique direction de son résident, le général Liautey, va fournir un appoint considérable à nos armées de campagne, sont très différents des turcos algériens au type si connu et si populaire en France. Plus beaux hommes que les Arabes de la côte et surtout que les Kabyles, les gens du Maghreb-el-Aksa (c'est-à-dire de l'Occident extrême), n'était leur teint cuivré, ressembleraient assez à certains de nos paysans du Midi.

On a sagement renoncé pour ces auxiliaires à la culotte bouffante et au boléro, si seyants mais si peu pratiques en campagne, que nos zouaves et nos turcos ont dû les abandonner. Pour être moins brillants, nos Marocains n'en sont pas moins de jolis soldats sous leur coquet uniforme kaki. Ils portent la culotte demi-bouffante et les bandes molletières qui font admirablement valoir leurs jambes nerveuses. La vareuse genre alpin et la chéchia semi-rigide avec couvre-nuque tombant sur les épaules, complètent cette tenue si bien comprise. L'équipement est à peu près le même que celui de nos fantassins et l'armement identique. En guise de capote ils ont la *djelaba*, sorte de burnous dont l'étoffe tissée en poils de chameau est imperméable et de plus peu visible, car rayée de blanc et de noir elle paraît grise, même à très courte distance. Ces soldats sont en général des hommes faits, le recrutement par voie d'engagements pouvant largement s'exercer au Maroc. Parmi eux pourtant se trouvent quelques adolescents très musclés d'ailleurs. Notre expansion marocaine est si récente encore, que beaucoup de ces braves gens ont combattu contre nous avant de servir dans nos rangs. Ils n'en sont pour cela pas moins dévoués à leur nouveau drapeau. La vaillance, la confiance et l'ardeur se lisent dans leurs yeux, comme dans ceux de leurs camarades algériens.

Plus belliqueux encore que ses coreligionnaires de l'Est, surtout que les Tunisiens (1), le Marocain est un admirable homme de guerre. Le général Lyautey, exploitant ses qualités natives, a su faire de la nouvelle conquête une vaste pépinière de nombreux et vaillants soldats. Ce fait dit toute la supériorité de nos méthodes, de notre civilisation, sur celles de l'Allemagne. Elles ont permis de convertir en auxiliaires volontaires et dévoués ces adversaires de la veille, alors qu'en un demi-siècle

---

(1) D'une façon générale l'esprit guerrier des indigènes de l'Afrique du Nord va en croissant de l'est à l'ouest, et un proverbe arabe dit à ce sujet : « Le Tunisien est une femme; l'Algérien, un homme; et le Marocain, un lion. » Inutile d'ajouter qu'en dépit de ce dicton nos Tunisiens se sont montrés non moins valeureux que leurs camarades de l'Ouest.

la germanisation n'a pu obtenir que des enrôlés par force de l'Alsace, cette terre de braves qui a fourni tant d'hommes de guerre célèbres à la Révolution et au premier Empire.

Même jour après midi. — *Les internés allemands.* — Arrivés ce matin par le paquebot de Casablanca, ils ont défilé tantôt à travers les rues, en longue et lamentable procession, se rendant du port à Karguenta, où un train les attendait pour les conduire à l'intérieur, dans une ville gaie et salubre où ils seront internés.

Ils étaient au nombre d'une centaine environ, dont quelques femmes et une demi-douzaine de mioches. Il y avait parmi eux beaucoup de ces aventuriers teutons, jadis suant l'orgueil et l'insolence, que le gouvernement du kaiser avait expédiés au Maroc pour entraver le plus possible notre œuvre civilisatrice et enrayer notre prise de possession de cette terre convoitée par l'Allemagne. Les embarras que nous suscitèrent ces chevaliers d'industrie, qui, arrivés faméliques parfois, se taillèrent rapidement de larges mais peu honnêtes revenus, dépassent l'imagination ! Ayant sans cesse la menace à la bouche, ils agissaient à notre égard à la façon de citoyens romains en terre étrangère, invoquant à tout propos leur qualité de sujets allemands pour couvrir leurs méfaits et menaçant sans cesse nos officiers et nos fonctionnaires des foudres consulaires. Par crainte de complications diplomatiques, on dut souvent les laisser agir à leur guise, car le mot d'ordre à leur égard fut trop longtemps : « Et surtout, pas d'affaires. » Ainsi purent-ils, durant des années, exercer au Maroc, à la barbe de nos soldats, une contrebande éhontée d'armes et de munitions, trahir notre hospitalité, espionner nos colonnes, faire déserter nos légionnaires et, trafiquant de leur influence, obtenir des indigènes force concessions de tous ordres avec lesquelles ils nous empoisonnaient ensuite. D'aucuns arrivés au Maroc comme passagers de pont, pauvres hères crevant la misère, devinrent ainsi gros seigneurs, gras à plaisir, voyageant en cabine de luxe et ayant pignons sur rues à Casablanca, à Fez et ailleurs.

Ce fut la belle époque pour eux. Narquois, ils contemplaient notre œuvre marocaine dont ils étaient les frelons. Ayant tous les avantages, aucune charge, ils s'enrichissaient à vue d'œil aux dépens de la ruche française, péniblement édifiée par le sang de nos soldats et le travail de nos colons. A eux surtout allait le plus pur du miel et ils ne nous en laissaient guère que les résidus.

Encore trouvaient-ils que leur part n'était pas suffisante. Dans leur esprit, cet état de choses, pourtant si avantageux pour eux, devait simplement précéder la grande guerre qu'ils attendaient avec impatience; celle qui, après la victoire des leurs sur les champs de bataille de France, les rendrait à la paix définitivement maîtres de ce Maghreb, dont ils comptaient bien nous expulser totalement, lorsque nous l'aurions bien mis en valeur. Éclaireurs de la future invasion, ils escomptaient dans la guerre actuelle la pleine satisfaction de leurs appétits démesurés.

Hélas! la roche tarpéienne est près du Capitole! Pour n'avoir pas médité le proverbe latin, les voici maintenant totalement brisés par le premier contre-coup de la grande lutte qu'ils désiraient de tout cœur, en leur folle présomption. Dès la mobilisation, un juste arrêté du général Lyautey décréta l'arrestation en masse de tous ces indésirables. Appréhendés au corps sous les yeux stupéfaits des indigènes qui les croyaient tabous, ils furent embarqués séance tenante pour l'Algérie. Ainsi le Résident purgea en un tour de main le protectorat de ces dévorants sans cesse en quête d'une proie nouvelle.

18 août. — Conducteurs d'artillerie et tringlots indigènes. — Je les ai vus tout à l'heure sortir de leurs casernes, bien en selle, le fouet en main, tête haute, bref superbes, comme ils allaient s'embarquer avec leurs unités respectives. Ce sont en général des appelés qu'on a versés en qualité de conducteurs dans les batteries d'artillerie et dans les compagnies du train, pour en alléger d'autant le recrutement européen. Ils portent donc le même uniforme que leurs camarades français, dont seule les distingue la chéchia, attribut du musulman et que celui-ci n'abandonne que bien rarement, lorsqu'il est parvenu à la presque totale assimilation morale avec le roumi.

Ces artilleurs et tringlots indigènes sont presque toujours de grands et beaux gars, natifs des villes, anciens camionneurs le plus souvent, et s'exprimant en un français très convenable. Fiers de servir dans un corps européen, ils regardent de très haut le tirailleur, ce *pousse-cailloux* indigène, et se croient même, dans leur fol orgueil, supérieurs au spahi, ce roi du bled, dont rêvent les moukères et qu'envient tous leurs coreligionnaires.

Mais Abdallah, le vieux chaouch qui veille à la porte du Château-Neuf, ne s'en laisse guère imposer par ces *lascars*. Il continue à avoir conscience de sa haute supériorité de spahi.

Parlant d'eux, il me déclare dédaigneux et avec un sourire de pitié : « Ti sais, mon cap'-taine, ça fait le fier, mais ci pas grand'chose. C'est ni z'Arabe ni Français, c'est kif kif le *b'rel* (le mulet). » C'est-à-dire, en son esprit, un être hybride, ni bourriquot, ni cheval.

20 août. — Les goumiers. — On constitue en ce moment, dans le Sud, des corps de goumiers dont les premiers éléments commencent à arriver à Oran. Ce sont, comme on le sait, des cavaliers volontaires, sorte de milice se montant et s'habillant à ses frais, à laquelle l'État ne donne que l'armement et la solde, sans préjudice bien entendu des rations de vivres fournis en deniers ou en nature. Bien qu'ils aient à leur tête des officiers français, provenant en général des spahis ou des bureaux arabes, leur recrutement est tout féodal. C'est donc à l'appel de leurs cheiks et caïds que ces cavaliers de grandes tentes ont répondu. Ainsi chaque douar a fourni son contingent, formé souvent de membres d'une même famille, obéissant à l'un d'eux, qui se subordonnera lui-même à ses chefs du cadre français.

Pour ces cavaliers, il n'est donc guère de conditions d'âge. On ne leur demande que la vigueur nécessaire pour faire campagne, et Dieu sait si elle se maintient longtemps chez ces Arabes du Sud, sélectionnés par un long atavisme et qui se conservent jusqu'à l'extrême vieillesse sveltes et vigoureux, grâce à un régime d'une sobriété remarquable dont l'alcool est totalement exclu.

Ceux qui nous arrivent en ce moment sont par suite d'âges très différents, et la même famille fournit parfois trois guerriers représentant trois générations. Le grand-père à longue barbe blanche, le père dans toute sa vigueur et le petit-fils à peine adolescent. Équipés en partie à leurs frais (1), ils mettent leur coquetterie dans leur monture et leur harnachement. Leurs chevaux, tous de petite taille, sont très endurants et pleins de feu; leur selle s'orne de broderies multicolores et les larges étriers sont souvent incrustés d'argent.

Tous ces gaillards sont en général grands, sveltes, étonnamment souples. Nés pour ainsi dire à cheval, ils s'harmonisent merveilleusement avec les leurs, dont ils obtiennent ce qu'ils veulent. C'est un jeu pour eux de cueillir en plein galop l'ennemi tombé, de le jeter d'un seul temps en travers de la selle et... de le dépouiller en un tour de main. Aussi ont-ils souvent, il faut bien l'avouer, avec leur nez d'aigle et leurs yeux brillants de rapaces, des airs de forbans de haute allure. Troupe souple et vaillante s'il en fut, dont les qualités seules peuvent s'exercer, car la sévère autorité de leurs chefs veille sur leurs instincts pillards et

---

(1) Le goumier fournit l'habillement et le cheval tout harnaché.

réprime sévèrement la moindre incartade. Au demeurant et avec un autre type, une autre religion, un autre uniforme, d'autres mœurs, ils rappellent beaucoup les cosaques.

21 août. — La joie règne aujourd'hui au Château-Neuf, siège de l'état-major de la division d'Oran. Nous partons dans peu de jours, avec une nouvelle division d'Afrique, dont les éléments, empruntés aux trois provinces, à la Tunisie et même au Maroc, vont se réunir en France. Elle comprendra trois beaux régiments de marche de zouaves, un de tirailleurs, trois groupes d'artillerie dont l'un d'Afrique, et quatre splendides escadrons de chasseurs d'Afrique qui guerroient depuis deux ans au Maroc. En attendant la réunion de toutes ces troupes, réunion qui doit s'opérer de l'autre côté de la Méditerranée, le quartier général se constitue ici et ce n'est pas une petite affaire que de l'organiser. Outre l'état-major proprement dit, il comprend en effet : un détachement de la force publique; un peloton d'escorte (spahis); les services de santé, de l'intendance, de la trésorerie et des postes, de la justice militaire. Au demeurant de quoi charger un train militaire ou un paquebot de moyennes dimensions, car tout ce nombreux personnel ne va pas sans quantité de chevaux et voitures de tout ordre et de toutes provenances.

Lundi 24 août. — *Vers la France.* — La *Ville-de-Bône*, vieux transatlantique affrété par l'État, a levé l'ancre à 11 heures. Sur le quai, une foule émue de parents et d'amis nous a tenu compagnie jusqu'au dernier moment, et quand le navire a démarré, tous les mouchoirs ont commencé à s'agiter comme de petits drapeaux flottant au vent.

Chaque classe de la population, si sympathique, si pittoresque et si bariolée d'Oran est représentée par quelques-uns de ses membres. Toutes les notabilités de la ville ont tenu à assister à notre départ, dont : le préfet, le maire, le président du tribunal et le bâtonnier de l'ordre des avocats. Parmi elles, se détachant au premier plan, la martiale figure du général gouverneur dont la haute stature disparaîtra la dernière à nos yeux.

Il y a également là, venus pour nous dire au revoir et nous apporter le témoignage de leur loyalisme des néo-Français, Espagnols, Italiens, Israélites; des indigènes de toutes catégories, Arabes, Berbères, Coulouglis; ceux de la ville, habillés moitié à l'européenne et dont bon nombre parlent notre langue sans grand accent; ceux du bled, revêtus de burnous parfois sordides et qui écorchent avec peine le français ou l'ignorent totalement.

Mêlées à la foule, la plupart des dames et

jeunes filles de la ville ont arboré leurs claires toilettes d'été. Près d'elles, nombre de femmes du peuple aux types variés : Andalouses, Mahonaises, Napolitaines, Maltaises, Juives et Mauresques, chacune avec ses traits bien spéciaux et son costume particulier. Parmi les dames, beaucoup viennent accompagner un mari, un frère, un parent, un fiancé. Quand le navire s'éloigne, chacun à bord cherche des yeux le petit mouchoir qui s'agite plus spécialement pour lui. L'instant est solennel, les militaires saluent et les civils se découvrent.

Vers quelle destinée voguons-nous en effet? Nul ne le sait! Quoique depuis le début des hostilités le moral soit demeuré parfait en Algérie, personne n'ignore ici que la guerre sera terrible et peut-être longue. Combien reviendront de ceux que la *Ville-de-Bône* emporte vers la France ?

Une angoisse profonde, poignante, étreint les cœurs, de ceux qui partent et de ceux qui regardent partir. Aucun d'entre nous à bord n'échappe à cette émotion à laquelle les plus énergiques se laissent prendre. Je suis sur la coupée à côté de mon chef, le commandant D..., rude soldat, qui a fait presque toute sa carrière en Afrique et combattu au Maroc. Marié dans le pays, comme beaucoup d'entre nous, il vient d'avoir son second enfant. Sa jeune femme l'élève sur ses bras pour que le père le voie jusqu'au dernier moment. Lui, peu émotif pourtant, voudrait ne rien laisser paraître de son trouble, mais j'aperçois une grosse larme qui, descendant lentement sur sa joue, va se perdre dans sa forte moustache.

Nous voici en haute mer. Elle est un peu houleuse et le vapeur se cabre sur les courtes vagues de la Méditerranée. Derrière nous, le panorama s'élargit et s'estompe. Les grandes lignes du Murdjadjo, la montagne dominant Oran, se précisent, avec, à mi-flanc, la chapelle de sa Vierge qui semble nous bénir et au sommet sa vieille citadelle espagnole. Puis la ville n'est bientôt plus qu'une tache blanche où se distinguent seuls les minarets des mosquées, le dôme de la cathédrale et la silhouette sévère du très vieux Château-Neuf, dont les tours massives évoquent toute l'histoire d'Oran et les dominations qu'elle a connues.

Cette vision s'efface bientôt elle aussi, ainsi que le coin de côte que nous longeons encore L'Afrique ne nous apparaît plus que comme une ligne rougeâtre, aux arêtes très vives, avec de-ci, de-là, quelques coins de verdure sombre qui ne réussissent pas à en égayer l'impression âpre, sauvage, même sinistre. En dépit du soleil poudroyant sur ces rochers arides, ce paysage lointain justifie bien le nom de Barbarie que nos pères avaient donné à ces rives alors inhospitalières, aujourd'hui florissantes, mais toujours farouches d'aspect, quand on les contemple du large.

C'est maintenant l'installation de chacun dans sa cabine, puis la visite à l'ordonnance et aux chevaux. Ceux-ci sont nombreux à bord, aussi les a-t-on placés un peu partout. Ceux de la cale, plus ou moins aérés en dépit des ventilateurs qui fonctionnent sans arrêt, ne se sentent pas très à leur aise. Plusieurs donnent déjà des signes de mal de mer, particulièrement pénible chez ces animaux, car ils n'ont pas, comme nous, la ressource relative d'expectorer. Il faudra, à grands renforts de cabestan, en remonter quelques-uns de ces profondeurs surchauffées, en saigner d'autres présentant des signes d'apoplexie et finalement jeter par-dessus bord un pauvre diable d'alezan qui vient de succomber à une congestion. Ceux du pont, au contraire, se trouvent parfaitement bien, caressés qu'ils sont par la brise de mer. Je vais dire bonjour aux miens, au frétillant *Tartarin* et au vaillant *Boulet*. Installés l'un et l'autre dans un box improvisé, garni d'une paille abondante, ils y mangent consciencieusement leur avoine avec le même appétit que dans leur écurie du Château-Neuf. En revanche, ceux des spahis, bien que confortablement placés eux aussi, refusent la leur. Venus de l'Extrême-Sud, des vastes espaces sans eau, ils se sentent inquiets sur ce sol mouvant qu'ils grattent anxieusement de leurs sabots. Leurs maîtres ne sont guère plus rassurés d'ailleurs. Cette immense nappe azurée les frappe d'un craintif étonnement, et ils ne conçoivent pas très bien qu'Allah se soit montré si large ici et si parcimonieux chez eux du liquide élément. Plusieurs, que le mal de mer étreint déjà, se penchent désespérément sur les bastingages. Comme ils ne comprennent rien à leurs maux, ils s'imaginent être empoisonnés! Leur officier va, vient, les rassure en leur langue, sans y réussir toujours. Eux voudraient déjà être arrivés; ils s'informent de la longueur de la traversée, s'inquiètent même si on arrivera? Inch'Allah!

Inch'Allah! s'il plaît à Dieu! Certes, ce voyage de deux jours, durant une partie duquel nous serons en vue des Baléares ou de la côte d'Espagne, est bien peu de chose en temps ordinaire, surtout en cette saison. Mais il faut compter sur les aléas possibles. Le *Gœben* et le *Breslau* sont déjà réfugiés en Turquie, mais les pessimistes parlent de navires suspects, notamment de torpilleurs et de sous-marins allemands qui nous guetteraient près des Baléares. Les troupes parties le 8 naviguèrent en convois escortés par des croiseurs et ce fait donne quelque créance à ces ragots.

D'où une certaine inquiétude chez les dames du bord, car il s'en trouve quelques-unes avec nous, ayant obtenu l'autorisation de s'embarquer avec leurs maris pour aller rejoindre leur famille en France. Certains s'appliquent à les rassurer, d'autres au contraire les taquinent avec de sinistres histoires de vaisseaux fantômes. A entendre ces mauvais plaisants, on verrait de tous côtés des coques suspectes, voire des périscopes ennemis, mais nos voyageuses s'en effraient peu. L'une d'elles prétend même ne rien craindre d'une noyade, dès l'instant qu'elle disparaîtrait avec son mari!

Ainsi passent les heures. Après le dîner, la soirée se prolonge; puis, peu à peu, chacun disparaît dans sa cabine, sauf quelques officiers que la crainte de la chaleur détermine à s'installer sur le pont. Le lendemain, la journée suit le même cours tranquille et monotone, coupée par les repas, qui jouent un si grand rôle dans la vie de bord. Quelques-uns tentent de l'alléger par des lectures diverses, par lesquelles ils cherchent en vain à tromper l'ennui du voyage. Mais l'esprit suit rarement les yeux. Quel livre pourrait nous distraire, pendant cette traversée durant laquelle nous voguons vers de gigantesques événements? Visiblement, nos pensées se tournent vers eux, et ils nous obsèdent. Tous nous avons hâte d'arriver, d'autant que depuis le départ d'Algérie les nouvelles de France font totalement défaut, d'où un même sentiment d'attente, d'anxiété qui rend indifférent à toute chose. Il s'accroît sensiblement aujourd'hui, deuxième jour de route, aussi le bridge languit et les conversations se meurent.

Les Baléares, que nous côtoyons de très près durant une partie de la journée, n'ont guère de succès avec leurs falaises abruptes et leurs sites souvent désolés. C'est donc avec joie qu'on les voit s'effacer, puis disparaître petit à petit à l'horizon, comme si elles s'enfonçaient dans la mer. La nuit tombe. Nous voilà maintenant en vue des côtes d'Espagne, dont le capitaine a sans doute comme instruction de se rapprocher, car d'ordinaire on les serre de moins près. Mille feux apparaissent, qui semblent courir à notre rencontre par bâbord devant. Un officier du navire nous dit que c'est Barcelone que nous avons ainsi à notre gauche et, dès lors, nous resterons en vue de ces rives, dont la proximité nous est signalée par les feux multicolores des phares.

Beaucoup d'entre nous, ce soir-là, iront se coucher de bonne heure dans l'illusion qu'en s'endormant plus vite ils arriveront plus tôt. D'autres, dont je suis, continuent à flâner sur le pont ou somnolent à demi dans leur rocking. Sur les 11 heures, ils s'offriront ainsi l'émotion causée par une sorte de vaisseau fantôme, un navire de haut bord, qui surgit soudain, s'approche à toute vitesse, nous inonde un instant de la lumière éblouissante de ses projecteurs, puis disparaît dans la nuit comme il est arrivé. Sans doute est-il venu nous reconnaître. De la visite si brève de ce gardien des mers il ne nous reste que le souvenir de ses pièces d'arrière, deux canons géants, dont nous avons un instant entrevu les gueules béantes.

Mercredi 26, 7 heures du matin. — Mon compagnon de cabine, mon excellent camarade L..., s'est éveillé le premier. Par le hublot à demi entr'ouvert, il a dû voir quelque chose, car il lance un joyeux cri de : « Terre! » Je me lève aussitôt et par l'étroite ouverture, j'aperçois à mon tour dans le lointain, à l'extrême horizon, une ligne bistre, qui doit être la côte du Languedoc que nous longeons en ce moment. Hier soir, à table, nous avons appris en effet que le bâtiment, dont l'exacte destination nous était restée inconnue jusqu'alors, a le cap sur Cette. Nous y débarquerons ce matin.

Un quart d'heure après, nous voici l'un et l'autre sur le pont, penchés sur le bastingage. Nous sommes bien en vue de la France et l'on aperçoit, perdue encore dans la brume, la montagne de Cette. Dans la même direction, entre elle et nous, les yeux distinguent comme une troupe de blanches mouettes qui se seraient posées sur la mer que la houle moutonne légèrement. Ma jumelle me révèle les voiles latines d'une flottille de pêcheurs. Elles viennent vers nous, grandissent, se précisent et voilà les oiseaux devenus barques. Chacun suit longtemps leurs évolutions, car, si le rivage est relativement proche, Cette est encore loin. Puis apparaissent soudain, surgissant de derrière un cap, les formes sévères de navires de guerre. Leur présence dans ces eaux, qu'ils fréquentent peu normalement, nous remémore la gravité de l'époque dont nous avait distraits un instant le paisible spectacle des pêcheurs.

C'est avec une véritable angoisse que nous approchons maintenant de la France. Venus pour défendre son sol sacré, nous sommes sans nouvelles d'elle depuis quarante-huit heures. L'obscurité voulue sans doute du dernier communiqué, lu avant notre départ, nous a laissés un peu ignorants de la situation actuelle. Puis les événements marchent si vite! Nous savons vaguement qu'une grande bataille est, paraît-il, engagée en Lorraine, en Luxembourg, en Belgique, bref sur un front immense dont les guerres du passé ne donnent aucune idée.

Quelle sera, quelle est déjà, peut-être, son

issue? Que va nous apprendre le prochain communiqué? Et nous, ouvriers de la douzième heure, partis deux semaines après les premiers combats, allons-nous être les soldats de la victoire?

II

DE LA MÉDITERRANÉE
AUX CHAMPS DE BATAILLE DE LA MARNE

26 août. — Il est 9 heures quand le bâtiment accoste dans le port de Cette. Déjà d'autres navires y sont arrivés avant nous, chargés eux aussi de troupes qui débarquent en ce moment. Il y a là tous les spécimens de l'armée de l'Afrique du Nord : des zouaves, des tirailleurs, des Marocains et aussi des chasseurs d'Afrique et des spahis. Les chevaux, descendus au moyen du cabestan et à l'aide d'une sangle les prenant sous le ventre, sont tout étonnés de se sentir de nouveau sur le sol stable. Ces pauvres bêtes, émues encore d'une traversée pénible pour beaucoup d'entre elles, n'osent croire à leur bonheur et elles tâtent la pierre du sabot avant de hasarder quelques pas. Mes montures *Tartarin* et *Boulet* n'ont pas trop souffert, de même que celles qui ont fait la traversée sur le pont. En revanche, les chevaux qui ont voyagé dans les profondeurs de la cale s'en ressentent et il leur faudra un jour ou deux pour se remettre de la secousse. Sur le quai, une foule énorme et bariolée, comme celle de tous les ports méditerranéens, contemple le spectacle, déjà souvent renouvelé pour elle, du débarquement des soldats d'Afrique. Nous remarquons que parmi tous ces gens les jeunes hommes sont rares. C'est là une première manifestation de l'état de guerre.

Nos sentinelles ont peine à tenir le monde à distance, et déjà les vendeurs de journaux apportent les dernières dépêches, que nous parcourons avec avidité. N'étant ni bonnes ni mauvaises, l'impression demeure anxieuse. Mais il faut d'abord nous occuper de caser notre monde, de l'établir au cantonnement.

Jeudi 27, 6 heures du soir. — Je viens d'arriver à Narbonne avec le train spécial transportant le deuxième échelon du quartier général (force publique et services). Le premier échelon est déjà ici depuis ce matin, car il paraît que nous y séjournerons quelques jours, ignorant encore notre destination définitive. Peut-être dépendra-t-elle de l'issue des grandes batailles qui se livrent en ce moment dans l'Est et dont nous commençons à percevoir l'écho. Des camarades restés au dépôt de Narbonne, et venus nous dire bonjour à la gare, nous parlent de sanglants combats en Alsace, auxquels prit part le régiment d'infanterie en garnison ici.

La ville est d'ailleurs très animée. Outre quelques unités de notre division, arrivées aujourd'hui et les jours précédents, nous y trouvons de nombreux territoriaux.

Samedi 29. — L'ordre de partir est arrivé cette nuit et aux premières lueurs de l'aube le train transportant le quartier général s'est ébranlé pour une destination inconnue, du moins de la plupart d'entre nous. Nous faisons route vers le Nord. Dans le wagon-couloir où ont pris place les officiers des différents états-major et services, on achève de faire connaissance.

Vers midi, notre convoi stationne à Toulouse. Ayant une heure devant nous, le chef d'état-major, un camarade et moi, nous nous rendons au restaurant réputé du S.... Bien que le temps soit splendide, la capitale du Languedoc, si animée d'ordinaire, semble morte et l'immense salle où nous déjeunons est presque vide de convives. Cette solitude imprime à notre repas un caractère de tristesse qu'accroît encore la nouvelle de mauvaises rumeurs qui circulent en ville. Quand nous revenons à la gare, elles se sont précisées : il paraîtrait que dans le Nord tout n'irait pas parfaitement, et le commandant G..., chef de la commission de réseau que je retrouve ici, me confirme ces bruits fâcheux.

Durant toute l'après-midi, le convoi, observant la sage allure des trains militaires, traverse lentement les campagnes fertiles du Languedoc et de la Guyenne, encore très vertes à cette époque. Les arrêts sont fréquents et, à chacun d'eux, d'accortes jeunes filles se précipitent aux portières avec des paniers pleins de fruits odoriférants qu'elles nous distribuent à profusion. D'ailleurs la récolte doit être bonne cette année, car tous les arbres que nous apercevons ploient littéralement sous leur charge. Nos spahis, gens du Sud, peu habitués aux aspects verdoyants, n'en reviennent pas. « La France, kif kif un jardin, » répètent-ils inlassablement. Leur chef, le lieutenant Bel A..., un Arabe cultivé, qui parle notre langue avec une pureté et une aisance remarquables chez un indigène, partage leur enthousiasme. Vieux soldat, sous un aspect resté jeune, ayant guerroyé durant toute sa carrière, il en est à son premier voyage en France et toute cette verdure le surprend et le charme, lui aussi. Puis, il a d'autres motifs d'être satisfait. Commandant l'escorte et désirant se rendre plus digne encore de cette haute mission, il a emporté ses plus somptueux uniformes, aussi nombreux que variés. Aujourd'hui, pour traverser la France, il a arboré sa plus belle tenue, oh! combien magnifique! Il est en bottes de maroquin rouge, en jupon-culotte bleu très soutaché, en gilet et en boléro écarlates, chamarrés sur toutes les coutures, et porte en outre une splendide ceinture en soie multicolore. Autour de sa tête énergique s'enroule un fin haïk (1) et plusieurs écheveaux de corde en poils de chameau. Ainsi paré, il sème l'admiration autour de sa personne et à chaque arrêt, où il ne manque régulièrement de descendre sous prétexte d'inspecter ses hommes, il disparaît littéralement dans un cercle de gracieuses jeunes filles et de grasses commères qui n'ont d'yeux que pour lui. Et lui, soldat superbe, doublé d'un homme du monde blasé sur la vanité des succès féminins, demeure calme devant ces manifestations admiratives. Mais peut-être ce flegme n'est-il qu'apparent, car à diverses reprises notre camarade manquera de rater le train, si bien que le chef d'état-major, craignant de le laisser en route, devra le rappeler à l'ordre.

Ces arrêts répétés rompent un peu la monotonie du voyage, et les heures se passent

(1) Sorte de foulard dont les Arabes recouvrent parfois la chéchia et qui descend sur la nuque; leurs femmes s'en servent aussi pour se masquer aux regards.

sans trop d'ennui. La nuit nous surprend comme nous dépassons Cahors. Nous étant levés à l'aube, chacun ne tarde pas à s'endormir. Quand je me réveille il fait grand jour, le train est garé et presque tous mes camarades sont déjà descendus sur la voie. Nous sommes à la station halte-repas de Saint-Sulpice et des dames de la Croix-Rouge nous invitent gracieusement à prendre le café. Un autre train est là près de nous, transportant des blessés. Ce sont les premiers que nous voyons et leur aspect ne laisse pas de nous impressionner un peu. Dans un wagon, que gardent des territoriaux, se trouvent aussi des prisonniers allemands et on entrevoit, par la portière d'un compartiment de première classe, les silhouettes hautaines de deux officiers. L'un d'eux, monocle à l'œil, nous dévisage même assez impertinemment.

Notre convoi reprend sa marche, avec une lenteur désespérante. On fait du vingt à l'heure. Les jolis paysages de la Creuse nous charment un instant. Quel contraste avec le bled oranais, et que nos yeux ont de plaisir à se reposer sur ces sites gracieux! Mais on finit par se lasser de tout, et nous voici discutant de la guerre.

Certains voient déjà les Russes à Berlin et les Français sur le Rhin. Nul ne doute de la victoire finale, d'autant que nous sommes encore sous l'impression des succès d'Alsace, où le général Pau a poussé jusqu'au delà de Mulhouse une hardie offensive, dont nous ignorons l'arrêt déterminé par notre recul en Belgique. La plupart d'entre nous croient à une campagne très courte, de quelques mois tout au plus, d'aucuns même disent de quelques semaines. L'idée que j'émets, qu'elle pourrait durer un an, hypothèse basée sur la guerre de 1870 où il fallut six mois aux Allemands pour triompher de notre résistance, pourtant improvisée, soulève l'incrédulité générale. Pour un peu on me traiterait d'insane. Ainsi que toute discussion, celle-ci se termine en laissant chacun sur ses positions et je reste sur les miennes. Faisant litière des pronostics financiers et économiques appuyés sur des calculs qui me semblent inapplicables à l'état de guerre (1), je vois en cette lutte le plus gigantesque conflit de forces morales de tous les temps. Comme elles ont à leur service la plus prodigieuse accumulation de moyens de résistance physique (en hommes et en matériel) que le monde ait

(1) Le fait que la Révolution tint tête à l'Europe et à une partie de la France soulevée, cela en dépit du déficit et de la faillite, était de nature à prouver surabondamment que ces calculs, démentis plus tard par les événements, ne pouvaient s'appliquer à de grands États européens, disposant d'immenses ressources, d'un vaste territoire, luttant pour leur existence et résolus, à ce titre, à s'imposer les privations nécessaires.

encore connue, il faudra que le parti qui *veut* être vainqueur détruise à peu près complètement ceux-ci, avant que cèdent celles-là. La chose demandera un certain temps, d'autant que le vaincu, sachant qu'il sera saigné à blanc, résistera évidemment jusqu'à son dernier soldat et son dernier maravédis (1).

Puis la traversée des vastes plaines du Berry donne à la conversation une autre tournure. Notre camarade indigène, le lieutenant Bel A..., s'émerveille de ces splendides pâturages où paissent de magnifiques troupeaux. Nous avons tout le temps de les admirer, car ce sont sans cesse de nouveaux arrêts. Invariablement, les habitants massés aux barrières acclament les soldats d'Afrique, tandis que dames et jeunes filles déversent dans nos wagons fruits et fleurs. Sur les quatre heures, le convoi effectue, aux Aubrais, un interminable stationnement. Dieu! que ce voyage est long, et combien il nous tarde d'en voir la fin; or nous ignorons encore, même par approximation, le point où l'on doit nous employer. Sera-ce dans l'Est et combattrons-nous en Alsace ou en Lorraine? Ou bien irons-

---

(1) L'auteur avait émis cette théorie dans une étude sur l'armée allemande, parue en octobre 1910 dans la *Revue militaire générale*, alors dirigée par feu le général Langlois, étude revue et mise à jour en juillet 1915. (*L'Adversaire*, Berger-Levrault, éditeur.)

nous rejoindre en Belgique les camarades partis d'Afrique quinze jours avant nous? Ce doute est angoissant, et les hypothèses faites pour tenter de l'élucider soulèvent de nouvelles discussions qui, si elles n'aboutissent pas, nous aident du moins à atteindre la nuit. Elle nous surprend à Juvisy, où nous marquons un nouvel arrêt et apprenons enfin le premier terme de notre voyage. Ce sera le camp retranché de Paris; de ce fait, notre train s'engage sur le chemin de fer de ceinture pour s'arrêter à Ivry.

Deo gratias!

30 août, 10 heures du soir. — Ivry. — Nos wagons viennent de se ranger à quai dans la gare des marchandises où doit s'effectuer notre débarquement. Lestement hommes et chevaux, entraînés par six jours de route, descendent en silence à la lueur des quinquets qui diffusent une lumière jaune et parcimonieuse. Le ciel sans étoiles est sombre; il a dû pleuvoir ici, car le pavé est encore tout mouillé. Au delà de la gare, règne une demi-obscurité dans laquelle on distingue les hautes maisons de la ville, décor de banlieue qui n'a rien de gai.

Notre débarquement, très ordonné, très rapide, sera donc plutôt triste, d'autant que nous sommes fatigués au physique par ces quarante heures ininterrompues de chemin de fer. En tête, avec ses gendarmes, le capitaine G..., le sympathique commandant de la force publique. Derrière suivent les spahis, frileusement enveloppés dans leurs grands manteaux écarlates; puis viennent, couverts de leurs capotes bleues, les chasseurs d'Afrique (sous-officiers-estafettes et ordonnances), la plupart conduisant des chevaux de main, car beaucoup d'officiers ont préféré gagner à pied le cantonnement très proche. Derrière cette troupe de cavaliers, marchent, mousquetons en bandoulière, les secrétaires d'état-major et les cyclistes. Enfin la longue file des chars indispensables à un quartier général : automobiles, fourgons, voitures de l'intendance, du service de santé et de la trésorerie et des postes.

Comme il est bien tard pour s'installer au cantonnement, et que nous devons du reste partir au petit jour pour Bourg-la-Reine, nous allons bivouaquer à quelques pas de la gare, dans un terrain vague près du parc municipal. Là nos voitures, rangées à la queue-leu-leu, constituent une sorte d'enceinte, au centre de laquelle les chevaux sont mis à la corde par catégories. Ils forment ainsi autant de cercles distincts, pas toujours sympathiques les uns aux autres, car, durant la nuit, ceux de nos spahis échangeront d'énergiques coups de pied avec les montures de la maréchaussée.

Pas très brillante, notre installation à ciel ouvert. Les hommes couchent sur le sol, garni d'ailleurs d'une paille très abondante envoyée par la municipalité; les officiers, eux, s'organisent tant bien que mal dans les voitures diverses. Je gîte pour ma part dans une limousine avec le camarade S..., qui, ronfleur tenace, ne tarde pas à claironner bruyamment, en dépit de mes coups de coude. Néanmoins le sommeil me gagne.

31 août, 5 heures du matin. — Le trompette des spahis, un grand gars, svelte et élancé, magnifique type d'Arabe des grandes tentes, vient de sonner le réveil. Chacun s'étire, se secoue, bat la semelle, car la nuit a été fraîche et il n'est encore que 5 heures. Déjà nos hommes sont allés au *jus* et nous apportent le café préparé sur des foyers improvisés. Mais des mercantis sont là qui leur font concurrence, nous offrant pour vingt-cinq centimes une décoction de chicorée à laquelle certains se laissent prendre, et qui ne vaut pas, loin de là, notre *cavoua*.

Quelques habitants d'Ivry, des ouvriers se rendant à l'usine, des gamins que notre présence insolite a tirés prématurément de leurs lits, nous examinent à la façon d'animaux exotiques et il y a vraiment de quoi exciter leur curiosité. Tout en nous détaillant des pieds à la tête, ils échangent entre eux des réflexions, souvent saugrenues, mais dont l'une pourtant n'est pas dépourvue de sel.

« Tiens, un cirque! » remarque un bambin d'une dizaine d'années, qui, un doigt dans le nez, semble prodigieusement intéressé par le spectacle de notre troupe multicolore, d'autant qu'elle est précisément installée sur un emplacement habituellement réservé aux forains. Son observation ne manque d'ailleurs pas entièrement de justesse. On conçoit que pour cette jeune cervelle, ignorante des troupes d'Afrique, nos spahis accroupis en cercle, à la mode arabe, pour déguster leur café, évoquent assez les exécutants de quelque numéro sensationnel, par exemple « les huit Abdallah dans leurs exercices équestres ». Nos cyclistes, assis autour de leurs machines formées en faisceaux, doivent lui apparaître comme des virtuoses de la pédale, et nos chasseurs d'Afrique avec leurs carabines en bandoulière, comme des émules du grand Cody, le célèbre casseur de pipes. Le chef d'état-major, qui, enveloppé de sa peau de bique, promène des regards scrutateurs sur notre bivouac, en désordre à cette heure, est évidemment, pour l'enfant, le directeur de ces nomades. Quant aux voitures des différents services, où somnolent encore nos camarades, le drôle croit certainement, tant il les regarde avec curiosité, qu'elles recèlent des phénomènes rares entre tous (telle la femme sans tête et l'homme-tronc), attractions que la direction cache soigneusement au public pour ne pas les déflorer avant la représentation.

Mardi 1ᵉʳ septembre. — Bourg-la-Reine. — Nos destinées se sont précisées hier, la division est maintenant rattachée à la garnison du camp retranché de Paris, dont le général Galliéni vient de prendre le commandement. Notre quartier général est installé à Bourg-la-Reine, dans une des nombreuses villas de ce joli coin de banlieue ; comme les propriétaires en sont absents et qu'ils nous ont fait remettre les clefs, nous sommes chez nous.

Les troupes, qui ne sont pas encore toutes débarquées, cantonneront ici et dans les localités environnantes, à Arcueil, Fresnes, Sceaux, Fontenay-aux-Roses, etc... Le ciel étant splendide, je monte à cheval de bon matin pour me rendre, tout en me promenant, dans quelques-unes de ces localités.

C'est vers Fresnes, du côté de la célèbre prison, modèle du genre, paraît-il, que je me dirige tout d'abord. Je me laisse aller à la curiosité d'en franchir la grille et je pousse ma monture dans les allées larges et fleuries qui séparent les uns des autres les vastes et symétriques bâtiments de ce tranquille asile de la pègre. Je remarque qu'il est situé dans un coin verdoyant et joli à plaisir; on ne pouvait certes trouver mieux... ou plus mal. Cette visite me laisse tout ébahi. Nul doute que l'espoir d'habiter cet Éden ne doive inciter plus d'un malandrin, et hélas! aussi plus d'un pauvre diable en quête de gîte et de pain, à faire de son mieux pour mériter d'y passer une saison. Souvent, au cours de l'hiver, quand je visiterai les tranchées, tantôt affreusement boueuses, tantôt gelées, je songerai à la somptueuse prison de Fresnes.

Comme j'en sors, des fusiliers marins manœuvrent dans la campagne environnante et ce spectacle me rappelle les jours si pénibles de la défense de Paris en 1870, à laquelle leurs aînés prirent une belle part. Hélas! c'est pour le même objet qu'ils sont de nouveau ici; l'arrêt significatif de notre division au sud de la capitale laisse croire, ainsi que la rumeur en court, à l'approche des Allemands. D'où de tristes pensées que je m'efforce de chasser de mon esprit.

Mais voici sur la large chaussée qui s'ouvre devant moi une tache bleuâtre et mouvante. Sans doute une colonne en marche, mais il semble, à cette distance, que ce soit quelque limpide rivière qui se serait soudain frayée accès au beau milieu de la route. Un temps de trot me fait reconnaître le N° de marche de tirailleurs, troupe superbe à la tête de laquelle j'ai le plaisir de saluer le colonel de B..., que j'ai connu quelques semaines avant la guerre, lors des évolutions de division alors effectuées au camp de Saint-Leu, près d'Oran. A côté de ce brillant chef de corps chevauche le commandant de la brigade, le général Q..., un des héros de la conquête du Soudan, accompagné de ses deux officiers d'état-major, capitaines tous deux, l'un dans l'active, l'autre dans la réserve.

Ce sont S..., un chasseur d'Afrique, moustachu et plein d'allant, et G..., un Méridional exubérant et tonitruant. Belles et sympathiques natures que celles de ces deux vaillants camarades. Le second, ingénieur des ponts et chaussées à T..., en Algérie, dispensé de rejoindre au titre de ses fonctions, mais mis en congé sur sa demande, a quitté femme et enfant pour venir faire campagne. En sa qualité d'ingénieur, il est naturellement officier du génie et il s'est fait confectionner au dernier moment, avec le drap qu'on a pu trouver à T..., une superbe vareuse bleue, d'où pour lui un aspect aussi peu sapeur que possible. Aussi, quand d'aventure il se trouvera en compagnie de ses camarades des armes savantes, il produira parmi eux l'effet d'un morceau de ciel d'Afrique égaré par temps de brouillard. Le général, qui l'apprécie à sa juste valeur, sourit de cette fantaisie imposée par les circonstances. Elle révélera d'ailleurs plus tard dans notre camarade un précurseur des nouveaux uniformes.

Après avoir fait conduite un instant à ces futurs compagnons de guerre, je franchis la grande route de Paris à Orléans et gagne Sceaux, où cantonne le N^e chasseurs d'Afrique. J'y compte un camarade de promotion, que je n'ai vu depuis ma sortie de Saint-Cyr, et auquel je serais heureux de pouvoir serrer la main.

Ces chasseurs, dont je rencontre quelques pelotons menant leurs chevaux à la promenade, sont de magnifiques soldats. Arrivés directement du Maroc, rompus à la vie de bivouac, aguerris par deux ans de campagne, leur aspect essentiellement guerrier évoque le souvenir de leurs aînés de la conquête de l'Algérie et de la campagne du Mexique.

Il est 7 heures à peine quand j'arrive à la vaste propriété où cantonne l'escadron de mon ami. L'habitation est sise au milieu d'un parc magnifique et quelques chevaux, n'ayant pu trouver place dans les écuries, sont installés sous de grands arbres. Onques ces Bucéphales, habitués des steppes calcinées et cailouteuses de la région d'Oudjda, n'ont été à pareille fête. Les hennissements dont ils saluent l'arrivée de ma monture *Boulet* et celle de *Tartarin*, qui ont servi l'un et l'autre aux chasseurs, disent toute leur satisfaction.

La plupart de ces chevaux sont blancs, ainsi qu'il en est fréquemment des arabes. Cette couleur, sans inconvénients en Afrique, dans un pays poussiéreux où l'on combat un adversaire le plus souvent mal armé, demeure, en dehors des temps de neige, peu avantageuse en Europe, les conditions y étant tout autres. Comme l'uniforme bicolore de nos chasseurs, bleu clair et rouge vif, est de son côté aussi voyant que possible, l'ensemble du cavalier et de sa monture revêt à distance l'aspect d'un drapeau tricolore, visible d'une lieue. C'est évidemment fort joli, mais bien peu pratique pour combattre les Allemands. Nos fantassins, tant d'Afrique que de la métropole, sont d'ailleurs, exception faite des chasseurs à pied, vêtus à la même enseigne, de sorte qu'après quelques mois de campagne il faudra modifier, à grand renfort de millions et après des pertes dues souvent à l'excès de visibilité, l'ensemble de l'uniforme.

Ce fait révèle l'erreur, non de nos couleurs, à la fois si peu salissantes et si seyantes, mais celle de n'avoir pas, à l'exemple de nos adversaires et de presque toutes les grandes nations européennes, un double jeu de vêtements militaires, constituant tenue de ville et tenue de campagne. Notre système, qui sous prétexte d'économies s'est révélé si onéreux en définitive, consiste à donner à nos soldats un habillement de drap destiné à tous les usages. Il nous a valu d'avoir, en temps de paix, l'armée la plus mal ficelée de toute l'Europe et, en temps de guerre, celle qui le fut tout d'abord de la façon la plus désastreuse. On ne peut, évidemment, n'en déplaise aux utopistes, avoir un costume à la fois très seyant et très pratique et nul, dans le civil, n'a jamais songé à réunir ces conditions, car elles s'excluent le plus souvent. L'armée, qui, en temps de paix, se compose surtout de jeunes gens ayant la coquetterie de leur uniforme, a besoin d'une tenue de ville brillante plaisant au soldat et favorisant à ce titre les engagements. Les opérations, elles, nécessitent au contraire des vêtements amples, de teinte neutre et possédant de nombreuses poches. Vouloir réunir tous ces avantages est prétendre résoudre le problème de la quadrature du cercle !

Mais je reviens à mon ami, qui, me déclare son ordonnance, doit être encore couché. Je le trouve effectivement dans une fort belle chambre, garnie d'un vaste lit de milieu aussi élégant que confortable, mais dont il n'a pas fait usage. Déshabitué du confort européen par trente mois de chevauchées ininterrompues dans le bled, accoutumé à vivre sous la tente à la mode arabe, il s'est enroulé dans ses couvertures et a ainsi trouvé un sommeil qu'il aurait en vain cherché entre deux draps. Et comme je lui en témoigne ma surprise :

« Tout, me déclare-t-il en se dressant, est question d'accoutumance. » Parole très juste, dont la vérité m'apparaîtra sans cesse au cours de la campagne.

Mercredi 2 septembre. — Je marquerai à jamais d'une pierre noire ce jour, quarante-quatrième anniversaire de Sedan, car il sera pour moi, comme pour beaucoup de mes camarades d'ailleurs, le prélude d'un abominable et heureusement très court calvaire, terrible prodrome des journées à jamais glorieuses de la Marne.

Le matin, j'ai été faire une promenade à cheval, cette fois sur la grande route de Paris à Orléans. Les voitures de toutes dimensions, de tous ordres, grandes ou petites, somptueuses ou misérables, à traction automobile, animale, voire même humaine, mais toutes surchargées à l'excès, s'y succédaient sans interruption l'une derrière l'autre. C'était l'exode parisien, l'exode de ce Paris qui, pendant tant de siècles, a dominé le monde de tant de façons et toujours de si haut.

Sous mes yeux stupéfaits, la gigantesque et magnifique capitale se vidait de dizaines de milliers d'habitants fuyant devant la menace étrangère. Sans arrêt, une heure durant, c'est-à-dire aussi longtemps que j'ai pu supporter ce spectacle à la fois très pénible et très curieux, un flot de chars de toutes dimensions a roulé sans interruption vers le sud. Les plus rapides doublaient la colonne et filaient à toute allure, comme s'ils eussent déjà eu les uhlans à leurs trousses. Et c'est le cœur meurtri que je suis rentré à notre villa. Le chef d'état-major m'y attendait, pour m'envoyer à Paris remplir une corvée qui m'a valu de nouvelles et pénibles sensations.

Il s'agit d'aller chercher rue de Grenelle, au Service géographique, le lot de cartes nécessaires à la division que les événements vont peut-être appeler à combattre sous Paris. Je file à 9 heures en auto, longe de nouveau jusqu'à la porte d'Orléans le flot toujours grossissant des émigrants, réussis non sans peine à franchir la barrière, gagne le Lion de Belfort, puis par le boulevard Raspail et la rue de Grenelle, voies à peu près désertes, j'atteins les vastes locaux du Service géographique. Comme j'arrive, son directeur, le général X..., préside au départ du matériel, que l'on entasse à la hâte dans des tapissières géantes.

Déjà le gouvernement est parti pour Bordeaux, mesure de haute sagesse, renouvelée de celle prise en semblable circonstance lors des invasions de 1814 et de 1870. Je me présente au général et lui explique l'objet de ma mission. En quelques mots que souligne un geste désolé, il m'invite à aller me servir moi-même dans la salle où sont enfermées les collections dont j'ai besoin.

L'embarrassant est que toute cette paperasse, indispensable pour nantir des feuilles nécessaires tous nos officiers et chefs de section, pèse *plusieurs centaines de kilos* et il me faudra deux voyages pour la ramener.

C'est à midi seulement que je rejoins le quartier général. Mes chefs et camarades sont à table, et bien que nous déjeunions à l'ombre d'une charmille, dans un jardin ensoleillé, notre repas est triste et morne.

Les Allemands, qu'hier matin encore nous croyions loin de la capitale, seraient déjà à Senlis, et G..., qui rentre précisément du gouvernement de Paris, où il a été en liaison, nous apporte avec force détails la confirmation de cette marche foudroyante. Nous allons nous lever, quand le colonel d'A..., commandant notre artillerie divisionnaire et qui n'avait pas encore rejoint, vient se présenter. On le met au courant de la situation, qu'il ignorait jusqu'alors, et quelques instants après il se retire avec, lui aussi, les paupières gonflées de larmes.

C'est un vieux soldat, ayant pris sa retraite quelques mois avant la mobilisation. Chacun aura bientôt le loisir d'admirer ses grandes qualités de chef et ses vertus d'homme. Gentilhomme de haute roche, portant un nom connu, svelte et droit au moral comme au physique, il se révéla sur le champ de bataille un véritable type d'officier français du temps de la monarchie, brave et chevaleresque comme pas un, et chrétien à la façon d'un compagnon de Godefroy de Bouillon. Nous le perdîmes, à quelques semaines de là, sous Soissons, où il fut grièvement blessé. Tel Bayard, il était sans peur et sans reproche.

Après déjeuner, je vais mettre en dépôt, au fort de ..., proche de notre cantonnement, l'ancien lot de cartes touché lors de notre arrivée en France et devenu sans emploi. Je rentre à la nuit tombante au quartier général, que je trouve en plein déménagement. Les secrétaires achèvent d'entasser dans les fourgons le matériel, et les ordonnances apportent les cantines. Je me hâte de faire la mienne, car déjà, dans les rues de Bourg-la-Reine, les troupes formées derrière les faisceaux sont prêtes à partir au premier signal. Un ordre du gouverneur nous envoie en effet au Bourget, de l'autre côté du camp retranché. A 20 heures, notre premier bataillon franchit les fortifications pour gagner la route de Flandre par l'avenue d'Orléans, la rue Denfert, les boulevards Saint-Michel, du Palais, Sébastopol, de Strasbourg, le faubourg Saint-Martin et la rue de Flandre.

L'état-major avec l'escorte est en tête de ce ruban de troupes long de plus de dix kilomètres qui, durant toute la soirée et une partie de la nuit, se déroulera dans la capitale. Jusque vers l'Observatoire, notre marche, effectuée dans une demi-obscurité, est quasi silencieuse, mais au delà une foule innombrable, attirée par la rumeur du passage des troupes d'Afrique venant défendre la capitale, s'entasse sur notre itinéraire. Combien accueillante, sympathique et vibrante, mais aussi parfois combien importune !

A certains carrefours et en dépit des agents cyclistes qui nous accompagnent, notre colonne a peine à se frayer passage au travers de la foule, tant elle est dense. Celle-ci, se glissant dans les intervalles existant entre nos unités de marche, les coupe à différentes reprises. Mais, les plus gênants de ces spectateurs enthousiastes sont, sans contredit, les personnes qu'un zèle indiscret pousse à vouloir, à tout prix, nous rendre service. Le bruit s'étant répandu que nous allions vers le Nord, elles ont compris : gare du Nord, et quand, à hauteur de la gare de l'Est, elles voient les fractions bifurquer à droite pour gagner la rue de Flandre, nombreux sont les badauds qui interviennent avec insistance pour les ramener soi-disant dans la bonne direction. Je dois me fâcher tout rouge pour obliger certains braves bourgeois à s'occuper de leurs affaires et à nous laisser aux nôtres.

C'est au milieu de la nuit que les derniers éléments de la division franchissent de nouveau les barrières, laissant maintenant Paris derrière eux. Durant cette longue traversée, les hommes, surtout les tirailleurs, et entre tous les spahis, ont été bourrés de cadeaux de toutes espèces. Sans cesse, ils ont rempli leurs poches, musettes et sacoches, d'oranges, de chocolat, de tabac, de cigares et de cigarettes. Certains spectateurs, même, ont glissé des gros sous et des pièces d'argent dans les mains des indigènes, qui les acceptaient sans trop se faire prier. Tous tenaient à échanger des poignées de main avec leurs défenseurs, et nous avons littéralement défilé entre deux rangées de bras tendus, à la recherche d'une étreinte.

Naturellement, c'est le beau sexe, prépondérant à Paris depuis la mobilisation, chez lequel l'enthousiasme était le plus grand et il fut délirant dans les quartiers populaires. La prévôté eut grand'peine à écarter de nos rangs des jeunes femmes par trop empressées. Certaines, longeant la colonne, nous suivirent jusqu'au Bourget. Mieux! une semaine plus tard, en pleine bataille de la Marne, on découvrira, costumée en zouave et cachée dans une voiture, une sorte de fille du régiment, qui ne figurait pas sur les feuilles de présence. Il fallut expulser *manu militari* et remettre à la prévôté de l'arrière cette volontaire par trop zélée.

Mais quels qu'aient été les inconvénients passagers de ces manifestations tumultueuses, où l'âme de la population parisienne, exaltée par l'approche de l'ennemi, se montrait dans toute sa passion, il nous en resta le souvenir réconfortant de la confiance du peuple en ses soldats, de ce peuple qui, refusant d'abandonner ses lares et ses dieux, avait montré par là qu'il croyait encore au retour de la victoire. De ce fait, il en était digne.

Son accueil inoubliable demeura gravé au plus profond du cœur des soldats d'Afrique qui en furent témoins. Bien des mois après, quand j'en causais avec les survivants de nos bataillons décimés, dont la plupart des braves dorment à cette heure aux champs de la Marne, sous Meaux; de l'Aisne, sous Soissons; de la Scarpe, sous Arras; de l'Yser, sous Ypres, les vieux tirailleurs ou spahis traduisaient ainsi leurs impressions :

« Paris, sch'beb (1). Maisons, beseff (2). Parisiens, bono (3). Moukères (4) parisiens, m'ler (5). » Cela signifiait en leur sabir : Paris est une ville merveilleuse et immense. Les Parisiens sont d'excellentes gens et les Parisiennes sont encore meilleures.

Et c'est sur cette impression, don cordial de la grande capitale à ses humbles défenseurs arabes et kabyles, que beaucoup d'entre eux s'endormirent à quelques jours de là, sur les plateaux dominant Meaux, du profond sommeil des champs de bataille. Le sourire de Paris, pour qui ils tombèrent, illumina leurs derniers moments.

Jeudi 3 septembre. — La colonne de combat, arrêtée à l'entrée du Bourget, a stationné sur place le restant de la nuit, les généraux au milieu de leurs troupes. Pour moi, j'ai sommeillé un instant étendu sur le talus à 45 degrés qui supporte le passage, en dessus, du chemin de fer. Les pieds solidement appuyés sur le sol,

---

(1) Beau.
(2) Beaucoup.
(3) Bons.
(4) Femmes.
(5) Encore meilleures.

j'occupais ainsi une position stable mais non de tout repos!

Aux premières lueurs du jour, la division a pris, au nord du village, une formation de rassemblement largement articulé et les chasseurs d'Afrique ont poussé au loin dans la plaine. Le temps est superbe et le soleil poudroie. Quelques dragons anglais passent, venant de Senlis où ils ont échangé des coups de carabine avec des uhlans (la cavalerie allemande, qui devait tout culbuter, a horreur de l'arme blanche); ils accompagnent à Paris deux des leurs blessés.

C'est notre premier contact avec l'armée anglaise, que plus tard nous retrouverons souvent à nos côtés. Il me laisse l'impression que le soldat anglais est merveilleusement équipé, superbe de flegme (je ne parle pas de son courage bien connu), mais que chez lui le sportsman prédomine peut-être sur l'homme de guerre. Ces dragons, que nous venons de voir, soldats de carrière qui ont servi aux Indes, ont parlé de leur rencontre avec les Allemands comme d'une partie de chasse où ils auraient été giboyer... aux fauves.

Ce sont des fauves, en effet, que ces soudards de von Kluck, car devant eux les populations du Nord et de la vallée de l'Oise fuient éperdues et viennent, comme au temps des invasions des Northmen, chercher un refuge derrière les remparts de Paris. De nombreuses charrettes, chargées de meubles, d'objets entassés en toute hâte, sans qu'on ait eu le temps de discerner l'inutile du nécessaire, passent sans arrêt sous nos yeux. De pauvres gens, hommes, femmes, enfants d'aspect minable et désolé, escortent, la mort dans l'âme, tout ce lugubre « décrochez-moi ça », qui semble provenir d'un marché de barrière. Parmi ces choses diverses se trouvent, placés au petit bonheur et dans toutes les attitudes, couchés, assis, debout, ceux ne pouvant pas suivre à pied parce que trop vieux ou trop jeunes. Une vieille grand'mère, paysanne de quatre-vingts ans au moins, à demi étendue sur un tas de hardes, semble la statue de la désolation et ses yeux figés regardent droit devant elle dans le vide. A ses pieds, joue une toute petite fille, une enfant de trois ou quatre ans à peine, dont la poupée a échappé au naufrage; amusée de se promener en voiture et au milieu de ce tumulte, elle rit, l'innocente, comme une petite folle.

Quand on interroge ces malheureux pour savoir d'où ils viennent, ils citent le plus souvent, sans l'accompagner d'aucune autre indication, le nom de quelque village perdu de Belgique ou du nord de la France. Ils le citent, ce nom, comme s'il était connu du monde entier. N'était-il pas tout pour eux, et lorsqu'on leur demande où ça se trouve, ils vous regardent avec de grands yeux, étonnés que quelqu'un, surtout un officier, puisse ignorer cela. Quand on leur demande où ils vont, ils ont un geste imprécis. Où ? Ils n'en savent rien ! Droit devant eux, le plus souvent. Une jeune femme, qui a un bébé sur les bras et un bambin accroché à ses jupes, répond ainsi à mes questions : « Ça s'est passé, il y a trois jours. *On les* a vus venir. Alors, *vous comprenez*, on a pris à la hâte ce qu'on avait de plus précieux et on a marché nuit et jour, dans la direction opposée. »

Triste et lamentable odyssée que je reverrai, à plusieurs reprises, sur les routes du Nord et dans des conditions plus terribles encore, car ce sera à l'approche de l'hiver. C'est là, à mon sens et de beaucoup, le plus pénible et le plus impressionnant tableau qu'offre cette guerre, qui en présente tant d'horrifiants.

Les morts, le fosse commune, les incinérations en masse, les blessés même, tout cela on s'y fait très vite parce que tout cela c'est la guerre et qu'on s'y attend. Mais qu'avaient fait ces innocents que jusqu'ici les luttes, entre peuples civilisés, laissaient hors du ring ? Ces procédés barbares nous ramènent de dix siècles en arrière.

Les Français, dans leur longue et si glorieuse épopée, ont conquis l'Europe tout en respectant les faibles et en honorant les blessés. C'est si vrai, que les deux grands reproches formulés à l'égard de nos soldats, par les promoteurs du soulèvement de 1813 contre la domination napoléonienne, sont : d'une part, l'abus des réquisitions, que provoqua l'afflux de nos troupes dans certaines régions de l'Allemagne, notamment en Saxe et en Prusse et, d'autre part, nos prétendues mauvaises mœurs... sans doute un peu favorisées par le milieu.

Dans tous les mémoires de l'époque, nos généraux, nos officiers, nos soldats ne tarissent pas d'éloges sur ces *bonnes Allemandes,* mais ils leur accordent rarement l'épithète de vertueuses. Pour eux, l'Allemagne est essentiellement le pays des bonnes fortunes et Dieu sait s'ils en eurent. La *galanterie française,* voilà le grand reproche formulé par les pasteurs et les pédants d'outre-Rhin contre les Français; et 1813 est un peu la revanche des Sganarelles teutons, jaloux des privautés de leurs femmes avec les conquérants.

La *galanterie allemande,* nous savons maintenant ce que ces mots signifient. Seuls les dessins ultra-réalistes et pourtant si vrais des Willette, des Weber, des Steinlen et des Abel Faivre peuvent en donner une idée exacte, évoquer la vision vraie des plastrons humains poussés en avant des guerriers du kaiser, de ces héros qui, pour attaquer, se sont fait parfois des matelas de femmes et se cuirassaient de vieillards et d'enfants !

10 heures. — Je viens d'apprendre, sur la grande route et par des réfugiés, les atrocités de Senlis. Oui, en vérité, les dragons anglais avaient raison de parler de cette guerre comme d'une chasse aux fauves.

Il est 10 heures ! L'interminable procession des réfugiés se déroule toujours, quand on m'expédie en liaison au gouvernement de Paris. Comme toutes nos autos sont employées en ce moment, je pars dans celle d'un officier de l'état-major du général Galliéni, le lieutenant Jean de C..., descendant du maréchal, et qui, venu nous porter des instructions, rentre aux Invalides.

Arrivé là, je me rends au salon des officiers de service et je prends contact des camarades de C... Presque tous appartiennent à la réserve et plusieurs portent des noms connus. Ces messieurs me font le meilleur accueil, mais les nouvelles qu'ils me donnent sur la situation ne sont guère rassurantes. Elles confirment les progrès rapides de l'aile droite allemande; traversant la forêt de Chantilly, elle a atteint Luzarches. Comme j'ignore la position du gros de nos armées, qui rassemblées derrière la Marne couvrent Paris en fait (car elles forceront ainsi von Kluck à obliquer vers l'est, pour courir à la bataille dont dépendent les destinées de la campagne) (1), je me demande avec angoisse si la capitale n'est pas menacée d'une attaque brusquée. Quel en serait alors le résultat? Que deviendraient Paris, ses monuments, Notre-Dame, la Sainte-Chapelle, le Louvre, les Invalides et tant d'autres, sous les obus qui ont eu raison des forts de Liège et de Namur?

Déjà les taubes, sinistres oiseaux que j'apprendrai bientôt à connaître, planent sur la capitale dont ils semblent repérer les merveilles architecturales, pour les désigner plus tard aux coups.

De la fenêtre qui s'ouvre devant moi sur l'Esplanade, je contemple le panorama, merveilleux par ce ciel sans nuages, d'une moitié de Paris, celle qui, face au nord, serait précisément la plus exposée. A mes pieds, le jardin avec ses

---

(1) C'était en effet de la bataille de la Marne et non d'une attaque brusquée de la capitale (opération d'ailleurs des plus chanceuses) que dépendaient ses destinées et celles de la France. Nos armées vaincues, Paris fût infailliblement tombé; victorieuses, la situation de Kluck, si d'aventure il eût réussi à prendre Paris, eût été des plus critiques. C'était alors pour lui la retraite, peut-être la déroute. La conduite du général allemand est donc entièrement conforme aux grands principes de l'art de la guerre. Battre l'ennemi, tout est là!

canons géants, qui en 1811 ont annoncé à l'Europe anxieuse la naissance du fils de l'homme; plus loin, le pont Alexandre, inauguré en 1896 par le tsar; derrière la rivière, le Louvre, la Sainte-Chapelle, et, émergeant sur l'océan des toits de la rive droite, le Sacré-Cœur, avec ses dômes byzantins. Que restera-t-il peut-être bientôt de tout cela? N'en suis-je pas un des derniers spectateurs? Que ne ferait-on pour sauvegarder ces trésors? Aussi, combien je me sens fier d'appartenir à cette vaillante division qui, à la voix de Galliéni, est accourue prête à saisir l'adversaire à la gorge, prête à se faire étriper jusqu'à son dernier homme avant que l'assaillant pénètre dans les murs.

5 septembre. — Les Lilas. — Avant-hier, quand une auto de la place m'a amené le soir aux Lilas où le quartier général de la division était allé cantonner en fin de journée, j'ai dû laisser ma voiture à la barrière, qu'on était en train d'organiser défensivement avec coupure, sacs à terre et tout le tremblement. J'ai donc dû gagner à pied le faubourg où, durant une partie de la nuit, mes oreilles ont tinté du bruit des explosions occasionnées par la destruction, opérée par le génie, des maisons de la zone de servitude. C'était si lugubre que j'en ai eu le cauchemar.

J'y voyais les Allemands dans Paris. Cent mille Teutons, anciens négociants, artisans, garçons d'hôtel et de café, qui s'y étaient enrichis et avaient mangé notre pain, guidant les colonnes d'assaut, montrant la route aux incendiaires, aux pillards, aux sadiques. — « Par ici ! le dépôt de pétrole. J'étais garçon dans cette épicerie. » — « Là, le coffre-fort. Je suis l'ancien caissier. » — « Dans cette maison, une jolie femme. C'était ma patronne. » — « Dans cet appartement, des jeunes filles. Ce sont celles des braves gens qui m'hébergeaient si bien. »

... C'est à ce cauchemar que Buratti, mon ordonnance, m'a arraché en venant me réveiller dès 4 heures du matin :

— Mon capitaine, nous partons dans une heure. Y paraît que les Boches ont f..... le camp.

III

UN COIN DE LA BATAILLE DE LA MARNE

6 septembre. — La division fait maintenant partie de la 6ᵉ armée (Maunoury), celle-là même qui, culbutant l'aile droite de von Kluck, sur les plateaux sis au nord-ouest de Meaux et menaçant ses derrières, jouera dans la victoire de la Marne un rôle prépondérant. Dirigés sur le Mesnil-Amelot, à deux lieues au sud-ouest de Dammartin-en-Goële, nos régiments ont quitté les Lilas, le 5 à la première heure, et ont traversé la vaste plaine Saint-Denis. A partir de Roissy-en-France, le pays semble désert, les villages sont évacués et rien n'est plus triste que l'impression de solitude qui résulte du départ des habitants. Au Mesnil, où notre quartier général s'installe dans l'après-midi, seules quelques rares familles sont demeurées; en revanche, de nombreux chiens abandonnés errent dans les rues de ce bourg jadis riant.

Dans la villa où je prépare l'installation des

chefs et camarades que je précède, car je fais aujourd'hui le fourrier, les Anglais ont passé avant nous, nous laissant de nombreuses traces de leur séjour. L'état-major d'un de leurs régiments a oublié un panier de popote, merveilleusement aménagé et qui nous donnera une haute idée des aises dont nos luxueux et vaillants alliés savent s'entourer à la guerre. Rien ne manque dans cet indispensable du parfait pique-nique et tout y est admirablement compris. Il y a là, très bien arrimés, couverts, verres, assiettes, boîtes diverses prévues pour tous les condiments, et tout cela en aluminium ; enfin, divers accessoires de nature à agrémenter une heureuse digestion, dont des cure-dents, un jeu de poker accompagné de ses jetons et enfin... suprême confort! un gros cahier de feuilles d'un papier réservé à l'usage intime. Comme le reste, il est marqué au chiffre du « Royal H... ». On ne peut être plus prévoyant!

Durant toute la journée nos troupes, se dirigeant vers l'est, défilent dans la localité. Zouaves et tirailleurs ont superbe mine, notre artillerie divisionnaire nous rejoint et nos divers services achèvent de se constituer. Dans la soirée, je suis envoyé au Raincy, où fonctionne le quartier général de l'armée, et j'en rapporte les ordres pour la journée du lendemain. Il s'en dégage une grande impression de confiance. Sur l'ordre de Joffre, l'ensemble de l'armée française va prendre une vigoureuse offensive.

Dimanche 6 septembre. — Chargé, comme suivant de jour, d'assurer la permanence du quartier général, j'ai vu partir à 6 heures mes chefs et camarades qui allaient à l'ennemi. Durant toute la matinée j'ai été suspendu au téléphone, ce véhicule moderne mais peu brillant de la pensée militaire sur le champ de bataille. Finie la *Lisette* de Marbot (1)! L'officier d'état-major a, de nos jours, peu d'occasions de parcourir de vastes plaines, lancé ventre à terre, sur un cheval aux naseaux fumants.

Entre temps, le bruit de la canonnade me parvient durant mes courtes promenades au jardin où je vais parfois griller une cigarette. On distingue très nettement les détonations sourdes du pum-pum allemand de la voix brève de notre 75. Je suis avec émotion leur conversation. Lequel aura le dessus? Mystère encore! Plus tard je me familiariserai avec ce grand concert qui précède, accompagne et suit les batailles actuelles; j'apprendrai à différencier la voix des divers calibres, celles des pièces grondant en français et celles qui rugissent en tudesque,

(1) Jument sur laquelle Marbot porta, à Eylau, les ordres d'Augereau au 14e de ligne.

avec la voix enrouée de canons fondus au pays des buveurs de bière.

Vers 3 heures, une auto vient me chercher pour me conduire à Monthyon, au nord-ouest de Meaux, où fonctionne le poste de commandement de la division. L'encombrement causé par des charrois de tous ordres, sections de munitions allant et revenant du ravitaillement, trains de combat et trains régimentaires, convois de l'intendance, fourgons des postes, voitures de blessés, oblige mon chauffeur à une marche lente favorable aux observations et le contraint à de fréquents arrêts. C'est à Charny, village à peu près désert comme tous ceux que j'ai traversés, que se manifestent les premières traces de la lutte engagée depuis hier. Déjà avant d'atteindre la localité, nous avons rencontré de nombreux cadavres de chevaux, à la langue baveuse et pendante, tous invariablement gonflés comme des baudruches. Çà et là, dans les prés, des charognes boursouflées de ruminants, bœufs et vaches, surpris par la mitraille.

A l'entrée de Charny, sur la première ferme à gauche, est déployé le pavillon de la Croix-Rouge. C'est un dépôt de blessés français, et un infirmier qui nous voit venir nous fait signe de stopper. Je réponds, bien cordialement, à la demande qu'il m'adresse de quelque boisson pour ses blessés, demeurés provisoirement ici et qu'il garde en attendant que des voitures les transportent vers l'arrière. Chauffeur et secrétaires, chargés de bouteilles de vin, dont nous sommes heureusement pourvus, franchissent avec moi le seuil. Dans la cour, sont mélancoliquement accroupis des Marocains plus ou moins touchés, tremblants de fièvre et frileusement enveloppés dans leurs djelabas. L'infirmier me fait pénétrer ensuite dans une remise, où je trouve, étendus sur la paille, des blessés français tombés la veille et assez grièvement atteints. Je distribue à ces braves gens quelques paroles de réconfort et remets pour eux à mon guide les bouteilles apportées; puis, je vais jeter un coup d'œil dans une grande pièce du bâtiment voisin, où gisent d'autres blessés, allemands ceux-ci. Le corps auquel ils appartenaient a marqué hier, près d'ici, un premier mouvement de recul. L'attitude de ces hommes a quelque chose de farouche et même d'insolent. C'est moins celle de blessés tombés entre nos mains que d'orgueilleux ennemis auxquels des succès ininterrompus donnent le ferme espoir d'un prompt retour de la fortune et d'une prochaine délivrance. Ils participent tout de même à la distribution.

A boire! voilà la grande plainte des champs de bataille et surtout celle des postes de secours et des ambulances. Pour mes débuts, je l'entendrai ici en trois langues, traduisant avec le même accent plaintif et quémandeur la même demande : de l'eau. Et ce mot m'est répété à satiété, en français, en allemand, en arabe. De l'eau, on leur en a largement distribué à ces malheureux, mais épuisés par la perte du sang et assoiffés par la fièvre, ils en réclament sans cesse et toujours, si bien qu'il faut se faire violence pour ne pas céder à leurs demandes immodérées de boisson.

En sortant de là, pour regagner ma voiture, je remarque un hangar dans lequel gisent des cadavres, à demi recouverts de paille. Ils sont six, deux Allemands, trois Français et entre eux un indigène formant séparation. Parmi eux, un lieutenant français des tirailleurs marocains, que l'infirmier me dit avoir succombé dès son arrivée. Sa tête disparaît sous une gerbe de blé qui laisse voir tout le restant du corps. On lui a laissé son équipement. Sa main se crispe sur son liseur de cartes ouvert, comme s'il y cherchait le chemin des contrées inconnues où son âme doit être maintenant.

Remonté dans l'auto, je gagne, non sans difficulté, Villeroy encombré d'ambulances et de voitures d'artillerie. Sur la place principale stationne un taxi-auto, dont le voyageur, un capitaine d'artillerie coloniale jeune, blond et distingué, me hèle au passage. Je m'arrête et il m'explique en deux mots sa situation : Lui arrive du Soudan et vient précisément servir à l'état-major de l'artillerie de ma division, d'où congratulations et poignées de main avec cet excellent C. de L... Pour rejoindre plus vite, il a frété, non sans peine, ce véhicule à Paris, après avoir traité à forfait pour être conduit jusqu'à son point de destination, en l'espèce le front. Mais l'automédon, un vieux chauffeur à barbiche blanche, qui entend la canonnade se rapprocher, trouve qu'il est suffisamment près. Il ne veut plus avancer, soi-disant à cause de la sécurité de la voiture dont il est responsable envers la Compagnie. La promesse des plus généreux pourboires le laisse indifférent et le vieux mâchonne dans sa barbe un sempiternel : « Vous comprenez, c'est par rapport à la voiture. » Je règle la question, en proposant au camarade de le prendre avec moi dans ma torpedo, proposition qu'il accepte avec joie. En un clin d'œil, son chauffeur effectue le transbordement de la cantine de son passager, tant il a hâte d'en être débarrassé.

Nous voilà roulant derechef. Le canon tonne de plus en plus fort et, sur les hauteurs fermant l'horizon à l'est, le ciel se tachète de ces volutes de fumée caractéristiques de l'éclatement des obus fusants; ce spectacle nous donne au cœur une chaleur singulière. C..., qui a fait près de mille lieues pour figurer dans cette danse, a comme moi hâte d'arriver et nous projetons de faire avec notre auto *une entrée en beauté* sur le champ de bataille. Mais à un kilomètre de Villeroy, alors que nous atteignons le carrefour d'Iverny, voici qu'à notre grand désespoir le moteur grince, s'arrête et le chauffeur vient m'annoncer que sa machine, ayant beaucoup donné les jours précédents, a une panne. J'envoie à tous les diables le malencontreux G..., un négociant algérien qui a roulé sur toutes les pistes du Maroc, et que la suite des événements révélera un conducteur de premier ordre et remarquablement brave. Puis, comme il nous déclare que c'est l'affaire d'une petite demi-heure, nous formons le projet de continuer à pied vers Monthyon, la voiture devant nous rejoindre en route. Nous descendons.

Sur la chaussée une colonne de munitions stationne, dont le chef, le commandant P..., que je connais, car sa formation appartient à notre division, est dans un champ voisin, à quelque cent mètres de nous, penché près d'une tache rouge qui se remarque parmi les cultures. Nous nous approchons intrigués et apercevons alors non plus une, mais huit, dix, vingt taches rangées sur une seule ligne et régulièrement espacées. Ce sont des fantassins français du 276e. La mort les a surpris sur ce glacis absolument dénudé qui dévale en pentes douces vers le ruisseau de la Sorcière, dont le fossé sépare la croupe Iverny-Villeroy des hauteurs Monthyon-Neufmontiers que tenait l'ennemi. Sans doute furent-ils fauchés par les mitrailleuses braquées sur cette crête qu'ils ne purent dépasser. De loin, on eût dit des coquelicots se détachant sur la verdure ; de près, il semble qu'on ait sous les yeux des soldats profondément endormis, tant les attitudes sont naturelles. De toute évidence ces braves, frappés face à l'ennemi, passèrent sans souffrance dans le grand au-delà. Un troupier aux formes athlétiques tient encore sa pelle-bêche avec laquelle il avait commencé à gratter le sol pour s'abriter. Près de ce colosse, son lieutenant, homme d'une quarantaine d'années, paraît tout petit. Il repose la tête appuyée sur le bras gauche replié, le droit étendu. Son visage, que je vois de profil, est très calme et encadré par une barbe broussailleuse, que la poussière a teintée d'un blond grisâtre. Sur ses traits nulle trace de souffrance. A son annulaire je remarque une alliance (1).

(1) A un an de là, au jour anniversaire de la mort de Charles Péguy, l'auteur de ces pages, parcourant un journal qui relatait la fin glorieuse du poète, acquit la conviction que c'était bien son corps qu'il avait eu sous les yeux le 6 septembre 1914. Ce spectacle, alors nouveau pour lui, s'était profondément gravé dans sa mémoire. Sa conviction devint certitude, le jour suivant,

Combien ce spectacle, que je contemplerai tant de fois par la suite et qui me causera presque toujours la même impression, porte peu aux idées funèbres! Certes l'illusion est due au décor environnant. Ici, rien que la pleine campagne sous le grand ciel; rien de ce triste appareil de la mort dont nous entourons ordinairement les défunts dans une chambre close, où l'on entre sur la pointe des pieds, et qui, avec son odeur caractéristique de maladie et de drogues, semble déjà l'antichambre du cimetière.

Cette première rencontre de nos camarades tombés au champ d'honneur ne nous inspire donc aucune mélancolie particulière, mais plutôt le furieux désir de les venger. Ils firent d'ailleurs payer cher leur mort glorieuse, car, à cinq cents mètres de là, nous apercevons d'autres taches, grises celles-ci, et certes infiniment moins visibles. La jumelle nous révèle en elles des cadavres d'ennemis, et parmi eux circulent des gens occupés à les enterrer.

Continuant notre route, nous atteignons un autre poste de blessés, allemand cette fois, mais

à la vue d'un portrait de l'écrivain en lieutenant. Il croit, à ce titre, devoir fixer l'endroit exact où est tombé Péguy. C'est à environ un kilomètre à l'est du clocher de Villeroy, vers la cote 107, et sensiblement à l'emplacement marqué sur la carte d'état-major par l'y du mot Villeroy.

semblable à celui que j'ai trouvé installé dans la ferme de Charny. Non loin de là, une vingtaine d'hommes, paysans, territoriaux français et infirmiers prussiens, procèdent, sous la surveillance de quelques-uns de nos gendarmes, à l'inhumation de soldats du kaiser. On a creusé pour eux une grande et profonde fosse, d'environ huit mètres de long sur deux de large et à peu près trois de profondeur.

Près de ce trou, qui s'ouvre béant au milieu des betteraves, les corps, ramassés dans un rayon de deux ou trois cents mètres à l'entour, sont apportés par des équipes de deux porteurs tenant le cadavre : l'un, par les épaules; l'autre, par les jambes. Au moment où nous arrivons, il en est six ou huit au bord de la fosse commune et autant sont déjà alignés au fond. Étendus côte à côte, ils constituent une première couche à l'aspect foncièrement sinistre.

Ce furent pour la plupart de beaux et solides gars, des Allemands du Nord : Poméraniens et Brandebourgeois bien en chair et sans doute hauts en couleur avant que la mort les ait revêtus de son masque de cire. Tués d'hier, la corruption n'a pas encore fait son œuvre. Nulle odeur, sinon celle du phénol répandu sur eux, ne se dégage de ceux qui, il y a vingt-quatre heures encore, étaient des hommes pleins de vie et de force. Mais la rigidité cadavérique les a raidis à la façon de pantins, si bien que là, au fond du trou, il en est dans des attitudes bizarres, dont l'aspect donne le frisson.

Les jambes de celui-ci se fléchissent sur la cuisse, et les genoux vont rejoindre ses bras aux poings crispés, comme s'il se tordait en proie à de terribles coliques ; elles refusent de se détendre, ces jambes, ainsi que la main de celui-là, qui continue à s'élever avec un geste de menace. Les deux fossoyeurs, de corvée dans ce sépulcre de circonstance, sont très ennuyés de ces attitudes malencontreuses, car elles nuisent à l'alignement et compliquent leur tâche. Comment s'y prendre pour y remédier? Croque-morts novices, ils hésitent et s'interrogent du regard. On ne peut pourtant laisser ces membres ainsi, car les dimensions de la fosse ont été strictement calculées pour y enterrer un nombre donné de Germains. D'où grand embarras pour les ensevelisseurs. Puis l'un d'eux, après s'être gratté la tête, opère une vigoureuse pression sur la main qui quémande ; elle rentre dans le rang et vient s'allonger sur la couture du pantalon du mort dans un dernier et suprême garde à vous. Pour les jambes repliées du voisin, c'est plus difficile ; les fossoyeurs doivent se mettre à deux. L'un appuie sur les genoux, pendant que l'autre tire sur les pieds. Enfin le corps se détend en grinçant et tout est pour le mieux. Alors les croque-morts se redressent. Un : « Vas-y maintenant » est lancé à un compagnon penché sur le trou, la pelle en main. Quelques pelletées de terre, et la fosse est prête à recevoir une nouvelle couche de cadavres.

Sur ces entrefaites une charretée de corps arrive; elle déborde de Teutons, ramassés au loin. Dans la voiture ils sont bien une douzaine, avec des uniformes souillés de terre et maculés de sang. Tous sont très grands, l'un si exceptionnellement que ses jambes dépassent dans les invariables bottes de cuir épais et solide. Elles semblent toutes neuves, ces chausses. Un paysan de corvée qui suit le lugubre convoi les regarde d'un air d'envie. Il est misérablement vêtu et n'a aux pieds que de gros souliers percés. Quel dommage de ne pouvoir les changer contre cette belle paire de bottes, dont le mort n'a que faire! On lit dans ses yeux le désir de s'en emparer.

Mais un officier de gendarmerie inspecte des yeux le contenu de la voiture. Décidément, ils sont trop nombreux pour cette unique fosse. On en creusera donc une autre, à quelque cinquante pas d'ici, en un endroit où la terre meuble et grasse facilitera le travail. Un territorial rassemble les papiers et les plaques d'identité trouvés sur les cadavres, dont une corvée de prisonniers, nantis de pelles et de pioches, va creuser au point fixé la dernière demeure. Ce sera pour ces victimes de l'ambition pangermaine la fin de la grande randonnée sur Paris, la grande capitale, au pillage de laquelle leur empereur les avait conviés.

Pendant que nous regardons ce spectacle, l'auto nous a rejoints, et nous voilà grimpant la côte assez raide de Monthyon. Le village est encombré de troupes ; dans l'impossibilité de continuer en voiture, je la fais garer, à l'entrée même du bourg, auprès d'une mare où les Allemands, dans leur retraite, ont noyé une demi-douzaine de caissons d'artillerie. C'est pour nous le premier signe de la victoire.

Après avoir pris le contact de mes chefs, je laisse C... rejoindre les siens et m'occupe d'interroger quelques prisonniers allemands du IIIe corps, qu'on a renfermés provisoirement dans l'église.

Même jour. — *En reconnaissance.* — A huit heures du soir, le chef d'état-major m'envoie vers Chambry, sis à une bonne lieue à l'est de Monthyon, pour le renseigner sur l'action de notre première brigade, qui s'est engagée de ce côté. Nous sommes en fin de combat et les deux adversaires échangent leurs derniers coups de canon. Comme la mission dont on m'a chargé peut me conduire dans le voisinage immédiat de l'ennemi, j'emmène avec moi le maréchal des logis-estafette Lafont, des chasseurs d'Afrique, mon ordonnance et deux spahis, un Français et un indigène; le sous-officier me servira d'agent de liaison s'il est nécessaire; quant aux trois cavaliers, l'un gardera les chevaux et les deux autres m'escorteront au cas où je serais obligé de cheminer à pied. J'ai voulu prendre un Arabe avec moi, dans l'éventualité d'un palabre possible avec ses coreligionnaires; la suite justifiera l'utilité de cette précaution.

Il est nuit complète quand j'atteins, au bas de la côte, la grande route de Meaux à Dammartin-en-Goële. J'ai résolu de la suivre pour gagner Penchard que je dois traverser, devant me porter ensuite sur Chambry. J'arrête tout d'abord mes hommes sur la chaussée et fais mettre pied à terre pour inspecter rapidement le paquetage et la ferrure, mesure indispensable, car bien souvent la réussite ou l'insuccès d'une mission à cheval dépendent d'un détail insignifiant, tel un fer qui se détache, une arme qui résonne intempestivement. La nuit est superbe, les étoiles scintillent et le clair de lune donne une clarté suffisante pour permettre de reconnaître les grandes lignes du terrain.

J'ai à ma gauche, à l'est, une crête moyennement découverte derrière laquelle se dissimule Chambry. Sur ces pentes, nos troupes, qui forment l'extrême droite de la 6ᵉ armée, ont combattu toute l'après-midi en union étroite avec le groupe de divisions de réserve que commande le général de L... Ayant placé leurs avant-postes de combat, elles s'installent maintenant au cantonnement-bivouac.

Des meules de paille que les obus ont allumées éclairent par place la campagne; de temps en temps, une fusée s'élève dans le ciel, illuminant un instant l'horizon qui s'efface ensuite dans la grisaille d'une demi-obscurité. Çà et là, quelques bouquets de grands arbres et des boqueteaux plus ou moins étendus, dont les contours se dessinent en taches sombres ou s'éclairent parfois à la lueur des incendies. On perçoit alors sous leurs futaies la présence de formes humaines; sans doute y a-t-il là des nids de blessés autour desquels s'agitent des brancardiers. Au loin, du côté de Penchard, une ferme brûle et achève de se consumer.

Nous avançons en nous défilant, tant bien que mal, à l'ombre des arbres bordant la route. Chemin faisant, nous rencontrons des troupes gagnant les emplacements qu'on leur a fixés dans l'ordre de fin de journée. Je prends langue au passage avec les chefs des différentes unités, escadrons et bataillons, les uns de ma division, les autres du groupe de D. R., avec lequel nous sommes un peu mêlés. Ces contacts me permettront plus tard de renseigner mes chefs.

Nous voici à Penchard, que je trouve occupé par un bataillon de thabors (1). Je traverse le village et en gagne la sortie donnant sur Chambry, après m'être entretenu avec quelques officiers marocains que j'ai trouvés en train de dîner sur le pouce. Ces camarades ont donné l'assaut ici et en ont chassé les Allemands; ils appartiennent à la brigade D... et sont aux avant-postes, m'expliquent-ils. A quelques cents mètres au delà de la lisière nord-est commence pour eux l'inconnu. Ils ignorent notamment si Chambry est à nous ou aux Allemands, fait que je vais m'efforcer d'élucider en tâchant de gagner cette localité si possible.

Je sors de Penchard après m'être fait reconnaître du poste qui en garde les issues de ce côté, ainsi que de ses sentinelles avancées, deux indigènes à l'aspect farouche ignorant notre langue et ne connaissant que leurs officiers. Le spahi arabe que j'ai emmené avec moi me sert d'interprète et il leur explique que tout à l'heure, au retour de Chambry, nous reviendrons probablement par là, précaution utile à l'égard de ces auxiliaires peu initiés aux subtilités du mot. Nous sommes encore à environ trois kilomètres de Chambry; le chemin sur lequel je

(1) Dénomination arabe de nos auxiliaires marocains.

suis m'y mènerait tout droit en quinze minutes de trot. Mais je ne peux songer à le suivre, ignorant en quelles mains est la localité que je vais reconnaître. Espaçant mes hommes pour ne pas faire bloc et fournir éventuellement aux sentinelles ennemies une cible trop facile, je prends à droite à travers champs et gagne ainsi à peu près deux kilomètres dans la direction de Chambry dont le clocher, émergeant du creux où est situé le village, me sert de point de direction.

Des arbres, des meules de paille, un champ de maïs dérobent tant bien que mal notre marche. L'ennuyeux est que trois de mes chevaux sur cinq, dont le mien, sont blancs et par suite très faciles à distinguer; de plus, *Boulet,* ayant l'odorat très sensible, hennit invariablement toutes les fois que nous passons près du cadavre d'un de ses congénères. Or, nous en rencontrons plusieurs en route, car de l'artillerie allemande, retraitant sous notre feu, s'est déplacée ici.

En vain, pour empêcher ces hennissements, indicateurs de notre passage, j'imprime chaque fois à ma bride cette vigoureuse secousse, qualifiée coup de sonnette, que les chevaux redoutent tant. Je ne peux l'empêcher de manifester bruyamment son humeur inquiète. Elle se traduit d'une façon d'autant plus intempestive qu'au loin j'entends le tac-tac-tac caractéristique des mitrailleuses ennemies, battant les routes de leurs épaisses gerbes de balles. N'en est-il point en ces parages et n'allons-nous pas tomber dans leur trajectoire? Comme j'arrive près d'une haie assez élevée formant la limite d'un champ, je rassemble ma petite troupe près de cet abri et continue à pied avec Lafont et le spahi indigène. Son ouïe subtile, comme celle de tous les Arabes, pourra m'être de grande utilité en cette circonstance. La nuit, en effet, une bonne paire d'oreilles valent les meilleurs yeux et on écoute plus qu'on ne cherche à voir.

Nous cheminons donc à travers champs vers Chambry, dont 5 à 600 mètres nous séparent encore. Mais un bruit nous arrive de la route, quelque chose comme une vague rumeur de conversation à mi-voix. Évidemment, une troupe est là en station, car sans cela nous entendrions le bruit de ses pas. Mais est-elle française ou allemande? Nous sommes à plus de 2 000 mètres de Penchard; il est donc possible qu'un poste allemand soit là-bas sur le chemin, gardant l'issue de notre côté. Je tends l'oreille et invite mes compagnons à en faire autant. Le spahi, qui est un vieux cavalier, s'étend sur le sol où il demeure quelques minutes une joue appliquée contre terre, puis se relevant, il murmure : « Ci des Français, mon cap'taine. » J'écoute à mon tour et saisis au passage... le mot de Cambronne, lancé d'une voix irritée. Sa résonnance ne me laisse aucun doute. Ce sont bien nos zouzous...

Rassurés, nous regagnons rapidement la haie où j'ai laissé chevaux et cavaliers. Quelques minutes plus tard je rejoins, à l'entrée même de Chambry, le colonel F..., commandant le N*e* zouaves, qui, à la tête d'un bataillon, vient d'en faire effectuer la reconnaissance par des patrouilles. Je pénètre dans le village avec cet officier supérieur, et nous nous installons dans une maison abandonnée, comme toutes les autres d'ailleurs. Là, ayant déployé sa carte, il me renseigne sur la situation de son régiment. Après un quart d'heure passé ensemble, je laisse le colonel à Chambry pour regagner Monthyon. Ayant déjà rencontré en cours de route les unités de l'autre régiment de la brigade, je possède tous les renseignements désirables et je n'ai plus rien à faire ici. Le retour s'accomplit par le même chemin qu'à l'aller et sans incident.

7 septembre. — J'ai passé la nuit près de Monthyon, dans un immense hangar à foin ouvert à tous les vents et où régnait une demi-obscurité. Je me suis étendu, au petit bonheur, entre d'autres dormeurs dont la respiration bruyante m'empêcha tout d'abord de goûter le repos.

Heureusement, mon voisin le plus proche, dont je sentais tout près de moi le grand corps qui me frôlait, était très sage et fort tranquille; c'était bien, parmi ces mauvais coucheurs, dont d'aucuns ronflaient comme des tuyaux d'orgue, le type du parfait camarade de lit, celui qu'on n'entend même pas respirer.

Au matin, vers 4 heures, le jour naissant et le froid très vif alors sur ce plateau m'ont réveillé. Je me suis étiré, dressé sur mon séant et frotté les yeux. Autour de moi, mes compagnons de la veille et aussi des Marocains qui étaient venus gîter là après s'être bien battus toute la journée, étaient déjà levés. Dans le pré voisin, un sous-officier procédait à l'appel de ces thabors, correctement alignés sur deux rangs devant leur gradé. Seul, mon voisin continuait à dormir d'un profond sommeil. C'était un indigène de haute taille, enveloppé dans sa djelaba dont le capuchon, rabattu sur la figure, cachait tout le visage, ne laissant voir qu'un menton olivâtre garni d'une barbiche brune. Ses jambes apparaissaient sous le foin; comme j'étais debout, j'allais les toucher du pied pour le réveiller afin qu'il rejoignît les siens, quand j'ai été distrait par la vue d'un camarade de promotion, F..., que je n'avais plus rencontré depuis ma sortie de Saint-Cyr. Je suis allé à lui. Il arrive du Maroc avec ses hommes; son bataillon a été engagé hier à l'ouest de Penchard et c'est sa compagnie, du moins ses débris, que le sous-officier rassemble en ce moment, cinquante survivants à peine sur deux cents. Ce sont des soldats très vaillants que ces Marocains qui, pour dix sous par jour, viennent se faire tuer à notre service. Mon ami, que j'accompagne, en passe rapidement l'inspection; mais l'un d'eux ne répond pas à l'appel. « C'est El Maleck, assure le sergent, il doit encore dormir, le fainéant! Mais oui! le voilà là-bas dans le foin, qui « roupille » comme un loir. Va le secouer, Kadour! » Et Kadour, un tout jeune gars, au teint cuivré, aux yeux de jais fendus en amande, se dirige vers le coin où j'étais tout à l'heure et d'où émergent toujours les longues jambes de mon ex-voisin, qu'il secoue en vain. « Ya Kharbi! crie-t-il, en tournant la tête de notre côté. El Maleck, y a morto »; et il revient tranquillement dans le rang, pendant que le gradé va vérifier le fait. Effectivement, le tirailleur est mort; blessé à la poitrine, il a dû expirer peu après s'être couché là. C'est donc pour cela qu'il se tenait si tranquille, le camarade! Un petit frisson me secoue l'épiderme, mais je le réprime bien vite. Après tout, c'est la guerre.

Même jour, 3 heures. — La division, à laquelle

on a rattaché la brigade marocaine, est engagée depuis le matin. Le général D... forme notre droite avec ses thabors; à cheval sur la route de Meaux à Villers-Cotterets, ils attaquent la cote 107 au sud-ouest de Varreddes; le général T... est au centre, à Chambry, avec ses zouaves; enfin, à gauche, le général Q..., avec ses tirailleurs et ses zouzous, tient Barcy. A notre extrême droite, du côté de Varreddes, le régiment de chasseurs d'Afrique surveille la vallée de la Marne et nous relie à l'armée anglaise. Derrière chaque brigade un groupe d'artillerie appuie l'action de l'infanterie, qui attaque face au nord-est. « De la bataille qui est engagée dépend le salut du pays », a dit Joffre. Il faut vaincre ou mourir. Aussi toutes les volontés sont tendues, braquées vers ce but suprême, la victoire! Il faut, coûte que coûte, garder le terrain conquis et se faire tuer sur place plutôt que de reculer!

Notre poste de commandement fonctionne à la sortie nord-est de Penchard, au centre de l'action, et toute la journée les officiers d'état-major et les agents de liaison vont, viennent, portant à cheval les ordres, parfois sous le feu le plus violent. La grosse artillerie allemande nous canonne, et sur nos têtes les taubes volent sans cesse, repérant nos positions et les indiquant par signaux à leurs observateurs, qui là-bas nous surveillent avec leurs Zeiss. L'instant d'après, la marmite arrive, éclate avec un bruit infernal ou parfois se fiche en terre sans percuter, car il s'en faut de beaucoup que tous les obus allemands soient parfaits.

J'ai reçu ce matin le baptême du feu en allant porter un ordre au colonel F..., le même que j'ai vu hier à Chambry. J'étais monté sur *Boulet*, dont la robe blanche est trop visible sur le tapis vert des prés, et suivi par le fidèle Buratti, garçon doux et timide, que je pensais craignant les coups, tel Panurge. Absorbé par ma mission, je n'ai guère eu le temps d'avoir peur; de ce fait, mes impressions furent modestes. J'en aurais peut-être été fier, si je n'avais constaté que l'attitude de mon ordonnance, un novice comme moi, qui n'avait pas les mêmes raisons d'être distrait, était celle d'une totale indifférence. Il me suivait sous la mitraille comme à la promenade. Impossible de l'obliger à se défiler. C'est un colon de race française et il achevait ses deux ans quand la guerre a éclaté. Né et grandi dans le bled oranais, parmi les Arabes, il possède leur beau fatalisme. Aussi quand je veux le faire garer, ce brave chantonne de sa voix nasillarde : « C'est pas la peine, mon capitaine, car si on doit être tué, on l'est quand même. »

L'après-midi, le chef d'état-major m'a renvoyé à nouveau placer sur la ligne de feu la compagnie B..., jusqu'alors en réserve. Toujours accompagné de Buratti, j'ai été l'installer en soutien d'artillerie dans un champ de betteraves face à Chambry. Au retour et comme je longeais un boqueteau, nous nous sommes arrêtés à sa lisière pour suivre le tir des 77 allemands qui s'acharnaient en vain à démolir une de nos batteries de 75. J'ai pu constater, à cette occasion, combien les canons de nos ennemis sont peu susceptibles de déplacer leur tir latéralement, ce que les nôtres font si facilement avec leur terrible fauchage. Quand, d'aventure, on est sous leur feu et qu'on a sa liberté de manœuvre, il est relativement facile de se garer en se déplaçant rapidement à droite ou à gauche.

C'est ce qu'avait fait pour ses canonniers le capitaine D... dont la batterie, prise sous la rafale adverse, n'en souffrait pas trop. Abandonnant momentanément ses canons, il avait fait terrer à quelque cent pas à gauche son personnel, du côté opposé au boqueteau où je me tenais, et seul sous les obus, la jumelle à la main, il suivait, comme s'il eût été au polygone, le tir des Allemands, prêt à riposter à la première occasion. Autour de lui, les marmites volaient; elles accouraient avec un bruit de train rapide, puis éclataient ou s'enfonçaient dans le carré, d'environ cent mètres de côté, où s'inscrivaient les pièces. En face de moi, les canonniers, en bras de chemise, car il faisait très chaud, suivaient des yeux le spectacle, en attendant de se remettre à l'ouvrage. Comme trois cents mètres à peine nous séparaient, je voyais très distinctement leurs visages à la lorgnette. Nulle trace de peur, pas même d'émotion, et pourtant, c'étaient des débutants de la guerre.

Même jour. — *Soir de bataille à Penchard.* — Neuf heures sonnent à l'église du village. Nos troupes se sont battues toute la journée, forçant partout l'ennemi à reculer, mais non sans subir elles-mêmes des pertes sanglantes. Les débris d'un bataillon marocain, ayant donné l'assaut vers la cote 107, entre Varreddes et Chambry, et qui viennent d'être relevés, rentrent joyeusement; ils suivent la grande rue pour gagner la place de la mairie, où ils vont s'installer en cantonnement-bivouac. Les hommes, dont beaucoup ont la tête bandée et dont certains, atteints aux jambes, marchent clopin-clopant, sont tout heureux à la pensée de la diffa (1) qu'ils vont faire après avoir combattu quatorze heures de suite. Ils brandissent au passage des casques, des couteaux-baïonnettes, des fusils allemands conquis durant le corps à corps, car l'action fut chaude. Certains, même,

(1) Festin arabe

ont chargé leurs épaules d'un havresac boche dont le dessus, en peau de vache portant poils dehors, les réjouit tout particulièrement.

Les lourdes pertes subies au cours de la journée les laissent indifférents, bien qu'il soit peu d'entre eux qui n'aient à regretter un camarade, un ami, parfois un parent. Mais qu'importe! Ce serait péché que de s'inquiéter du sort de ces braves, tombés sous les balles de l'infidèle, alors qu'ils combattaient sous le fanion que décore la main vénérée de Fatma (1). L'ange ne les a-t-il déjà saisis par leur toupet, pour les transporter dans la céleste demeure des houris, éternel séjour des élus? Là, coulent des ruisseaux de miel, des fleuves de lait; là, le couscous et le mechoui (2) sont perpétuellement servis à des convives jamais rassasiés. Eux, vont se bourrer l'estomac durant une partie de la nuit, car de sommeil ils n'ont cure, dormant où ils se trouvent, roulés dans leurs burnous et s'inquiétant peu du soleil ou de la pluie.

Voilà maintenant les survivants sur la place et dans les ruelles avoisinantes. En un clin d'œil les faisceaux sont formés, et comme

---

(1) Les fanions de nos troupes indigènes sont ornés de cet insigne, qui est, avec le croissant, un des emblèmes religieux de l'Islam. Fatma ou Fatima était, comme on le sait, la fille de Mahomet.

(2) Mouton rôti en entier, plat de résistance des banquets arabes.

la nuit est chaude et qu'ils sont tout en sueur, ils enlèvent, pour les faire sécher, tuniques, chemises et chéchias. Les torses nus, qui semblent de cuivre ou de bronze, reluisent tels des chaudrons à la lueur des feux de bivouac allumés partout comme par enchantement et au-dessus desquels sont tendus des toiles ou des branchages, pour qu'aucune buée lumineuse ne monte vers le ciel. Les têtes rasées, avec au sommet le toupet des sectateurs du prophète, rient de leurs trente-deux dents blanches à l'aspect des marmites où l'eau chantonne déjà. Combien succulent et abondant sera le festin! Tous s'en lèchent déjà les babines.

Près d'une lessiveuse, de la contenance de cinquante litres au moins, que de jeunes hommes ont été quérir dans une ferme voisine, un vieux cuisinier a entassé, outre d'énormes morceaux de bœuf, — car il y a là les rations des vivants et celles des morts de la journée, — une quantité fantastique de volatiles, poulets, canards, pigeons, même une oie, qui, plumés en un clin d'œil, mijotent ensemble avec la viande et les légumes de l'ordinaire. Tout autour de cette marmite, digne de Gargantua, les convives de ce pantagruélique repas sont accroupis en cercle, écoutant la mélopée criarde d'une flûte arabe dont les sons charment leur attente. Quelle diffa on va faire tout à l'heure! De temps en temps, ils surveillent de l'œil le cuisinier, qui lentement écume le pot, à l'aide d'une immense écumoire trouvée je ne sais où. Ainsi que ses compagnons, il suit le rythme de la flûte, en dodelinant de la tête, et comme, m'étant approché, je lui demande où il s'est procuré toute cette basse-cour, il se dresse au garde à vous, la cuillère à la main, et me dit en souriant : « Ti comprends, cap'taine, macach z'abitants, alors les poules y va crever, si ji mange pas. »

8 septembre. — L'assaut d'Étrépilly. — L'action de notre aile gauche, que commande le général Q..., s'est poursuivie avec plein succès hier dans la direction du nord-est et les détails nous en sont parvenus ce matin. Bien que je n'y aie pas assisté et que je me sois imposé ici de ne raconter que des choses vues, je ne peux résister à la tentation de narrer l'héroïque assaut d'Étrépilly par le N^e zouaves.

Le régiment s'est engagé dès l'aube et a traversé dans la matinée Barcy qui, durant deux jours (7 et 8), s'est littéralement trouvé sous une pluie de feu.

Aussitôt après en avoir débouché, deux bataillons se déploient face à la ligne Étrépilly-Varreddes. Le bataillon de gauche est de direction. Son chef, le commandant D..., conduira toute la ligne. Il marche sur le clocher d'Étrépilly, qui seul apparaît de ce bourg sis dans le thalweg du ruisseau de Thérouane. A sa droite, le bataillon Henry d'Urbal (1), dont le commandant, un colosse de près de six pieds, large à proportion, dirige la canne à la main, superbe de calme et de courage, la marche héroïque de ses zouaves. Derrière le centre de la ligne suit en soutien le 3ᵉ bataillon (de Marcy). C'est dans cet ordre que le régiment combattra tout le jour, gagnant de l'avant et serrant sur sa gauche, à mesure que le canon, la fusillade et surtout les mitrailleuses ennemies éclairciront ses lignes, et combien!... D'Urbal, que sa haute taille désignait aux coups, tomba l'un des premiers, tué raide par une balle, que lui décocha sans doute un de ces tireurs d'élite dont la mission était de dégringoler nos officiers.

Durant toute l'après-midi, les deux bataillons formant la ligne de bataille restent face à l'objectif, couchés dans les cultures, qui ne leur procurent qu'un couvert illusoire. Sur ce glacis, les zouaves ne peuvent plus avancer, mais Joffre a dit qu'il fallait tenir coûte que coûte et aucun ne reculera. Puis, la nuit venue, le général de brigade, qui de la lisière de Barcy a surveillé tout le jour, la lorgnette à la main, le mouve-

(1) Le commandant d'Urbal était le frère du général bien connu.

ment de ces braves dont les rangs s'éclaircissent de minute en minute, les lance sur Étrépilly, but de leur mouvement. Rapidement, ayant à leur tête leur chef, le lieutenant-colonel Dubujadoux, les zouaves s'avancent vers la lisière du village, ils progressent sous un ouragan de fer, au milieu du bruit effarant des shrapnells, des obus de 105, du crépitement de la fusillade et du tac-tac-tac énervant des mitrailleuses dont les gerbes rasantes fauchent tout sur leur passage. Ainsi réduit de moitié, le régiment atteint Étrépilly. Alors Dubujadoux commande : « En avant ! A la baïonnette ! » et pénètre l'un des premiers dans le bourg que ses zouaves traversent en trombe, massacrant tout sur leur passage et se jetant, l'arme haute, dans les maisons où l'ennemi s'est barricadé. Étrépilly est enlevé tout d'une traite. En dépit des pertes subies, les assaillants courent ensuite sur le cimetière, que les Allemands tiennent encore. Le lieutenant-colonel Dubujadoux trouva devant ces murs crénelés une mort glorieuse : il tomba la cuisse broyée par une balle... (une balle dum-dum, comme on le constata plus tard). Plus de la moitié de l'effectif et les trois quarts des officiers étaient tombés au cours de cette charge mémorable (1).

(1) C'est par des exploits de ce genre, accomplis sur

Le lendemain, le commandant D..., le seul officier supérieur survivant, qui avait pris à ce titre le commandement du N^e zouaves, qu'il devait conduire glorieusement sur l'Aisne, la Scarpe et l'Yser, ramena dans nos lignes, et sous une grêle de balles, le corps du commandant d'Urbal, demeuré dans les luzernes. Il alla le chercher, escorté de deux chasseurs d'Afrique, mais le colosse était si lourd qu'il fallut le placer en travers du cheval d'un cavalier Celui-ci, ayant mis pied à terre, le soutenait pour l'empêcher de glisser. C'est dans cet appareil, et sous l'accompagnement imposant du canon ennemi qui ne cessait de tonner, que le corps du valeureux d'Urbal défila devant ses zouaves. Postés alors dans les tranchées de Barcy, ils lui rendirent les derniers honneurs. Ainsi fut-il amené au cimetière, où précisément un obus de gros calibre venait de creuser une fosse. Ce fut la digne sépulture de ce beau soldat.

Même jour, 18 heures. — *L'espion.* — Comment il fut découvert et condamné, le voici : nous étions au poste de commandement, à un carre-

tout le front, et le sang de plus de cent mille braves, que fut opéré le *miracle de la Marne*, expression malheureuse et injuste s'il en fut pour qualifier une des plus belles et des plus audacieuses conceptions stratégiques qu'offre l'histoire militaire de toutes les époques.

four près de la sortie nord-est du village, à l'intérieur duquel fonctionnait une ambulance. De là, devant l'emplacement que nous occupions, un va-et-vient continuel d'officiers, d'estafettes, de brancardiers et de blessés plus ou moins ingambes. L'endroit était à peu près à portée extrême du canon ennemi et en tout cas hors de celle de l'infanterie, se trouvant à une **bonne** lieue de la ligne de feu.

Or, voilà tout à coup que certains de nos zouaves, qui, légèrement atteints, passaient près de nous, prétendirent entendre siffler des balles à leurs oreilles. Comme ils en étaient à leur second engagement, le cas parut douteux. Mais, un de ces projectiles étant venu s'écraser sur le mur même d'une maison voisine, il fallut bien se rendre à l'évidence et en conclure, d'après la nature du point d'impact, que le coup avait été tiré de l'arrière. Il provenait vraisemblablement des hauteurs boisées, qui, dominant le village à l'ouest, se trouvaient précisément dans la direction opposée à l'ennemi. On supposa que quelques traînards allemands pouvaient y être embusqués; une patrouille de spahis et de chasseurs d'Afrique reçut donc mission d'aller fouiller le bois.

Nos hommes, montés sur leurs petits chevaux arabes, heureux comme leurs maîtres de cette randonnée, galopent vers les futaies sous lesquelles nous les voyons s'enfoncer. Ils en reviennent, moins d'une heure après, poussant devant eux un grand gaillard à barbe fleurie, vêtu en fantassin allemand et le bras orné d'un large brassard de la Croix-Rouge. Nos gens l'ont pincé alors que, couché au revers touffu d'un fossé qui borde la lisière du bois, il tirait avec une carabine de cavalerie française sur nos blessés entrant au village. Outre cette arme et de nombreux chargeurs, l'homme avait sur lui une jumelle et deux revolvers, que leurs marques indiquaient clairement avoir appartenu aux nôtres.

Chez nos adversaires, le sort de ce singulier infirmier ou soi-disant tel n'eût été douteux. On l'eût fusillé sur-le-champ. Avant de le condamner, nous crûmes néanmoins devoir le soumettre à une rapide information. Elle révéla qu'outre ses armes et son brassard, l'Allemand portait sur lui, entre peau et chemise, des fanions de couleurs variées dont il s'était servi pour faire des signaux aux taubes, lesquels, tout le jour durant, avaient survolé nos positions, indiquant par des fusées les emplacements de nos canons et de nos réserves. Ordre est donc donné de fusiller l'homme qui couvrait traîtreusement ses actes de guerre du signe de la neutralité.

Des Marocains le saisissent et veulent l'entraîner hors du village. Mais lui, a deviné où on va le conduire. Il se laisse traîner et clame d'une voix déchirante : « *Franzosen, guten kameraden!* » Cette déclaration achève d'exaspérer nos soldats. Ils le poussent hors du village et je les suis machinalement.

L'espion n'a plus rien d'humain. Ses traits sont décomposés par l'angoisse, ses yeux exorbités par la terreur, ses jambes se dérobent sous lui et l'on doit le pousser dans le fossé. Il y est tué d'une balle tirée à bout portant, comme une bête puante, comme il convenait à un misérable qui, indigne de son uniforme de soldat et masqué du brassard de la Croix de Genève, tirait les nôtres, tels des lapins, après s'être au préalable embusqué derrière une haie, à l'abri de laquelle il croyait certes pouvoir assassiner sans aucun risque.

La chose s'est passée au crépuscule et le misérable a ainsi fini entre chien et loup, en malfaiteur pincé en flagrant délit.

9 septembre. — A mon lever, j'ai eu la curiosité de revenir au fossé où fut abattu hier soir l'espion. Son cadavre y gisait encore, non plus convulsé et pantelant comme je croyais le retrouver, mais les membres détendus et les traits reposés. Il semblait dormir; ses bras, dont il s'était couvert les yeux pour ne point voir venir le coup fatal, abritent du soleil le haut du visage et me dérobent la vue de sa blessure. J'ai l'impression d'une sérénité complète qui me remplit d'étonnement.

Quel prodigieux phénomène est donc la mort pour opérer de pareilles métamorphoses! Quel calme, quel repos elle procure! Ainsi, dans ce fossé bourbeux, cet homme que j'ai vu au moment de l'expiation, méconnaissable tant il était masqué d'épouvante, paraît maintenant dormir en toute tranquillité.

C'est en philosophant sur ce fait que je suis rentré au quartier général, une villa de Penchard, où j'ai trouvé sur mon bureau les papiers de l'exécuté qu'on venait de me porter à fin d'examen. Je les ai rapidement parcourus, notamment une lettre du mort à sa femme, une paysanne de la principauté de S... S... Il y parlait de sa vache, de son porc, de sa volaille et aussi de ses prunes, qu'il regrettait, disait-il, de ne pouvoir cueillir lui-même cette année. Ironie du sort, c'est un pruneau français qui l'empêcha de revoir à jamais son bétail et ce verger dont il parlait avec cette émotion particulière à l'homme de la terre discourant de ses produits.

Fossoyeur. — J'ai été chargé, l'après-midi, de procéder à une reconnaissance de la lisière, en vue d'un premier nettoyage de Penchard, dont les abords sont encombrés de cadavres, tant allemands que français, ces derniers appartenant d'ailleurs pour la plupart à nos contingents marocains. En ces journées de septembre, où le soleil darde ferme, il y avait là un danger de contagion qu'il importait de supprimer au plus tôt.

Me voici donc avec G..., notre sympathique commandant de la force publique, un vieil Africain bronzé, à l'aspect rébarbatif de gendarme, mais au cœur d'or. Il m'assistera dans ma corvée, escorté de deux de ses hommes et d'un gradé d'une compagnie de territoriaux arrivée de l'arrière pour procéder à un premier assainissement du champ de bataille. Depuis midi la canonnade s'est tue et nous utilisons cette accalmie du feu. Notre visite commence par la lisière ouest du village, celle par laquelle les thabors l'ont abordée le 7 et où le combat fut le plus vif. Là, les maisons s'élèvent à flanc de coteau et leurs jardins vont grimpant jusqu'aux premiers arbres de cette petite forêt très touffue qui domine la localité : Marocains et Allemands s'y sont entr'égorgés au cours du furieux assaut donné par les nôtres.

Chacun de ces vergers et potagers fut, par suite, le théâtre d'un sanglant corps à corps et l'enchevêtrement des cadavres atteste la violence de la lutte. Comme, en maint endroit, la végétation est très drue et s'épaissit encore des nombreuses branches d'arbres fauchées par les obus, beaucoup de corps sont à demi cachés. Il nous faut alors chercher à les découvrir, ainsi qu'on le fait de ces énormes citrouilles que l'on devine sous le feuillage plutôt qu'on ne les voit. Comme pour elles, c'est tantôt quelque boursouflement de la verdure, tantôt quelque plaque grise, se détachant en cru disparate sur la teinte uniforme environnante, qui décèle l'objet de nos recherches.

Ici les cadavres remplacent les cucurbitacées et l'on s'écrie : « Tiens, un Boche ! » comme on dirait : « Voici une citrouille ! » Les taches révélatrices sont : les unes kaki, couleur des vêtements de nos auxiliaires ; les autres gris-vert (1), qui est celle de la tenue de guerre allemande. Les morts des deux camps se partagent par moitiés à peu près égales. Ils gisent sur le ventre, lorsque le soldat a piqué du nez sous l'action de la balle ; sur le dos, quand il a été frappé d'un coup de baïonnette. Car, atteint par une arme blanche, l'homme se renverse instinctivement en arrière pour tâcher d'esquiver le coup.

Les corps de nos Marocains, au teint cuivré, aux formes grêles et musclées à la fois, con-

(1) Cette couleur est qualifiée officiellement de *graugrün*. Il en existe une autre dite *feldgrau*, gris de champ.

trastent singulièrement avec ceux de leurs adversaires, des Allemands du Nord, lourds, massifs et tout en chair. Je remarque que nombre de nos thabors ont le crâne percé par une balle tirée à bout portant, signe certain qu'ils furent achevés alors que simplement blessés..., achevés lors du retour offensif d'ennemis sans humanité.

L'aspect d'un de ces indigènes est caractéristique. C'est un jeune Berbère, dont le derrière de la tête a été totalement défoncé à coups de crosse, semble-t-il, car je ne vois autour du cadavre aucun objet qui ait pu servir à l'assommer ainsi. Il gît la face contre terre. Chose bizarre, son crâne, à demi rasé selon l'usage musulman, paraît déformé, à la façon d'un corps mou, d'une motte de beurre par exemple, dans laquelle on aurait donné un coup de poing. J'ai beau me pencher sur lui, je ne vois pas trace de fracture. L'homme serre encore, dans ses mains crispées, son fusil à la baïonnette duquel adhère une touffe de cheveux blond filasse; elle témoigne du fameux coup de pointe dont il a occis son adversaire. Sans doute était-ce le gros Poméranien qui repose à deux pas de là, ventre en l'air, le cuir éraflé, à hauteur de l'oreille, d'une trace sanglante. Il tient à deux mains sa bedaine transpercée, comme pour retenir ses boyaux, sorte de boudin flasque et noirâtre qui émerge et sur lequel grouillent les mouches.

Cette horreur, contemplée à une autre époque, à un autre moment, dans le décor agreste de ce verger où les légumes croissent et profitent à l'ombre d'arbres chargés de fruits, serait terrifiante au plus haut degré. Mais à la guerre on se blase vite sur ce genre de spectacle. Là surtout, l'homme s'aperçoit que dans l'univers tout n'est qu'ambiance et question de relativité; là, il constate qu'il est un être d'accoutumance facile et que c'est la rareté d'un fait beaucoup plus que le fait lui-même qui l'impressionne. Trois jours de combat ont suffi pour m'endurcir. C'est sans pitié que je contemple cet ennemi éventré. Sans m'arrêter un instant à l'idée qu'il peut être marié et père de famille, j'approuve le coup qui l'a navré. Mieux, j'applaudis au geste du Marocain et me dis : « Bien tapé! » Exclamation dont le corollaire est : « Un de plus... qui ne pillera plus, ne tuera plus, ne violera plus! » Et ceci absout cela. Je conçois, à cette heure, que l'horrible réflexion, attribuée à je ne sais plus quel Romain célèbre : « Le corps d'un ennemi mort sent toujours bon », est bien moins barbare qu'on ne se l'imagine généralement. Examinée d'un coin de champ de bataille, cette parole a une tout autre allure qu'analysée au coin du feu, entre intellectuels dissertant sur la barbarie de la guerre. Une demande, que formule la bonne fermière qui nous accompagne, va me convaincre de sa vérité.

Deux longs jours, la brave femme resta cachée dans sa cave, craignant à chaque instant d'être massacrée. Maintenant elle gémit sur ses légumes saccagés, sans s'intéresser autrement aux victimes de la lutte, qui lui apparaissent, les unes, sous les traits d'ennemis sans pitié; les autres, sous ceux de païens, auxquels on ne saurait décemment accorder une sépulture chrétienne. Aussi, comme je désigne à un gendarme l'endroit voisin où, à mon idée, on pourrait enterrer, provisoirement, le gros Teuton aux entrailles perforées, la bonne vieille m'adresse une prière d'une féroce et campagnarde prévoyance : « M'sieur l'officier, ça vous ferait-y rien, qu'on mette c'lui-là dans les haricots. » Et elle me désigne un coin du jardin où croît ce légume. Comme je lui demande, surpris, pourquoi elle désire que ce guerrier germain repose dans ce carré du potager plutôt que dans un autre, la paysanne développe sa pensée :

« C'est par rapport que ces gueux ont emmené tous nos bestiaux en partant et qu'on n'a plus de fumier. On est quasi ruinés! Alors *vous comprenez?* »

Même jour, 8 heures du soir. A l'ambulance. — J'ai appris tout à l'heure que mon camarade le capitaine Denis, du groupe d'Afrique, vient d'être transporté à l'ambulance installée à la mairie. C'est lui dont j'ai admiré hier la superbe attitude sous la mitraille, et jadis, en 1905, avant mon entrée à l'École Supérieure de Guerre, c'est dans sa batterie, à Castres, que j'ai accompli mon premier stage d'artillerie. L'annonce de sa blessure m'a, par suite, fort ému, d'autant qu'on m'assure qu'il est gravement atteint à la tête. Je m'empresse donc d'aller le voir. C'était, hélas! bien vrai. Je l'ai trouvé couché sur une civière, comme on venait de le trépaner et il râlait doucement, doucement, sans avoir recouvré ses esprits. Ainsi s'est-il éteint sans souffrances. Il était le premier officier de son arme tué dans nos rangs.

Près de lui, on m'a montré un Marocain gigantesque qu'on avait dû amputer des deux jambes et du bras gauche, broyés par la mitraille. Il délirait, les yeux brûlants de fièvre, et agitait en tous sens son unique membre demeuré intact; ce bras semblait d'ébène, car cet indigène était fortement mâtiné de nègre. Ainsi, il rappelait ce monstre dont parle Richepin dans ses contes de la décadence latine, cet homme-tronc, qui, noir comme l'Érèbe, n'avait lui aussi qu'un bras. Ce Marocain est si vigoureux que le docteur ne considère pas sa guérison comme impossible, en dépit de tout le sang qu'il a perdu. Quelle récompense la France ne devra-t-elle, en ce cas, à ce pauvre diable ainsi mutilé à son service!

IV

LA MARCHE EN AVANT

Jeudi 10. — Après une furieuse bataille de quatre jours, les Allemands sont en pleine retraite. La division, se portant en avant, suivra l'Ourcq, qu'elle doit franchir à Lizy, et marchera dans la direction de la Ferté-Milon. Le quartier général part à 6 heures, me laissant à Penchard où j'assurerai la permanence durant deux heures. A 8 heures, je monte à cheval ; escorté de mon ordonnance et de quelques cavaliers, je me dirige vers Étrépilly, par Chambry et Barcy. Ces deux villages, que je traverse successivement, offrent l'aspect le plus désolé ; le cimetière de Chambry, un grand rectangle entouré d'un mur haut et solide, est épouvantablement bouleversé. Ici les vivants ont combattu au milieu des morts, que les obus ont été chercher dans leurs tombeaux pour jeter à leur place, dans leurs fosses entr'ouvertes, et par le plus macabre des chassés croisés, des restes pantelants tout chauds encore (1).

Après m'être arrêté un instant près de ce charnier, je me dirige sur Barcy qui, durant près de soixante heures, du 7 septembre au matin au 9 à midi, a été soumis à un épouvantable bombardement. A Penchard, les obus venaient mourir à la lisière du village, qu'ils ont respecté ; ici, à trois kilomètres plus près de la ligne de feu, ils ont fait beaucoup de mal. La moitié de Barcy est détruite et quantité de maisons ne sont plus qu'un affreux amas de décombres. L'église en particulier a été très atteinte, sa nef a été endommagée et son clocher, percé à jour, est veuf de sa grosse cloche jetée bas avec un bruit de tonnerre. Au dire des témoins, le fracas de cette chute a couvert un instant celui de la bataille.

Dans les champs environnants, on aperçoit un peu partout des territoriaux occupés à creuser des tombes et à enfouir des cadavres (2). Des habitants les assistent qui demeurèrent cachés dans leurs caves durant le bombardement. Sans

---

(1) Tombèrent à Chambry et sont enterrés au cimetière du village : les capitaines Cartry, Bigoudot, Jaluzot; les lieutenants Schmidt, Benoist, Hannion, Nanta, Arrighi, Raillet, Rojot.

(2) Le commandant d'Urbal, le capitaine Mourou, les lieutenants Signolet, Demartini, Maillet, Rousseau, Moulin, Poggi, Neurouth, ainsi que l'acteur Raynal sont enterrés à Barcy.

un geste, sans une lamentation, ils accomplissent l'œuvre sinistre auprès de leurs maisons détruites. Près de la mairie, un chien fouille les ruines de la demeure de son maître et hurle lugubrement à la mort; dans une villa proche, des gorets échappés d'une étable s'ébattent dans un parterre fleuri. Plus loin, à la lisière, du côté d'Étrépilly, des chevaux de labour, des bœufs, des moutons qui paissaient dans un pré ont été fauchés eux aussi par la mitraille.

Les rues et les alentours du village sont littéralement jonchés de ferraille, débris d'ogives, longs d'un pied parfois et tranchants comme des lames de rasoir; culots de 77 et de 105 demeurés entiers et portant, gravée en creux, telle une réclame, la marque de quelque fabrique tudesque, Essen, Eberfeld ou Barmen. Sous un noyer décapité par la rafale, des balles de shrapnells, rondes comme des billes, jonchent le sol, mêlées aux feuilles. Elles sont en si grande quantité qu'on songe en les voyant à des noix de bronze et les yeux se lèvent instinctivement vers l'arbre qui a bien pu produire cette monstrueuse végétation.

Des zouaves sont tombés ici en grand nombre, car un carré de terre fraîchement remué est surmonté de deux branches liées en croix, avec au sommet une chéchia en guise d'épitaphe. D'autres sont enterrés près d'un hangar à foin recouvert en ardoises. Là, toute une demi-section, dix-huit hommes, dont un adjudant, furent par un même obus rayés du nombre des humains. Ironie du sort! l'instant d'avant, ils s'étaient abrités derrière ce couvert, s'y jugeant plus en sûreté, et la mort est venue les chercher dès qu'ils furent bien rassemblés, dans une situation paraissant présenter toute garantie pour eux. Sans doute les voulait-elle tous et en une seule fois!

Le cœur se serre à ces visions d'horreur. J'ai hâte d'être sorti de cette plaine-nécropole. Piquant *Boulet* de l'éperon, je prends le trot, mais à quelques foulées de là, ma monture fait un brusque écart devant deux paquets étranges placés au bord du chemin. Par une vieille habitude de cavalier, je la ramène près de l'épouvantail et reconnais les cadavres de deux tirailleurs, chacun empaqueté dans un drap bien ficelé, comme si on voulait les expédier au loin. Il me semble voir des momies sorties de leur sarcophage. Un carton indiquant le nom, le matricule et le numéro de la compagnie du défunt est épinglé sur chacun d'eux.

Je veux passer outre, mais mon cheval piaffe et hennit tout en levant la tête dans la direction d'une croupe, sise à quinze cents mètres de là, sur laquelle s'agitent des cavaliers qu'il a sentis. Je reconnais à la jumelle la haute silhouette du chef d'état-major et jette un coup d'œil sur la carte pour m'orienter. Ce mouvement de terrain est la fameuse cote 115, où l'ennemi avait installé sa grosse artillerie, celle qui foudroyait Barcy et Chambry. Un temps de galop m'y amène et l'instant d'après je rejoins chefs et camarades.

Ainsi que les lieux que je viens de quitter, cet endroit fut, lui aussi, le théâtre d'un épouvantable carnage; mais, cette fois, ce sont les ennemis qui en furent les victimes. La campagne environnante est couverte de taches grises. Ce sont autant de cadavres d'Allemands. Autour des meules de paille, nombreuses sur ce plateau, ils se pressent particulièrement serrés. Pour la première fois, je me rends un compte exact du terrible effet de notre canon. Notre 75 a été chercher l'ennemi partout où il se cachait.

Suivant leur habitude de se terrer quand ils veulent résister sur place, les Allemands ont énormément remué le sol. De tous côtés, ce ne sont qu'épaulements, derrière lesquels s'abritèrent les pièces, et tranchées avec parfois des mitrailleuses abandonnées. La fuite fut hâtive et les vaincus ont laissé sur le terrain des monceaux de douilles vides, des paniers d'osier pleins d'obus, des bandes-chargeurs garnies de milliers de cartouches.

Une tranchée très profonde offre un aspect particulièrement horrifiant. On y remarque quatre hommes que le souffle de la mélinite a figés. Le tireur, un genou en terre, a l'œil fixé sur le cran de mire et le doigt sur la détente; ainsi semble-t-il viser, avec son œil éteint, un ennemi fantôme. Près de lui, deux servants accroupis déploient la bande à cartouches et ont conservé un air très affairé. A leur droite, un sous-officier, assis sur la banquette intérieure, continue à surveiller ces trois fantoches; il tient encore dans sa main gauche une jumelle, peinte, ô prévoyance germaine! du même gris que son uniforme; dans sa dextre est un revolver qui força l'obéissance de ses subordonnés. Effectivement, à voir le bouleversement du sol par nos obus, il ne devait pas faire bon en cet endroit et l'on conçoit que ces mitrailleurs aient pu avoir envie de déguerpir. Sans mettre en doute la bravoure très réelle de nos adversaires, le choix entre deux morts, dont l'une certaine en cas de fuite, est souvent la véritable explication de l'héroïsme allemand inoculé par la crainte du browning.

Plus je regarde autour de moi et plus je constate que les ravages de notre artillerie furent formidables. Impossible d'enterrer tous les cadavres, aussi est-on obligé de les brûler. Des équipes procèdent à l'assainissement de ce coin de champ de bataille en incinérant les corps, placés au préalable sur des tas de bois et largement arrosés de pétrole. Une odeur de rôti s'échappe de ces bûchers, grillade horrible, dont le fumet empeste la campagne.

Mais voici un poteau télégraphique sur lequel, à hauteur d'homme, est clouée une pancarte. Elle formule en trois langues, allemande, française, russe, l'interdiction, sous peine de mort, de toucher au réseau télégraphique ou téléphonique, et rappelle, en termes d'une affreuse concision, que les populations avoisinantes seront considérées comme responsables de tout dégât au matériel.

C'est bien là du style boche, dont l'auteur ne s'embarrasse pas de justice. A défaut de coupables, on fusillera des innocents, et pour la brute qui a rédigé cet avertissement, fils coupés équivalent à villages brûlés et à habitants massacrés. Ce document est d'ailleurs œuvre collective et anonyme. Il porte comme signature : *le haut commandement* (en l'espèce le grand état-major) des armées allemandes.

Cette signature est la griffe même des Hohenzollern, pour qui, de tout temps, la guerre fut une industrie. Le commanditaire est le peuple allemand ; le directeur de la firme, l'empereur ; l'administration, le grand état-major ; de là partent tous les fils qui commandent les différents rouages de la machine ; par eux la mort, la dévastation, l'incendie et la ruine sont portés partout où peut s'étendre la redoutable activité de l'instrument de destruction.

A mesure que nous avançons, les signes de la déroute allemande s'accentuent de plus en plus. Près de Gué-à-Tresmes, l'ennemi a abandonné une quantité de munitions plus considérable encore, dont un nombre prodigieux de douilles de cartouches d'artillerie. L'armée de von Kluck qui dut laisser ces indices de déroute comprend, d'après un prisonnier, quatre corps d'armée : les IIe, IIIe et IVe actifs, plus le IVe de réserve, soit, avec les éléments d'armée, 160 à 180 000 hommes de troupes prussiennes, comptant parmi les meilleures de l'Empire. C'est donc une très grande victoire qu'a remportée notre 6e armée, dont le mouvement débordant sur la droite allemande a eu des résultats décisifs.

A partir de Lizy, la marche de la division se poursuit en deux colonnes parallèles, suivant : l'une la rive gauche, l'autre la rive droite de l'Ourcq. L'état-major passe la rivière en ce point et nous déjeunons à la lisière d'un bois, près de bivouacs allemands. De nouveaux indices, vivres, vêtements et équipements abandonnés, indiquent que l'ennemi les quitta en toute hâte.

Nous achevons notre repas, quand la brigade de cavalerie G... passe près de nous. Nous voyons ainsi défiler deux splendides régiments de réserve (cuirassiers et dragons), recrutés de cavaliers dans la force de l'âge, partant plus étoffés que leurs camarades de l'active et montés sur de magnifiques chevaux de réquisition. Ils produisent la meilleure impression. Nous regagnons ensuite Lizy pour assister au passage des derniers éléments de la division et y sommes témoins d'une scène assez amusante.

A notre arrivée devant la gare, à peu près abandonnée, un homme en sort qui, misérablement vêtu et d'aspect sournois, porte sur ses épaules un sac énorme. A la vue de nos gendarmes il perd toute contenance, hésite un instant, puis s'arrête et dépose sa charge, tout prêt à s'enfuir. Mais l'un de nos pandores s'approche et l'interroge d'une voix sévère. « Je suis, déclare le manant d'une voix digne, le plus honnête homme de la terre et je porte là de l'herbe pour mes lapins. » Mais déjà le gendarme a répandu sur le sol la soi-disant herbe pour les lapins, en l'espèce des colis postaux, que le gaillard, qui n'a d'ailleurs rien d'un paysan, avoue avoir dérobés dans un wagon en souffrance. La preuve étant faite, notre prévôt ordonne l'arrestation du quidam. Lui, à la vue des menottes, tend les mains d'un geste familier. Cinq minutes après, *le plus honnête homme de la terre* chemine, l'oreille basse, entre deux gendarmes.

A 5 heures, je me sépare de mes compagnons. Ils prendront par la rive droite pour se rendre à Neufchelles, où fonctionnera le quartier général; je continuerai par la rive gauche, pour rendre compte ultérieurement du mouvement de notre colonne de droite.

Me voici donc trottant derechef, suivi de Buratti, de deux spahis et d'une auto, que le chef d'état-major a mise à ma disposition pour les cas où j'aurais à transmettre un renseignement urgent. Nous arrivons à l'entrée d'Ocquerre quand survient un avion, qui volant au-dessus de nos têtes, à moins de cinquante mètres du sol, semble vouloir atterrir dans un pré voisin. Comme il vient de la direction de l'ennemi, mes gens, le tenant pour boche, m'abandonnent pour se lancer à sa poursuite, ventre à terre, carabine en main.

Les deux spahis sont en tête faisant fantasia; Buratti court derrière, voulant, lui aussi, giboyer à l'aéro; l'automobile stoppe de son côté et son chauffeur, lâchant le volant, brandit son fusil et s'essouffle à suivre la chasse à courre. Force m'est d'y prendre part pour rattraper les cavaliers; me voilà galopant à leurs trousses, m'égosillant à leur crier avec force imprécations de ne pas tirer. Outre, en effet, que l'oiseau pourrait être français, il y a tout avantage à prendre les aviateurs vivants, s'ils sont ennemis. *Boulet,* qui est un cheval vite, rejoint sans trop de peine les chasseurs d'aéro, que j'atteins comme l'appareil atterrit. Il était temps! Deux jeunes gens, que déjà mes hommes mettaient en joue, en descendent. Ce sont des compatriotes, et je le constate avec une certaine déception. Mais à défaut de prisonniers, j'aurai du moins un renseignement intéressant. Ces militaires, dont l'un, le sergent E..., est un aviateur connu, ont survolé la forêt de Villers-Cotterets. Ils m'assurent que la route la Ferté-Milon-Villers-Cotterets-Soissons est littéralement noire de colonnes ennemies en pleine retraite, et que les avant-postes allemands tiennent la lisière sud de la forêt.

Ces nouvelles intéresseront à un haut degré les chefs de nos avant-gardes; donc, pour les rejoindre au plus vite, je me servirai de l'auto. Je retourne vers elle, mais son conducteur est absent et je le vois revenir tout en sueur. Sa fugue lui vaut une vigoureuse admonestation; après avoir confié mon cheval à l'ordonnance, qui suivra avec les spahis, je roule en troisième vitesse dans la direction de Crouy-sur-Ourcq où je pense rencontrer le général T..., commandant de notre première brigade, celle de droite qui suit la rive gauche.

Il est 6 heures et demie et le crépuscule commence à tomber. Sur un chemin boueux, rendu difficile par la pluie et les charrois, je rejoins un groupe d'artillerie, puis nos zouaves. A tous les carrefours de la route, les paysans sont accourus pour acclamer leurs libérateurs. La joie de ces braves gens tient du délire; celle de nos hommes est non moins grande. Il me semble, en cet instant, vivre cette épopée que connurent nos pères en 1814, quand, au lendemain de Montmirail, ils poursuivaient les Prussiens en déroute.

Crouy, que je traverse lentement, est en partie abandonné. Les habitants demeurés, hommes, femmes, enfants, sans distinction de sexe ni d'âge, se jettent au cou de nos soldats et les embrassent à qui mieux mieux, pleurant et riant à la fois. A ce spectacle, l'émotion me gagne et j'y vais, moi aussi, de ma larme.

Pendant qu'à pied je cherche le général T... qui est, me dit-on, à la mairie, je dois serrer des quantités de mains tendues et presser dans mes bras une demi-douzaine d'indigènes. Ils s'y précipitent, comme si j'étais le Messie, et une grosse commère manque de m'étouffer, en me pressant contre sa poitrine plus qu'opulente.

Mais me voici à la maison commune. Je trouve le général T... en compagnie d'un officier supérieur de l'armée anglaise, car nous sommes ici en liaison avec les troupes britanniques. Penché sur ma carte, qu'éclaire tant bien que mal un lumignon fumeux, je leur rends compte de ce que m'a appris le sergent E...; puis, de leur côté, ces messieurs me disent ce qu'ils savent de la situation. Les Allemands auraient du monde à moins de trois lieues d'ici, vers la Ferté-Milon. Il est également possible qu'ils tiennent, par une grand'garde, Marolles, village en aval de cette ville. Il paraîtrait enfin que les ponts, en amont de Crouy, sont coupés; si donc je veux rejoindre le quartier général à Neufchelles, il me faut rétrograder en aval ou trouver un point de passage en amont. C'est à cette dernière solution que je me rallie, car il me répugne de revenir sur mes pas et de ne point vivre entièrement ces saines émotions de la poursuite. Puis je veux, si possible, prendre contact de l'avant-garde de notre colonne de gauche.

Mon ordonnance et les spahis arrivent fort à propos sur ces entrefaites, l'auto étant un véhicule peu pratique pour me lancer en avant dans l'inconnu.

Je remonte à cheval, la voiture devant suivre de loin, jusqu'à ce que je l'avise de me rejoindre. Nous partons à un bon trot, n'ayant rien à craindre jusqu'à hauteur de Montigny-l'Allier, village sur la droite qu'on m'a dit occupé par les nôtres. Effectivement je trouve, à la coupure du ruisseau bordant la lisière sud de cette localité, un repli de cavalerie dont le chef m'assure avoir poussé une pointe du côté de Marolles. Celle-ci n'est pas encore rentrée et il ignore ce qui se passe au delà de ses vedettes, postées sur la route.

Me sentant un peu seul pour poursuivre dans ces conditions avec trois cavaliers, je m'en fais donner trois autres par le commandant du peloton. Précédé de ces chasseurs, je continue ma marche dans une obscurité à peu près complète. Le chemin ne tarde pas à longer des bois. Nous trottons encore durant environ un kilomètre quand, tout à coup, je perçois sur la route le bruit de plusieurs chevaux s'avançant vers nous. Ce doivent être nos hommes. Toutefois, prudence étant mère de sûreté, je me jette à tout hasard avec mon monde sous la futaie très proche. Sans bruit, mes compagnons mettent sabre au clair et je sors mon revolver. Voici les cavaliers tout près de nous; d'après le choc des sabots, ils sont certes une demi-douzaine. C'est plus que je n'en attendais; sont-ils français? Impossible de distinguer les silhouettes et je me décide à lancer un qui-vive sonore, auquel il est répondu par un joyeux cri de « France ». Ce sont bien les chasseurs envoyés en avant. Ils reviennent, accompagnés de quelques-uns des patrouilleurs poussés vers Marolles. Le brigadier m'apprend que le pont de Mareuil-sur-Ourcq, village à un kilomètre en amont de nous, est intact et tenu par les nôtres. Je suis donc désormais certain de pouvoir gagner Neufchelles, après contact avec les deux avant-gardes. Je fais prévenir l'auto, restée en arrière tous feux masqués, de me rejoindre à Mareuil où je pénètre, non sans m'être fait reconnaître, au préalable, du poste placé sur le pont barricadé.

Le commandant D..., devenu depuis l'assaut d'Étrépilly chef du N⁵ zouaves, est installé dans ce village. A la mairie, où je passe pour prendre son adresse, sont entassés sous la surveillance de la garde de police, une centaine de prisonniers allemands, attachés les uns aux autres, en rangs d'oignons. Ce procédé empêche toute évasion, sans les gêner beaucoup, une de leurs mains restant libre. Ils n'en paraissent nullement humiliés, non plus qu'émus de leur malheureux sort; beaucoup d'ailleurs, complètement éreintés à la suite des marches forcées effectuées au cours de leur retraite, dorment à poings fermés, étendus sur la paille par grappes de dix ou douze encordés.

Dans Mareuil même, nos troupes sont installées au cantonnement-bivouac, et à mon arrivée chez lui, le commandant D... soupe joyeusement avec un de ses officiers, le capitaine

Guého (1), qui, depuis Étrépilly, a pris le commandement d'un bataillon. Comme à Crouy, je fais échange de renseignements, puis nous causons un instant pour permettre à la voiture de me rejoindre. Celle-ci ne tarde guère et je gagne en vitesse Neufchelles, que je trouve occupé par nos Marocains. L'emploi combiné du cheval et de l'auto aura beaucoup facilité l'accomplisse- de ma mission.

Même jour, 9 heures du soir. — J'ai rejoint l'état-major, installé dans une grande et luxueuse villa, où nous succédons à des *Kamerades* qui y cantonnèrent hier. Il est impossible de donner une idée de l'épouvantable désordre et de la saleté repoussante dans lesquels ils ont laissé les appartements, que l'on désinfectait lors de mon arrivée. Armoires, commodes, meubles de tous ordres avaient été fouillés de fond en comble avec cette hâte que le cambrioleur porte à sa besogne quand il sent le gendarme à ses trousses. Linge, vêtements, papiers, bibelots que ces messieurs n'avaient eu le temps d'emporter, gisaient épars, mêlés à une quantité pro-

---

(1) Ce vieux brave, en retraite depuis deux ans, et versé sur sa demande dans la réserve de l'armée active, trouva le 24 avril 1914, sur l'Yser, une mort glorieuse. On l'enterra au bord même du canal. Il avait été fait, depuis Étrépilly, chef de bataillon et officier de la Légion d'honneur pour son extrême valeur.

digieuse de bouteilles vides s'égrenant depuis les premières marches de la cave jusque dans les recoins du grenier. Nos prédécesseurs et leurs gens s'étaient saoulés partout, et partout s'étalaient les traces de leur crapuleuse orgie. Beaucoup de bouteilles, veuves de leur goulot, attestaient la hâte des pochards ; rien que dans la salle à manger, il y en avait au moins un cent. Après avoir absorbé tout ce liquide, les ivrognes s'étaient soulagés là où ils se trouvaient, semblant faire assaut d'ordures. Il a fallu tout aérer et brûler du sucre pour faire disparaître l'odeur ignoble de ce vomitorium.

En haut, c'est encore pis. Dans une magnifique chambre à coucher, ornée d'un lit de milieu en cuivre de dimensions absolument inusitées, trois officiers se vautrèrent, dont les noms à demi effacés figurent encore marqués à la craie sur la porte. Ils couchèrent avec leurs bottes ; leurs éperons ont déchiré les draps et fait jaillir le duvet du couvre-pieds en soie vieil or. Dans le cabinet de toilette attenant, où je pénètre avec le chef d'état-major, des sauts-de-lit garnis de fines dentelles ont servi à ces messieurs pour un usage intime. Ils s'étalent, froissés et innomables, à côté d'une cuvette muée en vase de nuit. L'impression est si écœurante que, pour y résister, nous nous aspergeons mutuellement d'eau de Cologne à l'aide d'un vaporisateur, oublié par hasard sur la table de toilette. Quels mufles que ces gens-là ! L'idée me vient de relever leurs noms, sur la porte où je les ai remarqués. Mais impossible d'en déchiffrer les caractères gothiques, une ordonnance trop zélée les ayant effacés entre temps. Je constate toutefois qu'ils étaient tous précédés d'un « von ». C'étaient, paraît-il, des gentilshommes !

Vendredi 11. — Étant de service, j'ai passé la nuit dans la salle à manger, étendu sur un matelas, entre deux rangées de flacons abandonnés par nos prédécesseurs. L'arrivée de l'ordre d'opérations m'a réveillé bien avant l'aube. Il nous est transmis par motocycliste du quartier général de l'armée, car nous sommes division indépendante. Je le dicte avec quelques modifications de détail à un secrétaire, puis porte la minute au chef d'état-major qui le vérifie et le signe p. o., comme il est d'usage (1). On le tire alors au polycopiste, à autant d'exemplaires qu'il est nécessaire, puis les agents de liaison, que les différentes unités ont envoyés dès la veille au quartier général, vont le porter dans la nuit, qui à cheval, qui à bicyclette. Ainsi l'ordre parvient à la troupe avant

(1) C'est-à-dire « par ordre ». Aux termes des règlements, le chef d'état-major, dépositaire de la pensée du général, a le droit de signer p. o.

son réveil. Dans le cas d'une marche, comme aujourd'hui, chaque chef subordonné n'a donc plus qu'à rassembler son monde et à le mettre en route à l'heure fixée. Tantôt cette heure figure dans l'ordre, tantôt l'exécutant la déterminera par un calcul très simple, fonction du chemin qu'il doit parcourir pour entrer dans la colonne à la place que sa fraction doit occuper.

Pendant les opérations actives, la volonté du chef, traduite par les états-majors subordonnés, s'élabore ainsi le plus souvent durant la nuit, alors que le soldat repose. Par suite, aucun instant n'est perdu pour le sommeil et si la machine fonctionne bien, Pitou n'en soupçonnera même pas l'organisme. Mais, qu'une anicroche se produise, causée le plus souvent par des circonstances impossibles à prévoir, et le troupier clabaudera contre ces sacrés officiers d'état-major, ces paresseux qui mènent la vie de château, soupent bien, dorment de même et n'ont qu'à monter à cheval, bien après le réveil, pour arriver sans fatigue au nouveau gîte. Ainsi est la vie et sans cesse se renouvelle la fable : *Les membres et l'estomac.*

L'ordre de cette nuit porte que nous marchons sur Soissons par Marolles, la Ferté-Milon, Corcy, Longpont où nous déboucherons de la forêt de Villers-Cotterets. Nous formons la droite de l'armée Maunoury. De l'autre côté du ruisseau de la Savières, que nous suivrons en entrant dans la forêt, s'avance parallèlement à nous l'aile gauche de l'armée anglaise. Le temps est superbe; la pluie tombée hier a rafraîchi l'atmosphère et abattu la poussière. Tel le chien de berger, je galope tout d'abord le long de notre brigade de tête, que précède le régiment de chasseurs d'Afrique, et j'atteins avec les premiers éléments la Ferté-Milon.

C'est la première ville libérée que nous traversons à la suite des Allemands; ils y passèrent hier et beaucoup y ont cantonné dans la nuit du 9 au 10. Sur presque toutes les portes figurent encore, inscrites à la craie, des mentions indicatives de l'unité logée et, sur certaines, des appréciations sur les hôtes. Formulées avec cette lourdeur d'ironie caractéristique de l'esprit tudesque, les unes sont laudatives, telles: Bonnes gens! Excellente cave! Jolies filles! D'autres, péjoratives, comme : Sale grigou! Vieille pimbêche! Vin détestable, etc. Ces dernières semblent désigner le maître ou la maîtresse de maison aux rancunes des kamerades qui suivront.

Heureusement que ceux-ci, talonnés par nous, n'ont guère eu le temps de s'en passer le luxe. Ici, au dire unanime des habitants, la retraite allemande a revêtu le caractère d'une véritable déroute. Ce fut presque une fuite éperdue. Les vaincus, qui quelques jours auparavant, lors de leur premier passage, s'informaient avec arrogance de la distance les séparant encore de Paris, où bientôt, à leur dire, ils feraient une entrée triomphale avec leur kaiser, repassèrent en vil troupeau. Toutes les unités, toutes les armes étaient confondues.

Au milieu de la chaussée, l'artillerie s'avançait en colonne par pièces; de part et d'autre, des cavaliers, à la file indienne, s'efforçaient de gagner de l'avant à grand renfort de coups d'éperon; de chaque côté, enfin, sur les trottoirs des rues et les bas côtés de la chaussée, s'écoulait le flot des fantassins complètement désorganisés et sans liens tactiques. Ils allaient, l'arme à volonté, la tête basse, le teint terreux, les traits tirés par la fatigue; ils marchaient d'un pas lourd et automatique, avec des membres ankylosés attestant de leur éreintement. Ainsi *déroutèrent*-ils douze heures durant, sous l'œil narquois des habitants délivrés mais n'osant croire à leur bonheur, car ils ignoraient tout de la grande victoire libératrice. Maintenant encore, certains des braves gens qui contemplent au passage nos zouaves, nos tirailleurs, nos canonniers ne semblent pas encore revenus de ce brusque retour de la fortune. Pour un peu, ils crieraient au miracle, tandis que nos soldats leur lancent à la volée des paroles d'au revoir et de réconfort.

Sur le chemin où nous nous engageons au sortir de la ville, nous trouvons, de même que sur la grande route Meaux-Villers-Cotterets, par La Ferté, suivie jusqu'alors, de nouveaux indices de la retraite précipitée de l'ennemi. Nombreuses bicyclettes abandonnées après avoir été démolies, voitures brûlées, chevaux tués d'un coup de revolver parce qu'ils n'en pouvaient plus, ou parfois simplement abandonnés sur la route par la pitié de leur cavalier ou de leur conducteur. Rien n'est plus lamentable que la vue de ces malheureuses bêtes qui, demeurées debout sur leurs pattes tremblantes, nous regardent passer avec de grands yeux mornes et désespérés. Elles ont le garrot et la croupe saillante de l'animal épuisé, le naseau baveux du cheval mourant. Un tremblement convulsif les agite à leur dernier moment, puis, manquant des quatre pieds, ces pauvres rosses dégringolent tout d'une pièce, cherchent à se relever sur les genoux, y parviennent un instant pour retomber la minute d'après ; enfin, après quelque nouvelle tentative, invariablement infructueuse, les membres s'étirent, se raidissent, la langue pend et c'est la fin !

Pourtant il est certaines de ces lamentables épaves que nos vétérinaires déclarent pouvoir être tirées d'affaire. Elles se remettront peut-être après avoir été mises au vert. Celles-ci, quand on les amène, se laissent faire sans résistance et suivent en trottinant, avec de bons yeux reconnaissants. D'autres enfin, qui moins malades que leurs compagnes paissent l'herbe du fossé, se mettent à hennir au passage de nos artilleurs qu'elles semblent saluer en anciennes connaissances. Ce sont pour la plupart des chevaux du type tarbe ou breton. Sans doute furent-ils achetés chez nous par des maquignons d'outre-Rhin, lors de ces grandes rafles annuelles à l'aide desquelles l'Allemagne remontait ses batteries. Peut-être aussi est-il parmi eux des prisonniers de guerre faits au cours de la grande randonnée sur Paris et que le sort changeant des armes a rendus à leurs anciens maîtres. De là leur contentement de retrouver des uniformes connus et d'entendre des jurons familiers.

Durant toute une partie de la journée nous cheminons dans de vastes clairières, avec à notre gauche, comme horizon très proche, les belles futaies de la forêt de Villers-Cotterets. Ce pays est un véritable jardin où vergers et cultures maraîchères alternent. Comme les Allemands n'ont fait que passer, les habitants n'ont pas trop souffert, mais seulement beaucoup craint. Aussi les villageois, reconnaissants, bourrent les musettes de nos fantassins et les sacoches de nos cavaliers de fruits et de légumes variés : tomates, artichauts, poires, pommes, melons. Les hommes entassent, avec cette belle légèreté du troupier français qui trouve qu'il n'en a jamais assez. Ils déposeront le superflu au revers du premier fossé, dès que la fantaisie leur en aura passé. D'autres paysans viendront heureusement, pauvres hères ou bûcherons faméliques. Nantis de grands sacs, ils y entasseront tous ces vivres et bien d'autres choses encore, car le soldat est imprévoyant de sa nature. Il a sans cesse tendance à se débarrasser de tout ce qui le gêne momentanément. Cela ne l'empêchera d'ailleurs pas de se plaindre ultérieurement de manquer de tel ou tel objet, abandonné par lui quand il ne le jugeait pas immédiatement indispensable. C'est là une des différences essentielles des deux disciplines, française et allemande.

Sur les 14 heures, la division fait une grande halte pour permettre à l'avant-garde, débouchant de la forêt, de se déployer en vue d'une action éventuelle, les Allemands étant, paraît-il, retranchés du côté de Chaudun, village sis à mi-chemin de Soissons. On m'envoie donc porter un ordre à cette avant-garde, que constitue aujourd'hui la brigade marocaine D... qui marchait en queue hier.

Au retour de cette randonnée, je retrouve l'état-major à Corcy, dont les habitants sont littéralement fous de joie. Ils accablent nos soldats de victuailles, notamment de pots de confitures aussitôt vidés qu'acceptés. Puis le gros de la colonne reprend sa marche, et sa tête, avec laquelle nous cheminons, atteint Longpont où elle doit cantonner avec le quartier général. Le temps s'est mis à la pluie et c'est sous une formidable averse que les troupes s'installent. L'état-major s'établit dans l'opulent château du seigneur du lieu, détenteur d'un nom et d'une demeure historiques. Tandis que nous rédigeons les ordres de fin de journée, le canon gronde au loin; ses roulements, mêlés à ceux du tonnerre, nous apportent l'écho de l'engagement de notre avant-garde refoulant vers Soissons l'arrière-garde ennemie.

Samedi 12. — Mon tour d'assurer la permanence revenant aujourd'hui, je suis parti de Longpont avec la dernière auto, après une excellente nuit passée au château, où chacun de nous a eu sa chambre, magnifiquement meublée et s'ouvrant sur une longue galerie garnie de vieux portraits d'ancêtres. Tout, sauf la cave consciencieusement vidée, à quelques bouteilles près qu'on nous a fait goûter lors d'un lunch qui nous fut servi hier soir, y avait été respecté par les Allemands. Les châtelains, lors de l'invasion, n'avaient pas cru devoir quitter leur home, que ce sang-froid et peut-être aussi leur haute noblesse préservèrent probablement du pillage par les garnisaires de haut vol logés ici la veille de notre arrivée : une altesse et sa suite, paraît-il. En campagne, habitation abandonnée équivaut en effet à habitation pillée! Heureux encore le propriétaire quand le feu ne détruit pas de fond en comble sa maison. Comme le remarque déjà Montluc : « Il n'est guerre sans incendie, pas plus qu'andouille sans moustarde. »

Je rejoins l'état-major près de Chaudun, dans une grosse ferme, sise au bord de la route. Elle est pleine de prisonniers ramassés dans le village que nos thabors, de la brigade D..., ont conquis hier de haute lutte. Ils y détruisirent toute une compagnie prussienne dont un tiers fut, au cours de l'assaut, passé au fil de la baïonnette et dont le restant s'est rendu. Mon camarade F..., que je retrouve ici, me donne des détails sur l'engagement. Suivant une habitude très pratiquée par eux, les Allemands, barricadés dans les maisons, ont laissé nos soldats s'engager dans les rues sans donner d'abord signe de vie. Puis, par toutes les ouvertures utilisables, mansardes, fenêtres, soupiraux, ils ont tiré à bout portant sur nos hommes. Jeu permis, certes, et qu'on ne saurait qualifier de trahison, comme l'est par exemple le fait de simuler la reddition pour laisser approcher un adversaire trop confiant et mieux le fusiller ensuite. Mais quand d'aventure on se hasarde à jouer semblable partie, encore est-il convenable, si l'on ne peut s'esquiver à temps, de tenir le coup jusqu'au bout, en se faisant ensuite tuer sur place plutôt que de se rendre. Incontestablement, en effet, l'emploi par l'adversaire de cette ruse de guerre laisse au vainqueur la faculté d'user pleinement de la victoire. Or, à toutes les époques, l'assaut a donné droit de vie et de mort sur le vaincu. Ici, nos peu chevaleresques ennemis n'ont songé, l'acte accompli, qu'à se dérober à ses conséquences. Quand ils ont vu le village cerné et l'assaillant pénétrer baïonnette haute dans les maisons, ils ont jeté leurs armes et levé les bras en poussant leur habituel cri de détresse : « Kamerades, pas capout ! » Ce geste a sauvé les deux tiers d'entre eux, dont le capitaine, un grand beau garçon, très raide, type assez réussi de l'officier prussien.

Sa compagnie est la 10ᵉ du 48ᵉ régiment d'infanterie prussienne, 5ᵉ de Brandebourg, régiment de Stulpnagel (1). Il résulte de l'interro-

---

(1) Les régiments allemands ont, en général, deux numéros et un nom. Le premier numéro, le seul qui figure sur la patte d'épaule, est le numéro d'ordre dans l'armée. Exemple dans le cas précité : 48ᵉ d'infanterie prussienne. Le second est caractéristique du rang occupé par le corps, parmi les régiments de la même

gatoire dont je suis chargé, que ce corps a terriblement souffert durant la bataille de la Marne. Les débris de son 3ᵉ bataillon furent fondus en une seule compagnie, celle que nous venons de détruire, à l'effectif de 165 hommes, dont 100 exactement sont tombés vivants entre nos mains. Pour mieux les cuisiner, je forme trois catégories de prisonniers. Officiers (en l'espèce, le capitaine, resté seul vivant), sous-officiers, et soldats, que je sépare les uns des autres en les isolant, sous la surveillance de quelques-uns des Marocains qui les ont pris. Ainsi les chefs ne peuvent agir sur leurs subordonnés, et comme je n'interroge jamais qu'un homme à la fois et à part, j'en obtiens facilement des renseignements.

L'Allemand, d'ailleurs, une fois pincé, est tout disposé à manger le morceau; son sens de la discipline passive et son manque total d'individualité le font se soumettre sans murmure aux ordres du nouveau maître dont il dépend. Cette remarque que nos pères firent bien souvent au cours des guerres de l'Em-

arme recrutés dans une même province : c'est, ici, 5ᵉ de Brandebourg. Le nom, enfin, est une désignation honorifique, qui évoque tantôt un souverain ou un général célèbre du passé, comme dans le cas présent, tantôt une personnalité souveraine ou princière encore vivante. Celle-ci est alors le chef honoraire du corps.

pire (1), je suis à même aujourd'hui d'en constater une fois de plus la justesse.

Bref, j'obtiens de très appréciables choses de mes Boches, qui sont tous de grands et superbes gaillards de la province de Brandebourg, cœur même de la Prusse (2). Certaines déclarations, hors-d'œuvre ou dessert de l'interrogatoire technique, ne manquent pas de naïveté. C'est ainsi que le capitaine H... est convaincu que l'Italie nous a déclaré la guerre. Comme je lui apprends qu'il n'en est rien, et le lui prouve à l'aide de journaux, il se répand en récriminations sur la prétendue trahison de cette perfide alliée. Un peu d'histoire n'étant pas déplacé à l'occasion, je demande à ce collègue de la Kriegsacademie, car il est breveté à mon instar, son avis sur la

---

(1) Les Saxons, notamment, commencèrent la campagne de 1806 dans les rangs prussiens et la finirent dans les nôtres; en 1813 ce fut le contraire. Chaque fois la défaite du parti avec lequel ils marchaient primitivement détermina le revirement. C'est donc à juste titre que ce peuple peut arguer qu'il n'a jamais été vaincu..., s'étant toujours mis à temps du côté du manche. On peut en dire presque autant des Bavarois, Badois, Hessois et autres variétés de Germains.

(2) L'un d'eux confirma la présence dans sa division du fameux colonel von Reuter, l'ex-bourreau de Saverne. Il commandait, à la bataille de la Marne, le 12ᵉ d'infanterie prussienne qui nous fut opposé près de Meaux, et nous le retrouvâmes, sous Soissons, à la tête de ce régiment (12ᵉ grenadiers, Prince Charles de Prusse, 2ᵉ de Brandebourg).

volte-face des Prussiens de 1812, nos alliés d'alors, qui, lors de la retraite, passèrent sans transition dans le camp russe. « Ce n'était pas la même chose », riposte-t-il sans le moindre embarras et son ton atteste de sa bonne foi. Ce n'était pas la même chose, en effet! Mais pour l'Allemand, comme je le constaterai bien souvent au cours de huit mois de campagne consécutifs, la moralité d'un fait le concernant est uniquement fonction de l'intérêt qu'il peut y trouver.

Pour le pangermaniste, — et ils le sont à peu près tous, du plus grand au plus petit, — la notion du juste et de l'injuste est intimement liée à celle de la grandeur de l'Allemagne. Est proclamé par eux bon, tout ce qui peut servir celle-ci, mauvais ce qui la dessert. A ce propos, rien n'est comique comme de mettre des Germains cultivés sur le chapitre de ce qu'ils appellent : la trahison anglaise. A les entendre, il semblerait que la Grande-Bretagne se serait solennellement engagée à lier partie avec eux contre nous. Les outrages dont ils l'accablent, pour s'être rangée de notre côté, conformément à son immuable principe de la sauvegarde de l'équilibre européen continental, ont quelque chose de très amusant. Dix fois, au cours de cette guerre, dans des circonstances semblables, des prisonniers d'une certaine intellectualité et qui n'étaient pas dépourvus de jugeote, ont devant moi, après avoir vitupéré contre la perfide Albion, formulé d'un ton convaincu leur ardent désir « *de s'unir à la France chevaleresque contre l'ennemi insulaire* », celui qui détient le royaume de la mer, au mépris de toute équité, ajoutaient-ils. Ce disant, ces inconscients traduisaient une impression commune à presque tous leurs compatriotes, un sentiment entièrement conforme à la moralité tudesque, qui voit dans les traités des chiffons de papier, et dans le fidèle allié d'aujourd'hui l'ennemi possible de demain, celui qu'on peut trahir sans vergogne dès qu'on y trouve profit.

Mais je laisse cette digression pour revenir aux prisonniers de Chaudun. Ils sont très abattus pour la plupart. Chose compréhensible d'ailleurs, car cette situation de captif, laissant le vaincu à l'entière discrétion du vainqueur, n'a rien de gai, surtout au début quand elle est encore grosse d'inconnu et s'accompagne de l'inévitable prostration succédant à la chaleur de la lutte qui précède généralement les redditions. C'est donc le moment psychologique de les interroger, car plus tard, s'étant ressaisis et concertés, ils pourront mentir à plaisir, sans qu'il soit le plus souvent possible de les réfuter. La matinée se passe à cet interrogatoire, dont je suis distrait par un incident assez typique.

C'est le fermier qui vient se plaindre à moi, en termes amers et d'un ton très insolent, que le cadavre d'un malheureux adjudant marocain, mort ici et déposé provisoirement sur la paille d'une de ses granges, lui cause de l'embarras. Dans l'étable voisine, ses moutons, gênés par l'odeur, refusent l'herbe, dit-il. Le pauvre homme! Je sermonne d'importance cet égoïste. Il a d'autant moins le droit de se plaindre qu'il n'a nullement souffert de l'invasion. Les Prussiens respectèrent son bien durant leur séjour chez lui. Son superbe bétail est indemne. Une nombreuse basse-cour picore sur le fumier. Sa femme enfin utilise notre présence pour se débarrasser, au prix fort, des comestibles entassés dans son office.

Ma besogne terminée, je m'apprête à rejoindre l'état-major, quand survient une nouvelle histoire, analogue à celle d'avant-hier. Un avion français qui nous survole de très bas est accueilli par une fusillade nourrie de la part des infirmiers et soldats du train, dont les équipages sont parqués dans la cour. Même quelques braves pandores s'en mêlent, tant l'exemple est contagieux. Quelle joie pour eux de faire parler la poudre! Comme l'autre jour, j'ai quelque peine à arrêter cette fusillade intempestive, au cours de laquelle un soldat indigène, fourrageant dans un grenier, attrape une balle dans la cuisse. Un chasseur d'aéro, occupé à vider dans les cieux le magasin de sa carabine, l'a gratifié de ce pruneau. La blessure, heureusement en séton, est peu de chose. L'officier du blessé l'envoie se faire panser et comme je lui demande au passage s'il souffre, il me répond en souriant : « Ci rien, mon cap'taine ! *service, service* », locution courante dans la bouche de nos auxiliaires et qui, dans le cas actuel, signifie à peu près ceci : Un accident arrivé en service commandé n'a pas d'importance, car on est payé pour faire son devoir. L'expression a d'ailleurs aussi un autre sens plus courant. Arabes et Kabyles, de garde ou de planton, emploient souvent ces termes : *service, service,* quand on s'adresse à eux pour tenter d'enfreindre une consigne qu'ils sont chargés de faire appliquer. C'est alors leur façon d'attester leur impossibilité de vous satisfaire.

Sur les 13 heures, je monte à cheval pour gagner le poste de commandement qu'on m'a signalé à Bercy-le-Sec, village situé à une lieue au sud de Soissons, sur une croupe d'où l'on a un beau panorama sur les positions ennemies de la rive droite de l'Aisne. Comme j'arrive, la brigade Q... attaque Soissons avec l'appui de notre artillerie qui, de la montagne de P... et du mont de B..., contrebat les gros canons ennemis installés sur les hauteurs en face.

Je vais me présenter au chef d'état-major, que je trouve, jumelle en main, surveillant l'engagement, et il m'expédie incontinent aux emplacements qu'occupent nos batteries, sur l'action desquelles je dois aller le renseigner. Je gagne donc ces hauteurs, que j'escalade au galop, et prends contact du chef d'escadron Peschart d'A..., adjoint au commandant de notre A. D. (1). Je le trouve cigarette aux lèvres, donnant sous la mitraille l'exemple du plus beau sang-froid. Comme l'autre jour près de Penchard, il ne fait pas précisément bon dans ces parages! Les avions ennemis ont repéré la position et, à chaque instant, les obus allemands, percutant autour de nos pièces, nous jettent au visage de grosses mottes de terre. Il y a néanmoins peu de casse. Le personnel se terre quand les rafales sont trop violentes, puis, revenant à ses canons, riposte vigoureusement l'instant d'après.

Au moment où, ma mission accomplie, je vais repartir, de gros nuages noirs se résolvent en pluie et c'est sous une averse crépitante que j'arrive à Bercy-le-Sec, dont le qualificatif me semble un peu usurpé. L'orage continue toute la nuit, transformant les champs en marais et les routes en bourbiers.

(1) A. D. Artillerie divisionnaire. Celle d'une division d'infanterie comprend **trois groupes de trois batteries**, soit trente-six pièces.

Dimanche 13. — A la guerre, les gîtes se suivent mais ne se ressemblent pas. Logés hier dans un château magnifique, nous avons couché cette nuit dans une ferme misérable où l'eau, suintant à travers le chaume, dégouttait sur nos grabats. A mon réveil, je trouve le ciel éclairci et c'est par un gai soleil que je pars, dès l'aube, conduire au quartier général de l'armée, à Villers-Cotterets, ma connaissance d'hier, le capitaine prussien H..., arrivé ici cette nuit avec nos fourgons. Durant une partie du trajet, l'officier allemand m'entretient de sa future captivité. Jouira-t-il d'une certaine liberté ? Quelle solde lui sera affectée ? Aura-t-il un brosseur ? Ce dernier point surtout l'intéresse au plus haut degré. L'idée qu'il pourrait être obligé de nettoyer lui-même ses vêtements, et en particulier ses chaussures, lui semble insupportable. C'est là, je le constaterai plus tard, un trait commun à presque tous ses camarades. Je le surprends énormément en lui disant que dans notre armée ces détails ont infiniment peu d'importance ; que les mieux nés d'entre nous ne croient pas déroger en s'astiquant eux-mêmes à l'occasion, quand d'aventure ils n'ont pas leur ordonnance sous la main.

Après avoir dépassé Chaudun pour rejoindre la grande route de Paris, je salue au bord du chemin la tombe de l'adjudant de tirailleurs trépassé hier. Des territoriaux l'ont fleurie et s'occupent en ce moment de creuser une fosse pour des cadavres allemands de la compagnie H... qui gisent encore près d'une meule. L'auto entre bientôt dans la forêt, où l'on retrouve à chaque instant des traces de la retraite tudesque, notamment tout un convoi automobile que l'adversaire a incendié. Il n'en reste que les essieux. Chose plus singulière et qu'on m'avait déjà signalée sans que je pusse encore la constater *de visu,* je remarque non loin de là, à un carrefour, un tas de tubes de caféine, stimulant que les médecins allemands ont, durant la fuite, inoculé à leurs soldats éclopés pour leur donner des jambes.

L'officier prisonnier me fait remarquer, non sans un certain orgueil, avec quelle minutie et quelle méthode les siens ont organisé la forêt. A la moindre croisée de sentiers se trouvent de grandes plaques indicatrices que l'ennemi a placées pour faciliter l'orientation de ses troupes. Plus loin, comme nous croisons un de nos trains régimentaires, il s'étonne de ces voitures de tous modèles dont beaucoup, fournies par la réquisition, portent encore les marques-réclames des commerçants ou industriels auxquels elles appartiennent (1). Cette variété de

(1) Les régiments de marche venus d'Afrique, et qui théoriquement ne semblaient devoir la quitter, durent,

chars de tout acabit le réjouit; je surprends sur ses lèvres un vague sourire de pitié pour notre organisation rudimentaire. « Quelle différence avec nos convois », me dit-il. Ce n'est d'ailleurs pas sa seule remarque. Voyant nos zouaves qui cheminent à côté de leurs arabas, il me fait constater, ce que nous savons tous d'ailleurs, qu'il est matériellement impossible d'avoir un vêtement de guerre plus voyant et moins pratique. La chose apparaît d'autant mieux aujourd'hui que nos hommes ont été trempés par l'orage de la nuit, si bien que leurs amples jupons-culottes sont encore tout raides de pluie, tant ils sèchent difficilement. De plus, la glaise des chemins s'est collée par endroits, en larges plaques, dans les mille replis de ce vêtement si élégant en ville et maintenant converti en sac boueux. Plus visibles encore que leurs hommes, sont nos officiers des troupes d'Afrique, habillés d'une façon totalement différente d'eux, surtout ceux de tirailleurs. « Vous voudriez les désigner à nos coups, dit le Prussien, que vous ne feriez pas mieux. » Je suis obligé de me rendre à la justesse de ce propos.

Mais la voiture débouche de la forêt et nous voici à Villers-Cotterets. La ville est gentille et proprette; la présence du nombreux person-

de ce fait, constituer leurs T. R. avec des voitures rassemblées de bric et de broc au moment de leur départ.

nel d'un quartier général d'armée masque l'absence de la plupart des habitants. Je prends le contact des camarades du Q. G. (1) et vais, sur leur indication, déposer le capitaine H... au gymnase municipal. C'est une vaste salle où sont entassés quelques centaines de prisonniers, dont plusieurs officiers. On a remisé ces derniers à part, dans un des coins du local. Leur tenue se ressent un peu des circonstances et ils ne sont pas très fiers à cette heure.

Un grand diable de lieutenant de uhlans, qui a perdu son schapska dans la bataille, l'a remplacé, comme il a pu, par un chapeau melon tout cabossé. A l'arrivée du nouvel arrivant, son supérieur hiérarchique, il rectifie la position et se présente à lui selon la formule allemande : « Je me nomme un tel. » Étant donné sa coiffure de circonstance, la scène ne laisse d'être amusante et les nombreux troupiers prussiens qui en sont témoins me paraissent la contempler d'un œil plutôt narquois.

Sans doute, échappés à la rude emprise d'une discipline de fer, ne sont-ils pas fâchés de jouir un peu de la petite humiliation de leurs chefs et de les voir partager leur malheureux sort!

(1) Q. G. : quartier général. — P. C. : poste de commandement.

V

SOUS SOISSONS

Lundi 14 septembre. — Notre deuxième brigade, celle du général Q..., est entrée hier à Soissons, dont elle a chassé les derniers Allemands attardés dans la ville. Surpris, ils se sont enfuis en faisant sauter derrière eux le grand pont de pierre de l'Aisne. Un colonel du génie, qui s'était fait servir à déjeuner dans un des meilleurs hôtels de la ville, s'est échappé par les communs, tandis que nos tirailleurs pénétraient dans l'immeuble; son départ fut si précipité qu'il a oublié son casque, une coiffure magnifique garnie d'attributs d'argent que le général Q... a en vain proposé d'acheter à l'hôtelier. Hanté par la crainte d'un retour de l'ennemi, celui-ci a refusé les offres les plus alléchantes; ce n'est ni très commerçant ni très crâne! De leur côté, nos zouaves se sont emparés d'une automobile alors qu'elle filait à toute allure avec son chauffeur et deux officiers, qui furent abattus tous trois par leurs balles. Le conducteur de la voiture était un vieux monsieur à barbe blanche, à l'aspect très chic nonobstant son costume de simple soldat du landsturm; sans doute quelque riche volontaire! Nos zouzous dénicheront aussi, dans les caves de la ville, un certain nombre d'isolés qui s'appliquaient à les vider consciencieusement.

La division, jusqu'alors indépendante, a été rattachée au groupe de divisions de réserve commandé par le général de L..., auprès duquel nous avons combattu sous Meaux. Soldat de haute mine, grand seigneur jusqu'au bout des ongles, toujours tiré à quatre épingles, la silhouette svelte et dégagée, la moustache blanche crânement retroussée, notre nouveau chef justifiera la réputation acquise sur l'Ourcq : celle d'un officier superbe, aussi calme et aussi à l'aise sous le feu le plus violent que dans le salon de la somptueuse villa où il a établi son quartier général. Nous demeurerons sous sa haute direction pendant tout notre séjour sous Soissons.

Notre premier poste de commandement est installé au bord de la rivière, dans une fort belle habitation, dont nous occupons le rez-de-chaussée. Repérés, dès notre arrivée, par l'artillerie allemande, installée sur les hauteurs de la rive droite à moins d'une lieue, c'est-à-dire à fort bonne portée, nous y subirons les 14, 15 et 16 un épouvantable bombardement dont il est miraculeux que nous soyons sortis sains et saufs.

Dans la salle que nous utilisons comme bureau, un magnifique billard convie aux joies du carambolage; dans la bibliothèque attenante se trouve un casier rempli de belles gravures représentant les chefs-d'œuvre de Meissonier, de Neuville et de Detaille, qu'il ferait bon d'admirer en toute quiétude; dans le salon voisin, magnifiquement meublé, est un superbe piano dont les touches résonnent agréablement sous les doigts. Ces différentes pièces s'éclairent par de grandes baies donnant sur un parc aux arbres centenaires où de vertes pelouses alternent avec des parterres aux fleurs odoriférantes. Il doit faire bon de vivre ici, avec cet horizon de verdure et près de cette limpide rivière de l'Aisne qui sert de fossé à la propriété. Hélas! nous n'y sommes pas en invités. La guerre nous servit d'introductrice et les Allemands se chargent de nous le faire comprendre. Leurs premiers obus nous arrivent, le 14 au matin, et comme nous venons d'entrer ; ils tombent plus particulièrement près du pont de bateaux que le génie a jeté durant la nuit à quelque cent mètres de notre perron. Nos troupes le franchissent et vont renforcer l'avant-garde. Celle-ci a déjà pris pied sur les hauteurs où, pour la première fois, les unités de la division se heurtèrent à des lignes de tranchées continues. D'autres projectiles vont taper sur un mamelon près duquel un de nos groupes contrebat l'artillerie adverse. Shrapnells qui nous survolent en se croisant en route avec nos propres projectiles; shrapnells qui éclatent dans le voisinage du pont, produisent une cacophonie à écorcher les oreilles d'un sourd.

La musique redouble à l'arrivée du général de L..., venu pour nous rendre visite dans la matinée avec son état-major et son escorte. Les Allemands l'ont vu traverser la pelouse et tirent sur ce groupe doré. A l'instant, deux de ses officiers sont atteints. On transporte les blessés dans les caves et un jeune valet de chambre, originaire de la Suisse romande, après avoir aidé à les relever sous les obus, se multiplie à leur chevet. Son dévouement est d'autant plus appréciable qu'il contraste avec l'attitude des deux autres domestiques demeurés, tout d'abord, cachés dans le sous-sol. Parmi les blessés, un adjudant de dragons rapporté tout sanglant sur un brancard a un mot charmant et bien français : « Ces cochons m'ont pris pour un lapin, dit-il au major qui lui retire sa tunique trouée comme une écumoire. » Il faut avouer que les Boches ne manquaient pas entièrement de logique et que ce beau cavalier est bien effectivement un lapin.

Vers la fin de l'après-midi, je vais faire une perquisition dans les combles où, au dire de certains des pontonniers, on aurait vu des signaux lumineux échangés avec les positions allemandes d'où l'on nous canarde. Je monte donc, escorté de deux spahis et du maréchal des logis-estafette de Vassoigne, des chasseurs d'Afrique. C'est une figure des plus curieuses. Petit-neveu du général du même nom, dont la division d'infanterie de marine s'est illustrée à Bazeilles, la mobilisation l'a trouvé sur les confins marocains, en plein bled, vivant de l'existence des bédouins. Actuellement encore il a tant de peine à se refaire à la vie civilisée, qu'il passe la plupart de ses nuits en plein air, dormant entre les jambes de son cheval qu'il ne quitte guère. Le petit valet de chambre D... nous accompagne pour ouvrir les pièces et me guider dans le dédale des greniers.

Ma visite, des plus minutieuses, ne donne aucun résultat. Pour mieux me rendre compte et saisir au passage une lueur possible, je me rends dans le parc et grimpe dans un arbre élevé. De cet observatoire, je jouis longuement du curieux spectacle que nous offrent les hauteurs de C..., où les Allemands sont retranchés entre deux ravins. Leur première ligne, presque au contact de nos avancées, est à moins d'une lieue. Avec ma bonne jumelle, je vois très nettement ses zigzags se détachant en bistre sur le vert de la campagne environnante. A la lisière des bois fermant l'horizon, des ombres vont, viennent et paraissent occupées à l'organisation d'abatis. Il faut fixer ces silhouettes avec beaucoup d'attention pour les distinguer, tant la couleur gris de champ des uniformes tudesques se confond avec celle du feuillage. En revanche, nos zouaves, couchés derrière leurs abris improvisés, semblent, avec leurs larges culottes bouffantes et leurs boléros bleus, autant de bouquets de coquelicots et de bluets, aisés à repérer.

Puis les derniers rayons du soleil couchant dorent la colline, le crépuscule tombe sur les bois et les prés, qu'il revêt d'ombres où ma jumelle fouille en vain. De temps en temps, pourtant, un éclair jaillit dans l'obscurité, indice d'un coup de canon tiré sur notre pont par une pièce ennemie mal défilée. Quelques secondes après le projectile explose dans le voisinage de l'objectif, leur tir étant bien réglé. De notre côté nos batteries ne restent pas inactives; les coups brefs du 75 se succèdent bien scandés, par salves de quatre. Jusqu'à la nuit j'ai vu nos obus tomber, avec une rare précision, dans les tranchées allemandes, qu'ils panachaient de gris. Comme je vais descendre, un projecteur s'allume, dont le large faisceau fait miroiter les eaux de la rivière et éclaire *a giorno* la pelouse. C'est l'indice certain que l'ennemi continuera sa canonnade durant la nuit. Dans ces conditions, et rentré au château, je conseille au valet de chambre d'aller coucher ailleurs, l'état-major devant se rendre au quartier général. Le poste de pontonniers demeurera pour surveiller le pont et le réparer, car les projectiles ne laissent de l'endommager, s'ils ne réussissent à le détruire.

Mardi 15. — Nous avons quitté à l'aube notre cantonnement pour revenir au P. C., près duquel les troupes continuent à franchir la rivière pour se porter à l'attaque des hauteurs. En arrivant au château, j'ai trouvé le jeune D..., mon guide de la veille, ficelé à grands renforts de corde, avec un luxe prodigieux de ces nœuds savants comme savent en faire les pontonniers. Ayant, sur mon avertissement, conseillé aux deux domestiques, ses camarades, d'aller coucher ailleurs en prévision d'un bombardement possible, il a été entendu d'un sapeur. Celui-ci en a conclu de suite qu'il devait être d'intelligence avec l'ennemi pour être si bien renseigné. En conséquence il fut appréhendé et arrimé dès notre départ. Après compte rendu à mes chefs, je fais relâcher ce brave garçon, innocente victime de cette *espionomanie* qui porte parfois les simples et certains esprits peu pondérés à voir des traîtres partout.

A entendre ces pessimistes, tout paysan, tout citadin continuant à vaquer à ses affaires, alors que les troupes sont installées dans le voisinage de sa maison, serait complice de l'envahisseur. Quand cette maladie spéciale, qu'est l'espionomanie, dangereuse, car elle peut engendrer des paniques, hante trop fortement les méninges de ceux qu'elle affecte, elle les rend inaccessibles aux raisonnements du vulgaire bon sens. Le métier d'espion demandant certes, en raison de ses risques, une rémunération sérieuse quand on l'exerce sur le front au bénéfice de l'étranger, tous les trésors de l'Allemagne ne suffiraient pas à indemniser les soi-disant innombrables traîtres dont quelques cerveaux, visiblement débordés par les circonstances, peuplent bénévolement nos villes et nos campagnes, comme si la France était littéralement remplie de transfuges. La suspicion est en effet, chez quelques-uns, une véritable maladie qui, à l'occasion, pourrait être terriblement nuisible pour leurs concitoyens, les paisibles habitants, déjà assez malheureux du fait des événements.

Pour ces malades, dépourvus de toute psychologie, est suspect : celui qui reste auprès de son habitation dévastée par des obus ennemis, car quel intérêt peut bien l'y retenir? Suspect également, celui dont la maison est demeurée indemne, car pourquoi les Allemands l'ont-ils ménagée alors qu'ils détruisent celle du voisin? Suspect, ce vieux paysan dont les vaches continuent à paître. Il règle, paraît-il, au risque incessant de sa propre vie, et par quel miracle d'ingéniosité..., le tir des batteries ennemies! Suspect, cet autre dont le bétail ne quitte pas l'écurie, car s'il le délaisse ainsi, c'est certainement pour s'occuper à de louches besognes.

De là, de perpétuelles dénonciations, émanant tant de militaires que de civils. A les ouïr, je conçois admirablement certaines figures de notre grande Révolution qui m'étaient restées énigmatiques jusqu'à ce jour. Tels les Carrier, les Lebas, les Couthon et autres bénévoles pourvoyeurs de guillotine. Inoffensifs dans le privé, ils se muèrent en tigres quand les grands événements, où ils eurent malheureusement à jouer un rôle, obscurcirent leur faible entendement, exaspérèrent leurs nerfs, conditionnés pour le calme de la paix, et les incitèrent à accepter, voire à provoquer, les ragots que suscitent la bêtise, la crainte, la haine et parfois même l'intérêt ou la simple jalousie entre voisins.

Comme type du genre, je citerai l'incident suivant, particulièrement savoureux. Un jour, dans un gros village du front, un civil vint me dénoncer son compère, comme suspect d'intelligence avec l'ennemi, parce que, avant la guerre, il se fournissait en Allemagne de graine de betterave. Moins d'une heure après, cet ancien client des Boches, accusé des plus noires perfidies, venait à son tour vitupérer contre son dénonciateur dont il ignorait totalement les propos. C'était, me disait-il, un fourbe capable des plus infâmes trahisons, et pour étayer ses affirmations, il m'annonça gravement que ce traître, grainetier en gros de son métier, préférait une variété de haricots étrangers aux excellents farineux dont il faisait lui-même le commerce. Sans en référer à mes chefs, que ces stupidités eussent assommés, je mis les plaignants d'accord, en racontant à chacun, et sur le ton le plus sérieux, ce que m'avait dit l'autre à son sujet. Bien entendu, je ne mis aucun d'eux en cause, ainsi qu'ils m'en avaient expressément prié. Presque toujours, en effet, l'homme qui dénonce son voisin demande l'anonymat et atteste, avec de grands serments, que seul l'intérêt de la patrie en danger l'a incité à venir dévoiler les sombres trames ourdies par son compère.

Le jeune valet de chambre délivré, je vais rejoindre les camarades dans la salle de billard où, comme hier, la matinée se passe sous les obus qui continuent à pleuvoir autour du château. Les communs, mieux abrités que le bâtiment, se remplissent de blessés que l'on évacue sans cesse sur Soissons. C'est en traversant le pont qu'ils sont atteints pour la plupart. Souvent, celui-ci est endommagé, mais il est réparé aussitôt par l'infatigable zèle des sapeurs du capitaine M..., venu avec eux du Maroc. Plusieurs de ces braves sont blessés, quelques-uns tués, mais qu'importe! Ils continuent sans s'émouvoir leur héroïque besogne, et comme une barque a coulé, un sous-officier se déshabille sous la mitraille et plonge dans la rivière, bravant à la fois l'eau et le feu pour rechercher je ne sais quel outil essentiel qui a sombré. Au moment où il reparaît à la surface, un shrapnell éclate juste sur sa tête sans le blesser, d'ailleurs; ce brave reçoit incontinent la médaille militaire, juste prix de sa valeur.

L'heure du déjeuner arrive; les marmites continuent à tomber si dru que nous nous attendons à en recevoir une au dessert. D'où quolibets et plaisanteries diverses, car l'homme se fait vite à l'idée de la mort possible et le Français s'amuse à propos de tout. Néanmoins le repas s'achève sans encombre.

Je vais regagner la salle de billard, quand on m'amène deux prisonniers allemands pincés à Soissons. L'un, chauffeur au grand quartier général, a conduit le général Kluck dans les forts de Maubeuge où il était allé examiner les terrifiants effets des obus de 420, dont nous entendons parler pour la première fois aujourd'hui. L'autre, énigmatique personnage, que l'on a trouvé, dans une cave, habillé en civil et occupé à se raser, est sûrement un militaire allemand. Du reste il l'avoue; c'est peut-être même un officier. Parlant assez convenablement notre langue, il demeura sans doute dans nos lignes pour renseigner l'ennemi, le meilleur espion étant incontestablement celui dont on est sûr et qui possède des connaissances techniques. Ce travesti se défend naturellement comme un beau diable. Il prétend avoir changé de costume pour l'unique raison que, demeuré dans nos lignes avec d'autres isolés, il pensait regagner les siennes à la faveur de ce déguisement dont l'emploi, d'après les lois de la guerre, permettrait de le fusiller séance tenante.

A l'issue de cet interrogatoire, je suis chargé de conduire à l'armée l'automédon de von Kluck. Il est 15 heures! Le bombardement est devenu formidable et les obus tombent de minute en minute. Au moment où je quitte la salle à manger, les vitres volent en éclats sous la vibration d'un 210, tombé à dix pas du bâtiment. Je gagne la première auto à marcher et installe le Boche à côté du chauffeur. Nous venons de démarrer quand un autre projectile, de même calibre, tombe à l'endroit même que la voiture vient de quitter. L'instant d'après, des shrapnells nous suivent dans la grande allée du parc, qui est enfilée dans toute sa longueur. Fusant heureusement trop haut, ils éclatent dans les arbres et couvrent notre capot de branchages.

En vain le chauffeur G..., aussi brave qu'excellent conducteur, se lance-t-il à toute vitesse, désireux d'atteindre au plutôt le coude du chemin, au delà duquel nous serons à peu près en sûreté. Nous faisons certes du soixante à l'heure. Hélas! c'est vitesse dérisoire à côté de celle de ces marmites couvrant, elles, du trente-six à la minute. J'ai en ce moment une notion infiniment nette des mouvements relatifs. Mais nous voilà au bienheureux tournant! Combien a-t-il fallu de temps pour y arriver? Pas beaucoup plus d'une minute, en tenant compte des secondes employées à virer autour du malencontreux obstacle formé par les cadavres de deux chevaux. Constituant barrage, vers le milieu du trajet, ils ont failli nous culbuter.

Ce coude dépassé, je remarque avec quelle rapidité évolue la pensée à certains moments de l'existence, quand celle-ci est très menacée. Pendant que l'auto traverse le faubourg de R..., je me remémore l'étrange vision qui m'est survenue dans l'allée, au cours de la conduite par les obus. C'était celle de la paisible classe du lycée Saint-Louis où j'ai préparé Saint-Cyr. Je la revoyais avec une netteté singulière, pleine des camarades depuis longtemps perdus de vue et dispersés dans la bagarre de l'existence. Tous m'apparurent en cet instant fugitif avec leurs figures juvéniles, que j'aurais certes été incapable d'évoquer quelques minutes avant. Devant le tableau noir, notre savant professeur de mathématiques, le sévère M. Y..., démontrait un théorème de mécanique, et je l'entendais avec son accent alsacien proclamer, le torchon d'une main et la craie de l'autre : — « Édant tonné teux mopiles de même sens mais de videsse tifférente A et P... »

Ah! cher et vénéré maître, combien vous aviez raison de prétendre que, partis en même temps, le second, cent fois plus rapide, devait sûrement atteindre le premier!

Mercredi 16. — On m'a envoyé le matin dans la boucle de l'Aisne où nos zouaves construisaient des tranchées. Au retour, comme je traversais Saint-M..., escorté du toujours impassible Buratti qui chevauchait *Tartarin*, les Allemands se sont mis à bombarder à explosifs le village, où précisément des arabas pleins de vivres venaient de s'engager. Leur mouvement n'avait pu échapper aux observateurs ennemis qui surveillent sans cesse la plaine des hauteurs où ils sont postés; d'où des salves durant un bon quart d'heure.

C'eût été folie, dans ces conditions, de chercher à gagner la passerelle dont cinq cents mètres, en terrain totalement découvert, nous séparaient encore. J'ai donc attendu la fin de la rafale, tapi, avec mes chevaux et mon écuyer fidèle, dans le pan coupé d'un mur en demi-cercle dont les deux extrémités venaient rejoindre la grille d'entrée. Deux bancs de pierre, garnis de mousse avec dossier de lierre, l'ornaient de part et d'autre. Je me suis assis sur l'un, mon compagnon sur l'autre et comme ça tombait, il fallait voir comment, j'ai glissé à tout événement ma carte de visite bien en vue sous le mica de mon liseur de cartes. Près de moi, l'officier qui amenait les voitures de ravitaillement était venu s'abriter lui aussi, après avoir garé son monde. A peine était-il arrivé qu'un obus, éclatant juste au-dessus du mur, nous a plaqués contre la maçonnerie de son souffle puissant. Aucun de nous n'a été touché, mais la rosse du lieutenant s'est vu découper un bifteck, de trois livres au moins, dans la croupe, au ras du troussequin de la selle. L'animal, une pauvre bête très amaigrie et dont les os saillaient, n'a pour ainsi dire pas bougé et est demeuré sur ses pattes. Quelques minutes après, son cavalier, qui n'avait pas jugé à propos de mettre pied à terre, a rejoint son convoi, cet obus malencontreux ayant été le dernier.

Je me suis alors empressé de mettre l'eau entre les Boches et moi. Bien que le danger d'être démoli fût le même sur l'une et l'autre rive, je ne me suis senti en sûreté qu'une fois la passerelle franchie. La crainte d'avoir les ponts coupés et de ne pas savoir ensuite comment passer, sous le feu, un cours d'eau profond comme l'Aisne, est en effet très pénible pour un cavalier, que sa monture embarrasse alors.

M'étant engagé dans le faubourg de R..., j'atteignais la gare, quand j'ai fait une rencontre qui, pour m'être très agréable, ne m'a pas moins profondément ému tout d'abord.

Hier, nous avions appris, à l'état-major, que le général T..., chef de notre première brigade actuellement engagée sur les hauteurs, avait disparu. On le prétendait tué au cours d'une reconnaissance. Son officier d'ordonnance avait été gravement blessé à ses côtés par un shrapnell et le général était tombé du même coup. Depuis personne ne l'avait revu. C'est tout ce qu'on savait de cette aventure qui s'était passée sous le feu des mitrailleuses, à quelques dizaines de mètres des tranchées ennemies. Bref, chacun le tenait pour mort et déplorait sa perte.

Or, comme je chevauchais paisiblement, regagnant le P. C., l'ombre du général m'est apparue, — car ce ne pouvait être que son ombre ! — Venant à moi, elle longeait le trottoir. Le spectre était revêtu de la tenue de guerre du défunt : une longue capote bleue qui amincissait encore sa haute taille de cavalier resté très svelte, une culotte de même étoffe et un képi sans chamarrures, orné simplement des deux étoiles d'argent distinctives du grade. A ce spectacle très inattendu, j'ai arrêté *Boulet* d'une brusque pression du mors et me suis frotté les yeux, dans l'idée qu'ayant mal reposé la nuit précédente, je pouvais dormir tout éveillé. Mais le fantôme continuait à s'avancer vers moi. Prodige ! il fumait une pipe de bruyère que je reconnus être celle du général, qui ne la quittait jamais. Alors, rassemblant mes esprits, je suis descendu de ma monture et ai accosté l'apparition que j'ai saluée, ainsi qu'Hamlet en usa à l'égard de l'ombre du feu roi. Ainsi que dans le drame, le spectre se mit à parler, mais d'une voix qui n'avait heureusement rien de sépulcral : « Tiens ! vous voilà. Vous ne croyiez pas me trouver ici, hein ? Il paraît qu'on m'avait déjà enterré ! », m'a dit le général en me tendant la main. Comme il se rendait au P. C. pour se faire rayer du nombre des morts, il m'a raconté chemin faisant son histoire, celle qui a créé un instant une vacance de plus dans le cadre des officiers généraux.

Étant allé avec le capitaine de L... reconnaître à l'est de C... la position allemande de la P..., ils ont été accueillis, en arrivant à la crête qui les avait défilés jusqu'alors, par un véritable feu d'enfer. Canonnade, fusillade, mitraillade, bref, toute la lyre! Un obus éclaté entre eux renversait l'officier d'un côté, le général de l'autre. Demeuré indemne par miracle, il a rampé jusqu'à un trou de marmite où il a passé la journée. Séjour peu enchanteur! Chaque fois que, d'aventure, le cénobite de circonstance levait le nez, une balle sifflant avec à-propos à ses oreilles lui rappelait qu'on surveillait son ermitage, heureusement inaccessible aux Boches. Il a donc dû attendre la nuit pour rentrer dans nos lignes, où ses zouaves, trompés par la direction de sa venue, l'ont accueilli... par une fusillade à bout portant. « Enfin je m'en suis tiré les os nets, me déclare le général T..., mais vous ne sauriez croire, mon cher, ce que je me suis rasé dans ce maudit trou. Heureusement que j'avais ma pipe! — Plus heureux encore que vous ne l'ayez pas cassée, mon général! »

Même jour, 15 heures. — Cette journée sera fertile en incidents tragiques. Tout à l'heure, le colonel d'A..., le vaillant commandant de notre A. D., a été gravement blessé par un éclat d'obus au moment où il franchissait le pont. L'explosion du projectile a effrayé le cheval de son officier adjoint, le capitaine C. de L..., qui a failli être projeté dans l'Aisne. A peine remis de l'aventure, cet excellent C... a appris que son frère, capitaine d'infanterie, avait été tué en Belgique. Enfin un événement plus pénible encore est venu nous attrister tous.

Nous finissions de déjeuner quand est arrivé notre grand chef, le général de L..., à la tête d'une nombreuse et brillante escorte. Comme avant-hier, son apparition a déterminé les Allemands à redoubler leur feu. Cette escorte était commandée par un tout jeune homme, le sous-lieutenant Guyot d'A... de S..., dont l'uniforme de saint-cyrien s'était orné, lors de la mobilisation, du galon de sous-lieutenant. Il en était très fier et se dépensait pour s'en montrer plus digne encore. L'autre matin déjà, gaspillant sa bravoure, de S... était allé fumer sa pipe, accoudé sur le parapet du pont contre lequel s'acharnait l'ennemi. Aujourd'hui, alors que chacun avait gagné l'abri relatif, mais très appréciable néanmoins, du château, il continua à se promener sur la pelouse que balayaient les obus. Le lieutenant-colonel A..., de l'état-major du général de L..., et moi, inquiets de sa folle témé-

rité, l'avons du perron invité à rentrer. « S...,
vous allez vous faire *amocher*, » lui ai-je dit.
Hélas! à l'instant même, un shrapnell, éclatant
à dix mètres de nous, l'a saigné à la jugulaire
d'un de ces éclats tranchants comme une lame
de rasoir. Le petit valet de chambre nous a aidés
à le transporter dans le vestibule, pendant que
le général de L..., très ému, car il aimait beaucoup cet héroïque jeune homme, courait chercher le médecin du poste de secours tout proche.

Quand le praticien est arrivé, il n'a pu que
constater l'impuissance de son art. Transporté
à l'hôpital de Soissons, le valeureux adolescent
est mort peu après, ayant reçu les derniers
sacrements. Il appartenait à une vieille famille
de soldats bretons. Son nom glorieux s'ajoutera, sur les tables de marbre de Saint-Cyr, à la
longue liste des élèves morts pour la patrie.

Jeudi 17. — Hier soir, en rentrant au quartier
général, j'ai été interroger divers prisonniers
ramassés dans Soissons. On les avait enfermés
pour la nuit dans une cave, sèche, assez profonde et à laquelle on accédait par une vingtaine de marches. J'y suis descendu avec le
lieutenant Bel A..., qu'accompagnait un spahi,
qui a projeté soudain sur les captifs la lueur de
sa lanterne sourde. Eux, couchés sur la paille,
se sont dressés d'un bond avec des mines très

effarées. A vrai dire, leur inquiétude était explicable car notre visite insolite pouvait les impressionner. J'avais mon revolver en sautoir et mes deux compagnons indigènes, avec leurs masques énigmatiques d'Arabes aux traits presque toujours impassibles, devaient paraître fort rébarbatifs à des étrangers voyant, sans doute pour la première fois, des spahis. Bref notre entrée, dans cette cave-prison, évoquait un peu cette scène si dramatique du roman d'*Ivanhoé*, celle où Réginald Front-de-Bœuf pénètre, escorté de deux Sarrasins, dans l'oubliette où est enfermé le juif Isaac. Mais je n'ai torturé personne; après quelques brèves questions, j'ai battu en retraite avec mes compagnons, car, soit effet de terreur ou pour toute autre cause, ce caveau ne fleurait pas bon quand nous en sortîmes.

A 15 h. 30, la brigade Q... et les Marocains du général D... ont attaqué les hauteurs que tiennent les Allemands et d'où ils dominent toute la boucle de l'Aisne. Après une vigoureuse préparation par l'artillerie, nos fantassins, baïonnette haute, sont sortis de leurs tranchées creusées à mi-pente et sont parvenus sans difficultés jusqu'à la première ligne adverse. L'ayant trouvée occupée par ... des mannequins, ils se ruèrent alors à l'assaut de la seconde ligne, placée à contre-pente, et effectivement occupée cette fois. Un feu nourri les a accueillis à courte distance. Pris d'écharpe par les mitrailleuses, qui se sont démasquées soudain d'un pli de terrain, nos braves ont dû se replier, non sans quelques pertes, dont le commandant P..., des thabors. Il a reçu une grave blessure et on ne sait encore s'il s'en tirera.

Vendredi 18. — Je me suis rendu cette nuit auprès du général T..., qui est installé dans un château, sis dans la boucle de l'Aisne que les obus ennemis sillonnent sans cesse. Les chemins, détrempés par la pluie, défoncés par le charroi et les marmites, sont pleins d'une boue liquide. J'ai donc dû laisser mes chevaux sur la rive gauche pour continuer à pied, par une nuit totalement obscure. A mi-chemin, ayant trébuché dans un trou, je me suis étalé de tout mon long sur quelque chose de mou, de visqueux, de malodorant, bref d'innommable. Remis sur mes jambes, j'ai déclanché avec précaution ma lampe électrique et ai reconnu le cadavre d'un zouave, tombé là depuis quelques jours déjà. Il était vert et enduit d'une glaise qui lui donnait l'aspect ignoble d'un noyé. Je suis sorti tout frémissant de cette fosse creusée par un obus et ai gagné, non sans peine, le château, où régnait une nuit complète. Repéré par les batteries ennemies, la moindre lumière en effet y attirerait la foudre. A l'aube, j'ai accompli en vingt minutes, lors de mon retour, le trajet que, de nuit, j'avais mis plus d'une heure à effectuer. Sur mon chemin, force cadavres; dans le voisinage du pont, les champs sont si crevassés par les obus qu'ils rappellent ces tables de passe-boules, en usage dans certains casinos. On gagne malheureusement ici plus souvent que dans nos villes d'eaux.

Samedi 19. — Temps exécrable. Je vais installer au cantonnement le N° zouaves, le régiment qui a donné l'assaut d'Étrépilly et dont le glorieux chef, le commandant D..., a été promu lieutenant-colonel à la suite de cette attaque. Ces troupes rentrent de C..., si bombardé depuis plusieurs jours que ce village dépasse en horreur Barcy de célèbre mémoire. Ses maisons ne sont plus que ruines; durant six jours consécutifs, les zouaves vécurent, sous une voûte de feu, une existence de troglodytes, en compagnie des habitants réfugiés dans les caves. Héros fangeux, ils reviennent changés en véritables paquets de boue; mais le moral de ces braves demeure excellent. Comme aux soldats de Lutzen, l'honneur et le courage leur sortent par tous les pores. Il faudrait le pinceau d'un Horace Vernet pour léguer à la postérité l'aspect véritable de ces valeureux troupiers d'Afrique.

Lundi 21. — Je me suis rendu aujourd'hui à Soissons pour y faire quelques acquisitions devenues indispensables. La ville, bombardée depuis le 13, présente un affreux aspect. Les obus ont défoncé la chaussée, troué les toits, renversé des pans de murs, mettant à nu l'intérieur des maisons. C'est un spectacle curieux et affligeant que de pénétrer cette anatomie d'un chez soi auquel on est étranger.

Ici, le projectile qui a crevé la façade de la salle à manger a tout détruit, pulvérisant meubles et vaisselle. Mais, à côté, il s'est contenté de percer le mur de la chambre à coucher et a respecté le mobilier. Un grand lit de milieu a sa couverture faite et semble attendre son hôte coutumier. A son chevet, le prie-Dieu de la maîtresse de maison, et, tout proche, un berceau d'enfant. Sur la descente de lit, les pantoufles de Monsieur et, sur le dossier d'un fauteuil, son pyjama, soigneusement plié par la femme de chambre.

Ainsi les marmites se comportent parfois comme des diables boiteux égrillards, violateurs impudents du privé. On leur doit, toutefois, la circonstance atténuante de ne pas connaître de préférence, car elles tombent aussi bien chez le riche que chez le miséreux. Je constate une fois de plus, qu'à la guerre l'homme favorisé par la fortune abandonne généralement sa demeure à la première alerte, tandis que le pauvre se cramponne désespérément à son misérable logis. C'est que le premier ne laisse que le superflu, alors que le second ne peut se résigner à se séparer du nécessaire, de l'indispensable. Puis, où aller? Il n'a pas, lui, la ressource des grands hôtels, des villes d'eaux, voire de l'étranger. N'étant presque jamais sorti de chez lui, l'idée de l'exode l'épouvante, plus que toute chose au monde. Il préférera donc les risques éventuels de la marmite au danger certain de la misère. Réflexion faite, il faut avouer qu'il n'a pas tort.

Tout en songeant aux drames multiples de la guerre, je gagne la cathédrale où j'entre un instant. Elle est déjà fortement atteinte et, en certains endroits, la nef est pleine de débris de vitraux et de maçonnerie. L'hôtel de ville, où je me rends ensuite, a non moins souffert. L'édifice, dont je fais le tour, se dresse entre un square fleuri et la rivière, non loin du grand pont sur lequel je vois un piéton cherchant à gagner péniblement la rive droite sur les débris du tablier.

Dans le square, dix-sept chevaux éventrés par le même projectile qui, tombant sur le pavé, s'est divisé à l'infini, sont en tas les uns sur les autres. Leur ventre est démesurément gonflé, les dents apparaissent à nu sous les lèvres rétractées et semblent mordre la langue qui, baveuse, sort de la bouche. J'apprendrai en rentrant que, triste pendant de ce tableau, dix-sept sapeurs, un sous-officier et seize hommes, en colonne par quatre, ont été fauchés eux aussi d'un seul obus, pendant qu'ils traversaient le faubourg de R...

Ces grosses marmites, souvent inoffensives dans les terres labourées, où elles font plus de bruit que de besogne, sont terribles sur le dur. Pour se soustraire à leurs effets, quand on en a le loisir, le mieux est alors de descendre dans un abri à l'épreuve, telle une cave assez profonde, ou de s'égailler dans la campagne.

De l'hôtel de ville, je gagne une rue commerçante, à la recherche d'un magasin de chaussures. La ville est à peu près déserte et pour cause, mais il ne faudrait pas en inférer que tous les habitants ont eu peur. Bien que des obus tombent en ce moment non loin de la boutique où je suis entré, une jeune et jolie vendeuse m'essaie des souliers aussi tranquillement que si nous étions en pleine paix. A la voir rieuse et affairée, on ne se douterait pas que, d'un instant à l'autre, la mort, lugubre cliente, peut se présenter à elle ainsi que dans la Danse macabre. Le sexe faible aura été héroïque ici. Une grande dame de la ville, Mme Macherez, femme vraiment forte selon l'Écriture, a assumé l'administration civile de la cité. Elle s'en tire à merveille, et inspire à tous confiance et respect. Les services qu'elle rend sont si éminents que le souvenir mériterait certes d'en passer à la postérité la plus reculée.

Mercredi 23. — J'ai assuré cette nuit la permanence du P. C. M'étant étendu très tard sur une paillasse, je dormais à poings fermés quand, à 5 heures précises, une salve d'artillerie, éclatant soudain, m'a réveillé en sursaut. C'était le salut matinal envoyé aux Allemands par vingt-quatre belles filles, en l'espèce, les vingt-quatre pièces de six batteries de nos 75. Elles entonnaient un chœur préliminaire à l'attaque de l'infanterie, qui allait se déclancher à nouveau contre les hauteurs.

J'ai été aussitôt debout. Dehors, comme au matin d'Austerlitz, une brume épaisse couvrait la campagne. On entendait dans le brouillard le crépitement de la fusillade et le bruit caractéristique des mitrailleuses, ces cri-cris de la bataille moderne qui, de temps en temps, donnaient dans l'orchestration leur note monotone et perpétuellement la même : tac-tac-tac, note dont seul le rythme varie. Il allait, de l'*amoroso* de la cadence lente, au *fortissimo* obtenu par l'accélérée.

La première attaque, que conduit à la tête de son régiment le colonel F..., le même que j'ai rencontré le 6 à Chambry, échoue en dépit de son élan et ce vaillant chef tombe grièvement blessé (1). La seconde, qui a lieu trois heures plus tard, par un magnifique soleil, éprouve le même sort malheureux. En vain, les zouaves cherchent à gagner les hauteurs boisées derrière lesquelles se dissimule la ferme formidablement organisée de S.-P... Fusillés à bout portant, dès leur arrivée sur la ligne de changement de pente; pris en flanc par les mitrailleuses, ils sont, en dépit de leur valeur, contraints de retraiter sous les shrapnells. Ceux-ci les poursuivent sur les pentes descendantes du plateau dont leurs trajectoires épousent la forme. Décimés, nos fantassins vont se reformer dans les ravins et se préparer à une nouvelle attaque, car nos soldats sont admirables, et admirables entre tous, les chefs qui, en si peu de temps, ont transformé en une héroïque et homogène phalange ces unités composées, au départ, d'éléments disparates.

(1) Le colonel C..., des zouaves, ayant été blessé à Chambry, seul celui des tirailleurs restait dès lors indemne des quatre chefs de corps d'infanterie de la division.

Jeudi 24. — Aujourd'hui, repos relatif. On n'entend nul coup de canon ni fusillade; seulement de temps en temps, venant des bas-fonds de C..., un passager crépitement de mitrailleuses. Le temps est superbe et des avions ennemis survolent sans arrêt le village où nous cantonnons. Sans trêve aussi, il faut faire la chasse à nos hommes qui, avec leur beau *je m'en fichisme* bien français, se groupent le nez en l'air pour contempler les taubes. Néanmoins il n'en résulte pas trop d'inconvénients. Sans doute est-ce parce que les jupons rouges ont à peu près disparu et que les chéchias garance se sont couvertes de coiffes sombres.

Aux boléros, si peu pratiques dans nos climats, car ils laissent le cou complètement découvert, ont été substituées des capotes d'infanterie que nos zouzous garderont jusqu'à ce qu'on les revête d'une tenue kaki semblable à celle des thabors. En attendant, leur aspect est des plus hétéroclites, car pantalons et culottes, qu'on leur a procurés au petit bonheur, sont de toutes les nuances possibles. Ainsi vêtus, nos braves ont un peu l'aspect de brigands de grands chemins et feraient la joie d'un Callot. Leurs braies sont noires, grises, réséda, marron, ou vertes. A leur exemple, chacun de nous se débarrasse, dès qu'il le peut, de sa culotte rouge jugée trop voyante.

Notre brillant chef d'état-major en a arboré, ce matin, une superbe en velours couleur chocolat. Je la lui envie fort. La mienne, que je n'ai encore pu troquer contre un vêtement moins voyant, persiste à demeurer d'un rouge vif qui, pour faire honneur au teinturier, ne laisse d'être fort compromettant, étant visible d'une lieue.

Samedi 26. — Le temps, magnifique depuis quelques jours, commence à se refroidir. Pour la première fois, nous avons du grésil ce matin. Je rencontre au lever, faisant les cent pas devant le quartier général, notre frileux camarade le lieutenant Bel A..., enfoui jusqu'au cou dans une épaisse djelaba de laine. Rayée de gris et de blanc, elle masque malheureusement, à son grand regret, ses splendides dessous où l'or se marie à l'azur et à l'écarlate. Le beau sexe continue à n'avoir d'yeux que pour lui; je remarque que dès qu'apparaît un cotillon, il se dépouille de son sombrero comme s'il se sentait soudain incommodé par la chaleur. Il brille alors d'un éclat fugitif, car la crainte de geler combattant le désir d'être magnifique, le détermine l'instant d'après à réendosser son vêtement. Pelotonnés dans leurs burnous, ses spahis battent la semelle, en regrettant le chaud soleil algérien. « Fait fri, mon cap'taine », me murmure l'un d'eux en passant.

Le soir, après dîner, le chef d'état-major m'expédie au quartier général de la division anglaise avec laquelle nous sommes au contact à notre droite. Je pars aussitôt en auto, cet ordinaire véhicule de l'officier d'état-major de liaison. La voiture, gémissant de tous ses essieux, escalade péniblement, par un chemin encaissé, tortueux, malaisé et plein d'ornières, les pentes du plateau. Après avoir roulé pendant une demi-heure elle franchit la grille d'un vaste château. Tout semblait mort dans la campagne, déserte à cette heure; ici tout est vie.

La cour est pleine de soldats britanniques attablés autour de bols de punch, qui flamboient dans la nuit tels des feux follets. Un planton m'introduit dans une pièce où quelques camarades de l'état-major anglais pâlissent sur des cartes. Je me présente, et l'un de ces messieurs me conduit aussitôt auprès du général de S. M. Georges V, roi du Royaume-Uni de Grande-Bretagne et d'Irlande et empereur des Indes. C'est un vieux soldat à la poitrine chamarrée de rubans multicolores. Il me reçoit très aimablement et, ma mission terminée, m'engage à aller me réconforter d'un cocktail à la salle à manger.

J'y rencontre nombreuse assistance de joyeux lurons, attablés autour d'une grande table, garnie de flacons de formes variées. Aux patères pendent des casquettes plates alternant avec des bonnets écossais. On m'invite à prendre place. L'un de ces messieurs, un officier de réserve, appartenant à la Carrière, auprès duquel je suis assis, me comble de prévenances. Mais je n'ai guère le temps de m'attarder ici et, le classique breuvage absorbé, je prends congé de mes hôtes.

Dehors, je trouve mon chauffeur attablé. Il absorbe du punch, tout en échangeant des lazzi avec les soldats anglais, dont son uniforme de zouave lui a valu d'emblée les chaudes sympathies. Sans doute en raison du souvenir d'Inkermann, demeuré très vivant dans l'armée britannique, les troupes d'Afrique, et entre toutes les zouaves, sont très populaires parmi nos alliés. Nous démarrons.

En route je songe que par un singulier hasard, un mien grand-oncle, général de l'Empereur, a passé dans ce même château. C'était en 1814, lorsqu'après Champaubert et Montmirail Napoléon poursuivait Blucher, que la capitulation de Soissons, ville alors fortifiée, sauva d'un désastre total. Et comment eût-il pu s'imaginer, l'ancêtre, le glorieux soldat d'Egypte, d'Espagne et de Waterloo, qu'à cent ans de là, un de ses petits-neveux trinquerait avec l'ennemi abhorré devenu l'ami très cher !

Dimanche 27. — Temps splendide. Vers les

9 heures le soleil a dissipé comme hier la brume froide et épaisse qui couvre généralement, aux premières heures de la matinée, le vallon où est sise l'habitation dont nous avons fait notre quartier général. De la vallée, encore tout embrumée, nous parvenait le son argentin des cloches de Soissons, conviant les fidèles à la prière. La matinée était d'un calme absolu. Par un hasard assez surprenant on n'entendait ni coups de canon, ni coups de fusil, et il semblait que de part et d'autre on observait le repos dominical. Dans notre villa, nous aurions pu nous croire en pleine paix, savourant le confort d'une villégiature automnale, dans un site tranquille et confortable à souhait.

Après déjeuner, je suis parti à cheval avec le camarade A..., notre vétérinaire, qui nous sert aussi de popotier. Le visage rose et potelé, très grassouillet de sa personne, il s'acquitte de son mieux de ces fonctions délicates ; mais ayant longtemps habité l'extrême sud algérien, il en a rapporté d'étranges recettes culinaires. Nous tremblons quand, désireux parfois de surpasser notre cuisinier et de l'initier à la gastronomie saharienne, il parle d'opérer lui-même. Certains de ses *coups de fusil* demeurent gravés en nos mémoires. Mais il faut reconnaître qu'il est aussi idoine dans son art que restaurateur douteux. C'est d'ailleurs un charmant garçon.

Nous nous dirigeons tout d'abord vers X...
où fonctionne un dépôt de chevaux malades.
Au moment de notre arrivée, de pauvres car-
cans, condamnés parce que désormais impropres
à tout service militaire ou civil, attendaient le
coup de revolver dans l'oreille qui mît fin à leurs
souffrances. Plusieurs étaient déjà abattus et, à
la patte de l'un d'eux, était attaché un alezan
étique et maigre à faire peur. Chose touchante,
il léchait doucement, avec un air d'infinie tristesse, les naseaux sanguinolents de ce camarade défunt, son compagnon de gloire et de
douleur, sacrifié déjà comme il allait l'être
bientôt lui-même.

Nous avons gagné ensuite la crête d'un
temps de galop. Puis, mettant pied à terre, nous
nous sommes assis au bord de l'escarpement,
sans nous douter que nos chevaux blancs,
laissés à la garde de nos ordonnances, for-
maient avec elles un tableau visible de très loin.
Devant nous, le panorama de la vallée se dérou-
lait superbe par ce ciel radieux. Nous l'admi-
rions en toute quiétude, oubliant totalement
que nous étions en guerre. De ma jumelle, je
fouillais l'horizon et scrutais l'entrée des grottes
de C..., éloignées d'une bonne lieue, où les Allemands ont dissimulé leur grosse artillerie, celle
qui nous canarde jusqu'ici. Près de moi, A...
s'était allongé paresseusement sur un tas de foin

dont l'odeur pénétrante nous grisait. Rendu bucolique par ces émanations champêtres, notre vétérinaire, qui a des lettres, se mit à murmurer l'églogue virgilienne :

Tityre, tu patulæ recubans sub...

Hélas! à l'instant même où il commençait sa tirade pastorale, un sifflement caractéristique se fit entendre tout proche. L'obus, passant en trombe sur nos têtes, alla éclater, sans faire heureusement de mal à personne, à quelque dix mètres de nos montures.

Il était inutile d'en attendre un second. Remontant à cheval, nous avons gagné le couvert le plus proche, nous dérobant ainsi à la vue de l'observateur qui nous avait si bien repérés.

Mardi 29. — Le temps continuant à être favorable, j'ai été ce matin faire un tour à cheval du côté des positions anglaises et j'ai rencontré, en cours de route, quantité de nos alliés. Les uns promenaient leurs chevaux, des irlandais bas sur pattes et reluisants de santé. D'autres s'occupaient de décharger un convoi automobile parqué dans une prairie. Ils extrayaient des voitures une invraisemblable quantité de jambons dodus à plaisir et d'innombrables boîtes d'aliments divers : corned-beef, poissons, pickles, gâteaux secs, confitures, marmelade, café, thé, sans préjudice de nombreuses dames-jeannes de rhum et de centaines de paquets de tabac odorant. Buratti, bénéficiant de son uniforme de chasseur d'Afrique, a dû accepter des échantillons de ces divers produits, notamment du corned-beef, qu'il a immédiatement baptisé *singe anglais*, ce qui après tout est une traduction très juste, sinon très littérale.

En revenant, j'ai vu au bord du chemin plusieurs tombes de soldats britanniques, enterrés sur les lieux mêmes où ils furent tués tout récemment. Surmontées comme les nôtres d'une croix plus ou moins sommaire, elles étaient en outre ornées d'une bouteille vide bien bouchée, solidement fichée en terre et dans laquelle on avait placé un papier relatant l'état civil du défunt et les circonstances de sa mort. Cet usage, excellent, mériterait d'être répandu, bien qu'à première vue, la présence de flacons sur un tertre funéraire choque notre sentimentalité latine. Il semble qu'on ait sous les yeux la tombe d'un pochard, dont les compagnons ont tenu à commémorer les exploits en ornant son tertre funéraire d'un emblème bachique.

En parcourant les épitaphes, je remarque qu'elles sont invariablement conçues sous la forme suivante :

In remembrance of X..., killed in action.

(En souvenir de X..., tué au feu.)

C'est simple, comme nos propres inscriptions qui disent généralement : « Tué à l'ennemi » ou « mort au champ d'honneur » ; mais combien différent de la pompeuse phraséologie avec laquelle nos ennemis célèbrent leurs morts. Sur leurs tombes, en effet, on lit presque toujours :

Hier ruht im Gott, als held gefallen!

(Ici repose en Dieu, tombé en héros.)

A lire ces épitaphes, il semblerait qu'invariablement leurs morts aient vécu en petits Saints Jean, pour finir en émules d'Achille! La modestie n'est pas une vertu germaine et la chose se constate jusqu'au cimetière.

Mercredi 30. — L'après-midi, les troupes de la rive droite prononcent sur les hauteurs une nouvelle attaque, que mon camarade L... et moi allons suivre avec nos chefs, au P. C. le plus proche de la ligne de feu. L'opération est menée avec deux régiments de zouaves qui progressent de près de cinq cents mètres. Malgré toute la valeur déployée, notre droite, commandée par le lieutenant-colonel A... (1), se heurte vainement de ce côté au formidable obstacle de la

(1) Cet officier, anciennement à l'état-major du général de L..., avait remplacé le colonel F... blessé, comme il a été dit.

ferme de S.-P..., organisée défensivement et garnie de nombreuses mitrailleuses. Pour triompher de cette position, défilée de notre artillerie de campagne, il faudrait un canon qui pût accompagner l'attaque à courte distance, une pièce de montagne par exemple, comme en ont nos alpins. Malheureusement seuls ces derniers en sont pourvus et il était, il faut en convenir, difficile de prévoir *a priori* que ce genre de canon pût être utile, un jour, en dehors des Vosges ou des Alpes.

En effet, la guerre que nous faisons, depuis notre arrivée sous Soissons, guerre que les Allemands nous imposèrent en se terrant, quand après la Marne ils se jugèrent incapables de résister à notre choc en rase campagne, est une régression de celle inaugurée par Napoléon et adoptée depuis contre nous par les Prussiens en 1813, 1814, 1815, 1870 et jusqu'à leur échec de septembre 1914. C'est le retour à cette guerre de positions, chère au dix-huitième siècle et où les adversaires s'immobilisaient durant toute une campagne sur les mêmes lignes. Alors comme aujourd'hui, on faisait usage de tranchées, de chevaux de frise et de grenades (1). La différence vraiment essentielle réside dans

---

(1) Celles-ci n'apparurent pour nous que deux mois plus tard, début novembre, sous Arras.

l'immensité du front qui, s'appuyant d'un côté à la neutralité suisse, s'étendra bientôt jusqu'à la mer de façon à ne pouvoir être tourné. L'emploi intensif d'armes à tir ultra-rapide, principalement celui des mitrailleuses, lui a donné une force défensive incomparable.

Contre ce front et sans l'appoint d'une formidable artillerie lourde, l'ardeur des meilleures troupes, et l'on peut certes classer dans ce nombre nos vaillants soldats d'Afrique, vient se briser en vain. L'homme le plus brave ne peut en effet donner plus que sa vie; or, seule la perte de celle-ci mit le plus souvent un terme aux furieux assauts de nos fantassins. Dans celui d'aujourd'hui, deux de nos camarades, les capitaines Bataille et Vésine-Larue, ont trouvé une mort glorieuse dans les tranchées allemandes, qu'ils avaient réussi à atteindre.

Durant cette attaque, la canonnade faisait rage et plusieurs obus ont dégringolé autour de notre P. C. L'un, perçant le toit et traversant deux étages de l'immeuble, est allé éclater dans une pièce du rez-de-chaussée où un énorme morceau de l'ogive s'est encastré dans une table de chêne. Un autre a plongé sans exploser dans une pièce d'eau voisine, auprès de laquelle se tenaient les ordonnances et les estafettes dont l'une était occupée à pêcher à la ligne. Elle fut tout éclaboussée par la gerbe d'eau et s'écria sans plus s'émouvoir. « Ah les s....! Juste au moment où ça allait mordre! »

Jeudi 1ᵉʳ octobre. — C'est une scène vraiment étrange et digne de la plume de Kipling que celle dont j'ai été témoin cette nuit.

Or donc, notre quartier général est installé depuis quinze jours dans une fort jolie villa... Imaginez un cottage, genre anglais, très simple, très confortable aussi, à peine pillé, car les Allemands ne firent qu'y passer, sis au fond d'un vallon délicieux frais et boisé qui en constitue le parc. Ses futaies, toutes fort belles, où se mêlent les essences les plus variées, grimpent le coteau et vont finir à la lisière d'un plateau dénudé qui domine l'Aisne et fait face aux positions allemandes de la rive droite. Nos amis les Anglais occupaient ce plateau. C'était chaque jour, entre eux et l'ennemi, un échange d'obus que nous contemplions d'en bas. Ils passaient par-dessus nos têtes avec un bruit de train rapide, dont l'intensité plus ou moins grande permettait de discerner assez exactement le calibre de la pièce qui les expédiait.

Des avions des deux partis, gros faucons ou énormes libellules, volant très haut pour échapper aux shrapnells, réglaient le tir de ces batteries adverses. A nos instants de loisir, ce nous était un jeu de suivre leurs évolutions dans l'azur et celles de leurs fusées multicolores, dont les couleurs parlantes disaient : long, court, droite, gauche ou au but. Par moments, quelques marmites boches qui ne nous étaient d'ailleurs pas destinées, car dans ce bas-fond nous échappions aux vues, éclataient prématurément faisant choir sur le parc des éclats de dimensions variées, fragments minuscules de la charge intérieure ou larges lames de rasoirs provenant de l'ogive dispersée. Mais ils étaient peu dangereux et nous arrivaient un peu à la façon d'aérolithes tombant du ciel. On les ramassait à l'occasion, et certains s'en servaient comme de presse-papier.

Le 30 septembre, le feu avait été si particulièrement intense que quelques obus étaient tombés à l'extrémité du parc sans que personne s'en fût du reste autrement soucié. Le commandant anglais avait interdit l'accès de la propriété à ses hommes, et les nôtres se tenaient généralement sur les pelouses qui avoisinaient l'habitation. Nul d'entre nous, par suite, ne se doutait que les projectiles ennemis eussent pu faire une victime. Voici comment le hasard me valut de la découvrir.

C'était après dîner, la nuit était depuis longtemps tombée, une de ces nuits très claires, très étoilées, avec un de ces beaux clairs de lune qui conviennent merveilleusement à faire valoir un parc. Alors la lumière s'épanouissant sur les espaces découverts, mais trop faible pour percer les sous-bois, donne à ceux-ci quelque chose d'intensément mystérieux auquel ajoute encore le silence nocturne. Il était déjà tard. J'étais resté le dernier dans le salon de service, non qu'il y eût encore à faire, car la besogne journalière était depuis longtemps terminée, mais parce que je ne me sentais aucune envie de dormir. Je pensais que par cette belle soirée d'automne un tour dans le parc me préparerait au sommeil et sortis donc comme il pouvait être dix heures. Mes chefs et mes camarades dormaient déjà dans leurs chambres respectives; tout près de moi, dans la pièce attenante, les secrétaires ronflaient, allongés sur des sofas ou étendus sur des lits de fortune. Seuls, dans le vestibule, les téléphonistes veillaient pour recevoir les communications possibles et les transmettre immédiatement à l'officier de service qui somnolait dans un fauteuil.

Bref, c'était dans le quartier général un silence profond que je retrouvais au dehors une fois sur le perron. N'était le tac-tac lointain des coups de feu échangés en première ligne, dont le bruit sec parvenait jusque dans ce vallon boisé et solitaire, on se serait cru à cent lieues de la guerre.

Je traversai la pelouse qui longe les écuries

où les estafettes, tout équipées, dormaient sur le foin près des chevaux sellés et prêts, eux aussi, à tout événement. Devant la grille du parc, éclairée par le feu rouge du falot de la division, le spahi de planton, drapé dans son manteau écarlate, rêvait sans doute aux tentes du douar natal et à la lointaine difa. Au bruit de mes pas, il sursauta, redressa sa haute taille d'Arabe du Sud, et probablement pour chasser la torpeur qui l'envahissait, étendit les bras de toute leur ampleur, lentement comme un homme qui s'étire. Ce geste eut pour effet de déployer son burnous rouge, et lui prêta un aspect tout à fait méphistophélique, si bien qu'à cette lumière, rouge elle aussi, on eût cru voir quelque satanique incarnation du tentateur de Marguerite dans la cathédrale. Je passai outre après avoir répondu de la main à son salamaleck.

La pelouse franchie, je pénétrai sous les futaies, gagnant un sentier qui conduisait vers les hauteurs. Il y faisait très sombre. Çà et là, par une éclaircie des arbres, un rayon de lune illuminait un coin du parc, permettant alors d'en saisir les moindres détails, puis je retombais dans une obscurité quasi complète. Cette promenade vagabonde me donnait, avec ses alternatives de clarté et de noir, la sensation d'une douche écossaise d'un genre nouveau, quelque chose comme un bain de lumière avec plongeons momentanés dans la nuit.

Sous mes pas, des branches mortes craquaient, de petits cailloux déplacés dans mon ascension roulaient un instant; effrayées par ces incidents insolites, des chauves-souris s'élevaient pesamment, me frôlant de leurs ailes nauséabondes. Ainsi j'atteignis la lisière. En y arrivant, j'eus l'impression très nette de sentir près de moi un dormeur, ronflant d'un rythme puissant et égal. Je crus à un soldat couché en plein air. Mais ce n'était qu'un gros chat-huant perché dans un arbre et qui, sans s'effrayer autrement de ma présence, me contempla avec ses yeux tout ronds d'oiseau nocturne dont j'interrompais la méditation.

Sur le plateau dénudé, où j'arrivais maintenant, le regard pouvait s'étendre dans toutes les directions. Cette hauteur au sol bouleversé par les obus constituait en effet le sommet d'une falaise dominant la rivière qui coulait à ses pieds. Du côté opposé, dans la vallée, on voyait très distinctement au clair de lune la ville avec sa haute cathédrale, au clocher déjà endommagé, son grand pont de pierre détruit par les Allemands, la boucle du fleuve avec ses grasses prairies où se dissimulaient nos batteries, et les coteaux dominants, dont nous tenions les pentes sans pouvoir en atteindre les crêtes qu'occupait l'ennemi. Celui-ci avait installé sur ces collines un puissant projecteur qui, tournant à la façon d'un phare, éclairait le pays, à deux lieues à la ronde, de son large faisceau circulaire. Il fonctionnait à cette heure, fouillant de sa lumière crue et éblouissante les moindres replis du terrain, jusqu'au rebord du plateau où je me tenais.

Je m'arrêtai pour l'examiner et pensai que là-bas, à moins de quelques kilomètres de nous, fonctionnait vraisemblablement un autre quartier général, avec son même personnel accomplissant les mêmes rites. Officiers, secrétaires, téléphonistes, estafettes, sentinelles, tous soldats comme nous, façonnés à des besognes identiques, appliqués à des gestes semblables, mais de race différente. Ils étaient venus, à l'appel de leur kaiser, des grandes plaines du Brandebourg et de la Poméranie, guerroyer contre nous. Pour les joindre, nous avions traversé la mer avec nos tirailleurs et nos spahis, comme ces contingents numides que Rome appelait à la rescousse des vieilles légions autochtones, chaque fois que les Barbares menaçaient de trop près l'Empire.

Je me livrai quelques instants à ces réflexions, puis, comme la fraîcheur de la nuit piquait ferme, je rentrai dans le parc pour regagner la villa. Et c'est alors que j'atteignais une clairière où l'herbe s'élevait drue et fine, que je fus témoin d'un spectacle assez extraordinaire.

Le parc, j'ai omis de le dire, était peuplé de nombreux lapins aussi peu |farouches que possible, car à quelques lacets près que nos maraudeurs leur tendaient, engins auxquels seuls quelques lapereaux naïfs se laissaient prendre, ils n'avaient rien à craindre de nous. Aussi, les bestioles avaient-elles fini par comprendre que ces hommes vêtus de rouge, de bleu, de kaki étaient, en dépit de leurs fusils, beaucoup moins terribles qu'elles ne se l'étaient imaginé tout d'abord. Nos règlements interdisent en effet sévèrement la chasse en campagne, aussi Jeannot Lapin, pénétrant leur sagesse, s'en donnait à cœur joie sur nos pelouses avant de s'endormir sur ses deux oreilles.

Soit donc sentiment de sécurité de la gent vouée, en temps ordinaire, à la gibelotte; soit que le sable humide à cette heure eût étouffé le bruit de mes pas, j'en surpris toute une troupe dans la clairière. Ils me parurent si drôles, que je m'arrêtais à l'ombre d'un chêne touffu pour regarder bien à mon aise.[1]

Au lieu de folâtrer selon leur coutume, ils étaient groupés vers le milieu de la pelouse, en une sorte de grave réunion. Beaucoup se tenaient assis sur leur derrière, comme il est de bon ton chez eux; d'autres étaient à quatre pattes, tous dressaient très haut leurs longues oreilles et paraissaient absorbés par quelque extraordinaire et insolite événement, dont je ne démêlai d'abord pas la cause. Puis, en m'efforçant de mieux distinguer, je perçus au milieu de leur cercle une forme humaine dont je devinais mal les détails. Mais le projecteur allemand, dont le faisceau se déroula alors brusquement sur la clairière, me révéla l'objet de leur étonnement tout en faisant fuir de tous côtés les hôtes des terriers.

C'était le cadavre d'un soldat anglais que les lapins examinaient ainsi. Dans son uniforme kaki très sobre, avec ses guêtres fauves, sa casquette à large visière, ses cartouchières en forme de bandes, sa musette genre gibecière et son rifle dans son étui de cuir jaune, il donnait tout à fait l'impression d'un chasseur; non pas d'un chasseur d'hommes habillé de couleurs brillantes, mais d'un véritable chasseur de lapins. Un éclat d'obus l'avait étalé là, ce dont personne ne s'était aperçu, l'entrée du parc étant interdite au personnel étranger au quartier général. Lui, ayant probablement enfreint la consigne pour gagner au plus court, avait été victime d'une marmite égarée.

Et c'est sa vue qui intéressait si prodigieusement les lapins. Sans doute se demandaient-ils par quel phénomène, inexplicable pour eux, les chasseurs, ces ennemis jurés de leur race, se giboyaient maintenant entre eux et épargnaient les leurs!

Sans doute se disaient-ils que des temps nouveaux étaient révolus pour leur peuple!... qu'une ère nouvelle de bonté, de justice, de paix régnait désormais sur la terre!... que Jéhovah, dans sa toute-puissance, avait voué leurs oppresseurs à l'extermination mutuelle et décrété la fin de la chasse.

VI

SOUS ARRAS

Samedi 3 octobre. — Nous avons appris, hier, que la division devait se porter aujourd'hui à l'est de la forêt de Compiègne, où elle cantonnera en attendant de recevoir une destination ultérieure. Le mouvement s'est accompli durant la nuit et une partie de la matinée pour les troupes; quant à l'état-major, il est parti dès les premières lueurs de l'aube vers le nouveau quartier général, un château des environs de Pierrefonds. Nous y arrivons sur les 7 heures du matin, le froid pique vif et la campagne est encore toute embrumée.

Notre nouvelle résidence, magnifiquement située sur un éperon qui domine de haut la vallée, est une vaste construction moderne, s'encombrant de vingt-sept chambres à coucher, fort confortables, ce qui, avec le chauffage central et l'électricité, lui donne un peu l'aspect d'un hôtel à l'usage de clients cossus. Au rez-de-chaussée, il y a suffisamment de locaux pour installer les bureaux d'un quartier général d'armée; dans la maison, plus de pièces qu'il n'en faut pour doter de la sienne le plus humble de nos secrétaires. Les écuries, que je visite ensuite, sont vastes à proportion. Vingt chevaux peuvent y trouver leur box privé, c'est dire que sinon toute notre cavalerie, du moins toutes les montures d'officiers, vont y être admirablement.

Le maître de céans, un monsieur au nom aussi vaste que son immeuble, est absent avec tous les siens. Mais le concierge, qui nous fait les honneurs de son caravansérail, est heureusement là pour nous guider dans le dédale des corridors. Chacun a vite fait de se caser. Comme je viens de faire déposer ma cantine dans une chambre au premier étage, je rencontre le camarade G..., de l'état-major de la deuxième brigade, qui en sort navré. Ingénieur, au génie épris de confort moderne, il avait cru, en tant que premier occupant, pouvoir faire choix de cet édifice pour y installer la brigade et de ce numéro pour s'y caser lui-même. Mais la division s'en empare, en vertu du principe : « **A tout seigneur, tout honneur!** » Le voilà obligé de chercher gîte ailleurs pour lui et les siens. Après avoir vainement essayé de le consoler, je quitte ce malchanceux pour entrer au salon, où dans une cheminée géante, suffisante pour rôtir un bœuf tout entier, flambe un feu de bûches gigantesques. Tout est kolossal ici! Au bout de quelques instants, n'y tenant plus et à demi cuit, je sors de ce grill-room et vais humer le frais sur la terrasse.

La vue dont on y jouit est vraiment charmante et présente, à cette heure, un singulier contraste. Devant moi, à ma hauteur, les cimes des coteaux se dorent au soleil levant. L'automne a déjà revêtu les futaies des nuances les plus variées de sa palette où l'or domine; chaque feuille, humide de rosée, brille sous l'action solaire de toutes les couleurs du prisme. La vallée est, au contraire, encore tout endeuillée de brume. Tamisant simplement l'air à mi-hauteur des collines, le brouillard en laisse apparaître les contours ainsi que ceux des fermes et des boqueteaux qui meublent cette partie du paysage. Mais, très dense plus bas, il couvre d'un voile épais, absolument opaque, le fond du vallon où croasse lugubrement tout un peuple de corbeaux.

Accoudé sur le balustre, je hume longuement le parfum capiteux des feuilles mortes, tout en écoutant le jasement des lugubres oiseaux. Que peuvent-ils bien se dire? Sans doute que les temps sont bons et que l'abondance règne sur terre. Les plus vieux d'entre eux (il est, paraît-il, de ces oiseaux qui sont plus que centenaires) doivent se rappeler les franches lippées de leur prime jeunesse, celles des années 1812, 13, 14, 15 du dix-neuvième siècle, celles qui virent la fin de cette épopée napoléonienne, commencée en poème, poursuivie en roman et achevée en drame. Alors comme aujourd'hui la terre rougeoyante de sang était pavée de cadavres. Alors comme aujourd'hui il faisait bon de vivre... pour les corbeaux.

« Ils sont gras, cette année », me fit remarquer l'autre jour Buratti, tandis que galopant à travers champs nos chevaux en levaient toute une bande. Très gras, vraiment! On voit que les événements leur profitent. En bons neutres, ils s'engraissent pendant qu'on se massacre. Le rôle n'est pas très glorieux, mais combien profitable! « Puis qu'importe, quand on a la panse pleine, la façon dont elle s'est remplie! » D'ailleurs, il faut rendre cette justice à ces non-combattants emplumés, qu'ils sont vraiment d'une belle impartialité. Indifférents au débat, à la querelle qui divise le monde, ils observent la véritable neutralité : celle qui ne calcule ni n'ergote; celle qui ne sait ni ne se soucie de savoir; celle qui, ignorant et s'ignorant, ne veut connaître ni innocents, ni coupables, ni vainqueurs, ni vaincus; mais simplement se remplir le ventre aux dépens des deux partis. Peu leur chaut donc que les hommes s'entr'-

égorgent; que les uns combattent pour l'hégémonie allemande, et les autres pour la Liberté du monde, pourvu que... prospèrent les corbeaux.

Mais au loin, le canon recommence à tonner. A cette distance il a un accent rogue et irrité de lion qui, s'étant levé le ventre creux, réclame sa proie. Les corbeaux ont reconnu son appel. Ils savent qu'il les convie à de nouveaux banquets. Leurs croassements redoublent, car là-bas, au nord, la table est mise. Les voilà qui, surgissant du brouillard, volent à tire d'aile vers la bataille; la bataille qui, depuis trois semaines déjà, s'allume chaque matin de l'autre côté de la rivière, se poursuit tout le jour, pour s'éteindre le soir quand les combattants sont las.

Le brouillard s'est en partie dissipé. Toutes les collines resplendissent maintenant, seule la vallée demeure embrumée. Elle m'apparaît comme un océan laiteux dont les eaux se détachent très nettement des terres environnantes, en y découpant leurs caps et leurs golfes accoutumés.

Les corbeaux rasent cette mer vaporeuse. J'ai remarqué depuis le début de la guerre qu'ils volaient bas. Est-ce parce qu'alourdis de mauvaise graisse, ils sont incapables de s'élever vers les hauteurs sereines qu'illumine le soleil;

de gagner cet azur radieux où leurs livrées noires de croque-morts paraîtraient ignobles? Ou bien, parce qu'ayant conscience de leur dégradation de mangeurs de cadavres, ils côtoient le brouillard, pour être prêts à y cacher leur ignominie? Mystère! Mais qu'adviendra-t-il d'eux, quand Phébus aura dissipé les nuées, quand, de la lutte entre les ténèbres et la lumière, celle-ci sortira victorieuse? Où se poseront-ils alors, les sinistres farceurs repus et puants? Cyniques jusqu'au bout, oseront-ils croasser en plein jour... les corbeaux?

Mais la voix du chef d'état-major m'arrache soudain à ma rêverie. Étant sorti pour mieux entendre le bruit de la canonnade, qui semble se rapprocher, il m'a vu inoccupé et il m'invite à monter à cheval pour aller m'enquérir et lui rendre compte. Oh! une simple promenade d'une heure ou deux, sur le plateau qui nous sépare de l'Aisne et d'où je pourrais certes voir et entendre.

Je pars aussitôt, sors du parc en levant sur mon passage perdreaux, lièvres et faisans, gagne la crête, puis me dirige sur le village du Croutoy. Son clocher élevé me fournira, quoique à moitié démoli, un excellent observatoire pour orienter ma course, car le bourg est situé sur le bord d'un plateau dénudé que je traverse tout d'abord. On s'y est battu avec acharnement, il y a quelques semaines, comme en témoigne le bouleversement des terres. Les Allemands, pendant leur retraite, utilisèrent cette position pour couvrir le franchissement de l'Aisne. Ils y ont effectué de nombreux travaux de défense, dont les parapets furent écrêtés par nos obus, puis, plus tard, par les marmites boches quand notre avant-garde, débouchant de la forêt de Compiègne, passa ici après avoir chassé l'ennemi de ses retranchements. Les ombres des morts, mal enterrés, flottent encore sur ce champ de bataille. Autour des meules de paille, très nombreuses, on voit d'informes débris, morceaux de vêtements, coiffures, pièces d'armement et d'équipement, souillés de terre et de sang. La plaine se hérisse par endroits de vagues tumulus, de boursouflements caractéristiques, desquels se dégagent des gaz méphitiques qui répandent au loin une odeur ignoble. Par endroits, une branche d'arbre ou une baïonnette est plantée en terre, avec à l'extrémité une coiffure française ou allemande. De loin, on croirait à un épouvantail; de près, on s'aperçoit qu'il y a là une tombe. Nous allons au petit galop pour traverser plus vite ce funèbre plateau et foulons des cadavres que recouvre une mince couche de terre. Par moments, lorsque le sol est particulièrement boursouflé et nauséabond, nos montures hennissent bruyamment et je sens la mienne frémir sous moi. C'est que nous franchissons la tombe de quelque Pégase, incident auquel les chevaux sont fort sensibles, car leur odorat, très subtil, leur décèle toujours la présence du camarade défunt. Alors leur hennissement a quelque chose de douloureux et d'inquiet qui est leur façon de hurler la mort. Je pousse *Boulet* de l'éperon et me voici aux premières maisons du Croutoy dont nombre de toits, nouvellement reconstruits et recouverts en tuiles rouges de teinte très crue, disent les blessures saignantes.

Les tirailleurs du colonel de B... y cantonnent. Mettant pied à terre, je me dirige vers le clocher. Comme beaucoup de nos vieilles églises, celle-ci s'élève au milieu du cimetière, car nos pères, gens de foi, aimaient à reposer autour de la maison de Dieu. Les places les plus recherchées, par suite les tombes les plus riches, sont toujours celles qui touchent aux murs du lieu saint. Non loin du porche, je relève la sépulture des de France, vieille famille militaire, dont les membres dorment ici depuis plusieurs siècles (1).

(1) Notamment le général de France et son fils qui, en 1900, étant élève à l'École de guerre, fut victime près du col du Galibier, dans les Alpes de Maurienne, d'un accident de montagne resté fameux dans les annales de l'alpinisme.

Sur les murs du cimetière, voire sur quelques croix, nos mécréants de turcos font sécher leur linge. Soldats très propres, ils le lavent invariablement dès que la moindre occasion s'en offre, car c'est une joie pour eux de s'étendre ensuite en grillant des cigarettes à côté des vêtements qui sèchent. C'est ce qu'ils font en ce moment, et ces lézards frileux utilisent le moindre rayon de soleil.

Dans l'église toute bouleversée et trouée comme une écumoire, je rencontre un de mes bons camarades, Joba, que j'ai connu à Oran, à l'état-major du gouverneur. C'est la dernière fois que je le reverrai, ce brave Joba, dont le menton s'est orné, depuis le début de la guerre, d'une barbe assez fournie. Avec ses traits allongés et la raie qui divise impeccablement ses cheveux, il rappelle maintenant un peu Alfred de Musset. Pauvre et valeureux camarade! A quelques jours de là, sous Arras, il figurera sur la lugubre liste des disparus.

Lui aussi veut faire là-haut un tour d'horizon. Non sans difficultés, car l'escalier est à moitié détruit par les obus, nous ascensionnons le clocher. Le toit est percé à jour et par ses trous nous avons un beau panorama sur la vallée de l'Aisne et la région au nord-est que nous fouillons de nos jumelles. Les lignes des batteries adverses sont situées à au moins deux et trois bonnes lieues de notre observatoire. D'ici, on ne peut guère que les soupçonner. Comme elles se canonnent, ce sont les points d'éclatement de nos obus qui nous permettent de repérer les batteries allemandes, et les shrapnells ennemis qui situent les nôtres. Les deux lignes courent d'abord parallèlement à la rivière, s'infléchissent fortement vers le nord, à hauteur d'Attichy, puis vont se perdre dans la forêt de Laigue. Bien qu'éloignée, cette canonnade, contemplée par ce beau soleil, ne laisse d'être impressionnante.

Contre qui s'exerce-t-elle? Nous le devinons, mais ne pouvons cependant distinguer aucune troupe sur ce champ de bataille, pourtant relativement découvert. C'est là un des effets de la guerre moderne où souvent les combattants s'exterminent sans se voir, et avec une telle dépense de projectiles, que la mort d'un homme ne représente plus son poids de plomb, comme jadis, mais tout au plus le dixième de ce qu'il a fallu en répandre pour l'abattre.

Mais pendant que nous discutons de la situation, un cycliste de l'état-major vient me donner communication d'un ordre nouvellement arrivé. La division doit aller s'embarquer aujourd'hui même à Compiègne. L'infanterie sera enlevée par autos. En conséquence, quittant

Joba, pour ne plus le revoir, je rejoins au galop le quartier général, où j'arrive juste à temps pour prendre place dans la voiture de mes chefs.

Installé maintenant à côté du chauffeur, je le guide à travers la forêt. Cette randonnée accomplie sur la chaussée qui passe par Pierrefonds et la Faisanderie est des plus agréables, étant favorisée par un temps merveilleux. Lors de notre traversée de Pierrefonds nous passons, avec le regret de ne pouvoir nous y arrêter, devant le merveilleux château. Notre torpedo file à grande allure sous les hautes futaies, parfaitement calmes : le bruit de la canonnade ne parvient pas jusqu'ici et on s'y croirait en pleine paix. En cours de route, nous rencontrons de nombreuses compagnies de faisans. Ils doivent certes à l'universel massacre d'être encore en vie. Sans s'émouvoir de notre passage, un vieux coq, picorant au revers du fossé, nous regarde avec une sérieuse indifférence.

Compiègne, que nous traversons en coup de vent, est à peu près abandonné de ses habitants, mais animé par la présence de troupes nombreuses. Le grand pont de pierre est détruit; pour atteindre la station, il nous faut franchir l'Oise sur un pont de bateaux. Sur la place de la Gare, les *nases*, débarqués des autos, ont formé les faisceaux et s'organisent en vue du départ. Ils sont ravis, les bons *nases*, d'avoir, à l'instar des roumis, utilisé ces engins de locomotion rapide, très répandus en Algérie où ils compensent un peu la pénurie des voies ferrées, mais dont les indigènes n'usent guère. La perspective d'un nouveau voyage au bout duquel on fera parler la poudre les enchante. Arabes ou Berbères (Kabyles) ont en effet un goût égal pour la guerre et les pérégrinations. Les voici donc doublement satisfaits.

17 heures. — Le chef d'état-major vient de décider que je surveillerai les débarquements de la division sous Arras, grosse opération, car rien que pour notre colonne de combat, il faut un train par bataillon, escadron ou batterie; un spécial pour le quartier général, sans parler de ceux, très nombreux, nécessaires aux trains de combat et aux premiers échelons des trains régimentaires (1). En conséquence, je pars à 18 heures avec le deuxième convoi, qui amène un bataillon de tirailleurs et l'état-major du régiment. Je suis dans le compartiment du colonel de B... avec quelques officiers et le capitaine C..., commandant le bataillon, son chef ayant été gravement blessé sous Soissons. Hélas! La plupart

---

(1) Désignés couramment par les abréviations : T. C. et T. R.

de ces braves camarades ont leurs jours, que dis-je, leurs heures comptées. Le voyage, accompli de nuit, est sans intérêt et chacun de nous ne tarde pas à s'endormir. Après un court arrêt à Amiens, dont la gare est encombrée de trains militaires tous en route vers le Nord, nous arrivons avant l'aube dans la capitale de l'Artois que les Allemands menacent.

En effet, à la suite de la bataille de la Marne et de l'installation de nos ennemis sur l'Aisne, le front s'est infléchi à hauteur de Compiègne, suivant une ligne qui, se dirigeant vers le nord, ne s'arrêtera qu'à la mer. C'est maintenant la *fameuse course aux points d'appui*, dont le but est d'empêcher chacune des armées en présence d'être tournée par l'autre. Dans cette course, qui, à quelques infléchissements près, déterminera le front actuel, les Allemands, maîtres de la Belgique, possèdent le grand avantage de pouvoir user des lignes intérieures (1) et celui d'être les maîtres du réseau si serré des chemins de fer belges et ceux du nord de la France.

Nos troupes, elles, massées à l'est des Vosges et au sud de l'Aisne, doivent accomplir d'énormes trajets pour s'opposer à celles de l'ennemi s'efforçant de gagner la mer, notam-

---

(1) C'est-à-dire celles qui vont du centre à la circonférence.

ment les ports de Dunkerque, Calais et Boulogne. Ces ports, le haut commandement adverse les a, lors de la marche sur Paris, imprudemment négligés, grosse faute qu'il commit dans sa folle présomption de battre complètement nos armées et d'être, par suite, bientôt maître du territoire.

Dans cette course aux points d'appui, l'ennemi a donc tous les atouts en main et c'est par des prodiges d'habileté, par de véritables miracles stratégiques et tactiques que nos généraux réussiront à lui interdire l'accès des rives françaises de la mer du Nord. Ce sera l'œuvre des Foch, des Maud'huy, des d'Urbal, des Petain, ces très grands chefs, sous les ordres desquels notre division d'Afrique va être appelée à combattre.

Dimanche 4 octobre. — Arras! tout le monde descend! C'est par ce cri que le capitaine C..., dont le bataillon va faire merveille bientôt, réveille notre compartiment endormi. La nuit est froide et brumeuse. On se sent dans le Nord et j'apprécie, pour la première fois, le chaud manteau de cavalerie dont je me suis nanti à Oran avant mon départ.

Gagnant les bâtiments de la gare, je prends contact de la commission, qui m'adjoint un de ses membres, le lieutenant van E..., du service des étapes. Il me secondera pour opérer les débarquements. Durant le restant de la nuit et toute la matinée, les trains militaires se succèdent à intervalles réguliers et je dirige sur leurs premiers emplacements zouaves, tirailleurs, canonniers, suivant les instructions que j'ai reçues. Ces troupes vont combattre sous les ordres du général d'Urbal, dans une armée commandée par le général de Maud'huy, un de mes anciens maîtres de l'École supérieure de guerre. L'un et l'autre étaient, il y a deux mois encore, au début des hostilités, simples brigadiers. Leur avancement rappelle les plus prodigieux de l'époque révolutionnaire.

Sur les midi, van E... me relève pour une heure. Après avoir déjeuné sur le pouce, je vais visiter la fameuse *petite place* d'Arras, que je verrai pour la première et la dernière fois, hélas! Durant une bonne demi-heure, je parcours ces lieux à jamais célèbres, qui attestèrent du génie de nos ancêtres et que la barbarie teutonne s'acharnera bientôt à détruire. J'admire sans réserve l'hôtel de ville, dont la façade de style ogival repose sur sept arcades, merveilles de grâce, de souplesse et de force. Il semble que ce soient d'habiles dentellières et non des maîtres maçons, qui aient conçu ces fenêtres en ogives, ces archivoltes finement sculptées, ces balustrades à jour. De chaque côté du bâtiment principal s'élève une aile, conçue dans le style de la

Renaissance et où l'ornementation est encore plus prodiguée. Ce ne sont que fenêtres délicieuses dont chacune fut établie sur un type différent, balcons en saillie, niches où gîtèrent des saints ou des bourgeois connus. Dominant la majesté de ces constructions, le beffroi se dresse avec ses soixante-quinze mètres d'élévation. Il semble porter jusqu'aux nues son lion héraldique, tenant dans ses griffes un pennon gigantesque formant girouette. « On accède au sommet de cette tour, me déclare un citadin qui se rengorge en me donnant ce détail, par trois cent soixante-cinq marches et elle renferme des cloches très antiques et très savantes dans l'art des carillons. » Durant des siècles, elles portèrent à tous les échos du pays d'Artois la renommée des glorieux visiteurs d'antan, lors de leurs entrées solennelles dans Arras, et elles ont sonné pour Charles-Quint, Louis XIV, Napoléon.

Je quitte à regret ces merveilles, qu'il ne me sera plus donné de contempler avec leurs grâces intactes de ce 4 octobre 1914, car je ne serai désormais plus que le témoin attristé de leur dévastation. Lors de mes autres visites, je verrai leur ruine et leur décomposition s'accentuer, et le 21 octobre, j'assisterai à la chute du beffroi, s'écroulant avec la majesté d'un géant qui, après une longue lutte, a enfin reçu le coup de grâce.

13 heures. — Je viens d'arriver à la gare et y trouve L..., venu à l'instant me chercher pour me conduire au quartier général, installé aujourd'hui dans un village des environs. Au nord, le canon tonne violemment. Arrivé à D..., le chef d'état-major m'informe qu'Arras étant menacé, les transports de troupes s'arrêteront plus au sud, à B..., où je me rends aussitôt.

Zouaves et tirailleurs débarquent toute l'après-midi. Un peu avant la tombée de la nuit, je regarde, à la jumelle, l'action engagée à environ une lieue au sud-est, entre une de nos divisions territoriales et l'ennemi qui voudrait atteindre la voie ferrée Doullens-Arras. Les shrapnells allemands tombent à environ 1 500 mètres de la gare. Ce doit être leur portée limite, car aucun obus ne se rapproche davantage de la station de B... Les débarquements se poursuivent donc sans encombre, et à une heure du matin j'ai la satisfaction de voir arriver le dernier bataillon. Seules quelques batteries, T.C. et T.R., sont encore en route.

Lundi 5 octobre. — Je me suis couché tout habillé dans la gare, étendu sur la paille au milieu des G. V. C. (1). Réveillé à l'aube, je vais prendre dans une maison voisine, moitié ferme,

(1) Gardes des voies de communication.

moitié cabaret, un grand bol de lait crémeux et excellent. La pièce où l'on me sert est d'une méticuleuse propreté; mais si elle règne partout en Artois, on ne peut en dire autant de la tempérance.

Près de moi, la vieille mère de l'hôtesse, bonne femme de soixante-treize ans, prend son café qu'elle arrose gaillardement d'un grand verre d'eau-de-vie. « C'est excellent pour la santé et ça aide à supporter sa part de misères de ce monde, » me déclare-t-elle en m'engageant en vain à l'imiter.

Pendant que je déjeune, mes hôtes me font part de leurs inquiétudes. Durant une partie de la nuit, des paysans, fuyant devant l'invasion, ont traversé B... et cette nouvelle me détermine à retourner à mon point de stationnement de la veille, un pré sis à la sortie est du village et non loin de la gare, dont me sépare seulement la route. Celle-ci est effectivement encombrée de gens venant des localités envahies. Les Allemands ont dû se rapprocher, quoique leurs obus, dont j'observe les points d'éclatement, semblent tomber aux mêmes endroits qu'hier.

J'assiste, durant vingt minutes, au même lugubre spectacle déjà contemplé, il y a un mois, au Bourget, mais avec une note un peu différente. L'affolement est plus grand en raison de la proximité de l'ennemi; puis, toutes ces tristes victimes de la guerre sont très coquettement habillées. L'annonce de l'approche de la marée germaine leur est arrivée de nuit, alors qu'elles étaient couchées et toutes ont endossé à la hâte leurs meilleurs vêtements, pensant que ce serait autant de sauvé. Les femmes portent, outre leurs atours des grands jours, les chaînes d'or et les bijoux dont elles se parent aux fêtes; les hommes sont pour la plupart vêtus de noir. Un vieux paysan très usagé et aux traits parcheminés est coiffé d'un antique haut de forme, genre Bolivar, vraisemblablement celui dont il fit usage, il y a quelque cinquante ans, lors de son mariage.

Cette note d'apparat serait comique en d'autres circonstances, présentement elle ajoute encore à la tristesse de cet exode. Tous ces braves gens, qui à les voir ainsi habillés semblent de noce, sont affolés et je tente de les réconforter, le calme étant indispensable en toute grave circonstance. Les derniers fuyards viennent de franchir le passage à niveau et de s'engager dans le village quand, sans crier gare, des obus tombent de tous côtés autour de moi et des quelques G. V. C. et employés qui m'entourent. Ce sont les batteries allemandes qui ont subitement allongé leur tir à la faveur de leur avancée de la nuit.

Elles l'ont, chose rare, allongé brutalement

de 1 500 mètres et, durant quelques minutes, les shrapnells sifflent à nos oreilles. Heureusement qu'il a plu durant la nuit; de ce fait, très peu de projectiles éclatent et il n'y a personne d'atteint. Je regagne la gare, que l'adversaire n'a pas songé à prendre comme cible, ce qu'elle doit peut-être à un bouquet de grands arbres qui la dissimule à ses vues. Mais figurant sur la carte d'état-major, dont les Allemands ont d'excellentes reproductions, elle ne saurait tarder d'être bombardée à son tour. Il importe donc de replier en toute hâte le matériel de débarquement et d'arrêter les convois plus au sud, en dehors de la zone des obus.

Après avoir pris l'avis technique de l'inspecteur B..., un fonctionnaire aimable et plein de sang-froid, que la Compagnie du Nord a détaché ici, je décide de nous transporter à S..., station à deux lieues plus au sud-ouest, où nous reprendrons, si possible, notre tâche. J'ai télégraphié au préalable à Doullens pour qu'aucun convoi ne dépasse S....

L'inspecteur ayant, par bonheur, fait garer à tout événement un train composé d'une locomotive, d'un fourgon à bagages et d'un wagon à voyageurs, nous nous embarquons sur les 8 heures avec tout notre matériel, que le personnel de la Compagnie entasse avec un calme parfait dans le fourgon. Pendant cette opération, qui nécessite environ une heure de travail, nous sommes sous le feu des batteries allemandes. Mais mal réglé, leur tir n'atteint pas la voie; seul un obus, tombant sur la gare, en démolit le téléphone. Nous partons.

Notre trajet s'accomplit sans incident. La voie ferrée se dirigeant vers le sud-ouest, chaque kilomètre gagné dans cette direction nous a éloigné d'environ 500 mètres des lignes ennemies, orientées, elles, nord-sud; les débarquements pourront donc s'accomplir à S... sans encombre. Nous y sommes depuis à peine dix minutes, quand arrivent, coup sur coup, deux trains militaires amenant : l'un, une batterie et l'autre des T. C. La première est commandée par un officier de réserve, le capitaine C... Magistrat de carrière que la mobilisation a surpris en Alsace, sa province natale, il a eu beaucoup de difficultés pour regagner la France. Ayant à peine rejoint, à T..., en Algérie, son poste de procureur de la République, il a demandé à le quitter pour venir partager nos dangers. Magistrat éminent, devenu artilleur émérite, il tirera demain, 6 octobre, le premier coup de canon contre Neuville-Saint-Vaast, de fameuse mémoire.

Comme à B..., le débarquement s'effectue ici à pleine voie au moyen de rampes mobiles, opération délicate, surtout quand elle comporte la descente de wagon de nombreuses voitures des types les plus divers.

Mardi 6. — Étendu sur un grabat, dans une pièce de la gare, j'ai été réveillé à 2 heures du matin par l'entrée, en coup de vent, du capitaine G..., commandant de notre force publique et du deuxième échelon du quartier général. Lui et ses voitures ont rejoint par route, arrivé à hauteur de S..., il est venu s'enquérir auprès de moi de son cantonnement.

Je me lève à l'aube et traverse la chambre, voisine de la mienne, où le cuisinier des G. V. C. procède déjà à d'appétissantes grillades de porc. N'était que, depuis quelques jours, je suis tourmenté d'entérite, je lui demanderais volontiers une tranche de rôti. Mon regret dure peu, car étant repassé l'instant d'après, je trouve cet émule de Vatel procédant à une besogne de pédicure, à l'aide du couteau avec lequel il retournait sa viande! C'est le cas de répéter que, pour manger de bon appétit, il ne faut pas trop s'arrêter à la cuisine. Heureuse entérite!

L'après-midi, je dirige sur la division une de nos ambulances, dont le chef, le docteur L..., chirurgien militaire connu, est assisté du médecin de réserve C..., un Oranais spécialiste des maladies intestinales. J'en profite pour taper ces messieurs d'une consultation. Elle se traduit par ma condamnation au régime le plus sévère. C'est peu gai, surtout en campagne où, se dépensant sans cesse, on a besoin de récupérer d'autant.

Mercredi 7 octobre. — J'assiste, le matin, au débarquement de nos derniers T. R., puis vais déjeuner de laitage chez une brave aubergiste qui me raconte ses malheurs. Son fils unique, un gamin de dix-sept ans, a été réquisitionné avant-hier ainsi que son unique charrette attelée de deux bœufs. On les lui enleva pour escorter, soi-disant pendant vingt-quatre heures, un de nos régiments de territoriaux. Voilà deux jours qu'ils sont partis et la pauvre mère se désole de l'absence prolongée de son rejeton et de ses animaux. Disposant d'une auto et n'ayant rien à faire pour l'instant, je lui propose d'essayer de les retrouver. « Que Dieu vous bénisse ! » Je me rends donc jusqu'à Doullens où l'on m'a signalé les réquisitionnaires et réussis à retrouver l'enfant prodigue, le char et les bœufs.

Déjà j'ai été récompensé de ma bonne action. En passant en ville j'ai eu le plaisir de rencontrer un de mes anciens de Saint-Cyr, l'émir Kaleb, petit-fils d'Abd el-Kader. Officier de cavalerie démissionnaire, il a repris du service pour la durée de la campagne et commande un groupe de goumiers.

En cours de route je trouve, embusqués derrière des meules ou patrouillant sur les chemins, un certain nombre de ces auxiliaires, que l'on emploie pour l'instant à ramener les traînards, toujours assez nombreux derrière les armées. Aussi quand ces Bédouins nous rencontrent, ne manquent-ils pas de nous demander d'exhiber la *carta,* autrement dit nos pièces. Je m'en tire à bon compte en présentant ma *carte de visite* au brave garçon, totalement illettré, qui s'adresse à moi; là-dessus il me laisse aller, après que je lui ai baragouiné deux mots quelconques de sabir. Plus loin, je croise d'autres indigènes; mieux occupés, ils escortent, avec Dieu sait quelle fierté, deux cents prisonniers allemands, faits sur la Scarpe.

Jeudi 8 octobre. — Ma mission étant terminée, j'ai quitté à 8 heures du matin mon excellente hôtesse pour rejoindre le quartier général. En partant, et comme je voulais lui payer ma tasse de lait, elle m'a dit : « Non, non, nous sommes quittes, » faisant allusion aux deux bœufs, à la charrette et au fils que j'ai été assez heureux de lui faire restituer. A ce taux, le bétail n'est pas cher dans ces grasses plaines du Nord où il en existe d'ailleurs, comme je le constate, une grande quantité dont les Allemands n'ont pas eu le temps de s'emparer.

3 heures après midi. — J'ai rejoint, à M..., le quartier général, que j'ai trouvé installé dans une coquette villa, non loin de la ligne de feu. J'apprends, à mon arrivée, de tristes nouvelles. A peine débarquée, la division a été engagée les 5 et 6 octobre, sous les murs d'Arras, par le général d'Urbal qui, après un brillant combat, a réussi à repousser l'ennemi mais non sans pertes.

Les tirailleurs ont particulièrement souffert, et parmi leurs bataillons, celui commandé par le capitaine C..., avec lequel j'ai voyagé. Cernés dans B... par une brigade bavaroise, les débris de cette vaillante troupe ont dû se rendre après une résistance héroïque qui, nous l'apprendrons plus tard, excita l'admiration du général ennemi. C... est prisonnier; le pauvre Joba, disparu dans le combat de nuit, semble avoir été tué; un autre excellent ami, mon camarade de promotion, le capitaine Cornu, est tombé, lui aussi, tué raide, au cours d'une contre-attaque donnée par sa compagnie au point du jour. Déjà les Allemands s'étaient retranchés, et ce brave a été frappé à mort au moment même où il atteignait les fils de fer d'une de leurs tranchées. Lors de la mobilisation, qui nous surprit l'un et l'autre en France, Cornu et moi avions fait la traversée ensemble et il m'avait présenté à sa jeune femme, une charmante Blidéenne. J'assume, l'après-midi, le triste devoir d'annoncer la mort glorieuse de son mari au frère de mon camarade, préfet des Côtes-du-Nord. C'est là une des plus pénibles tâches de la guerre, et hélas! combien de fois encore j'aurai occasion de m'en acquitter.

Samedi 10. — J'étais à dîner, quand Buratti est venu m'annoncer que *Boulet*, mon pauvre *Boulet*, avec lequel j'ai fait de si belles trottes dans le bled oranais; *Boulet*, auquel je suis doublement attaché, depuis que nous avons reçu ensemble le baptême du feu, était très malade. Saisi de coliques violentes, toujours dangereuses chez les chevaux, il souffre atrocement, et mon ordonnance, qui couche près de lui à l'écurie, l'a trouvé en rentrant si mal en point, qu'il est venu en toute hâte me prévenir.

Je suis sorti aussitôt, accompagné de A..., notre excellent et dévoué vétérinaire. A notre arrivée, *Boulet* était accroupi. Il nous a regardés avec de grands yeux hagards, au travers desquels il m'a semblé voir grimacer la mort. Ayant dévalisé le sucrier avant de quitter la salle à manger, je lui ai offert une belle poignée de ce sucre qu'il aime tant; mais il l'a refusé. C'était là un bien mauvais symptôme. « Il faut le mettre debout pour l'examiner », me dit A... Nous y réussissons, non sans peine, à force de bonnes paroles et de cajoleries. Une fois sur ses quatre pattes, *Boulet* s'est mis à trembler de tous ses membres, tandis que son poil se mouillait de sueur et que sa bouche se verdissait de bave. Le vétérinaire lui a trouvé le ventre très gonflé, ce qui doit tenir à l'abus du vert dont nos chevaux arabes sont très friands. Il était urgent de réagir. A... l'a donc saigné sur-le-champ et après lui avoir extirpé six litres de sang, il lui a fait une injection de cinq centimètres cubes de pylocarpine. L'effet a été merveilleux ! Le patient, qui semblait vouloir mourir, a aussitôt repris ses esprits. Son regard vitreux s'est éclairci et, sans toutefois accepter le sucre que je lui offrais à nouveau, il m'a doucement léché la main pour me remercier de l'attention. « Il est sauvé, m'a déclaré A... Quelques jours de repos, avec une alimentation légère, du son mouillé en remplacement du vert, et vous pourrez courir de nouveau les aventures ensemble. — C'est bien vrai, ce que vous me dites là? — Je vous l'affirme. » Je l'aurais embrassé, ce brave camarade, méchant popotier, mais parfait vétérinaire.

Avant de me coucher, je suis revenu sur les 11 heures à l'écurie. *Boulet*, étendu sur une abondante litière, dormait profondément. Près de lui, *Tartarin* reposait debout, selon la vieille coutume des chevaux bien portants et pas trop fatigués. Après force recommandations à Buratti, qui veillait le malade avec sollicitude, j'ai été me coucher à mon tour, rassuré sur son sort. Il faut savoir ce qu'est à la guerre un bon cheval, qu'on sent en toutes circonstances bien entre ses jambes, pour comprendre ces choses-là.

Dimanche 11. — C'est aujourd'hui la fête du village. Il n'y a cette année ni danses, ni kermesse, ni chants joyeux; mais le clergé a organisé une procession. Ce pays d'Artois est demeuré très croyant; des christs, parfois des calvaires, s'élèvent sur toutes les routes aux principaux carrefours. Je regarde la solennité se dérouler dans les rues du village. Une belle journée d'automne la favorise. Les assistants ont revêtu leurs plus beaux habits; les vieux psalmodient des prières, et les jeunes filles chantent des cantiques qu'étouffe parfois la voix brutale du canon allemand. Depuis cinq jours, il foudroie Arras et s'acharne notamment à détruire l'hôtel de ville et les vieilles maisons de la célèbre petite place. Mais à M..., c'est relativement calme, la grosse artillerie tudesque étant entièrement occupée contre la ville. Seuls des projectiles de campagne viennent mourir à hauteur du cimetière, près duquel on a élevé un reposoir. En dépit du danger possible, la procession s'y arrête un instant et c'est un spectacle plein de grâce et de majesté que celui de ces braves gens, dont les chants montent vers le ciel pendant que, non loin de là, retentit sans répit le canon des hommes.

Beaucoup de nos zouaves ont suivi la procession et nos tirailleurs la regardent passer avec respect. Profondément religieux, au fond sinon dans la forme, car au régiment ils se déshabituent vite des rites, cette manifestation les impressionne à un haut degré. Depuis, ces musulmans ne manqueront de saluer *le marabout français* (en l'espèce le curé), qu'ils ont vu vêtu d'or et d'argent, se promener tel un sultan, sous un dais escorté des fidèles. Et c'est ainsi que ces simples comprennent la procession (1).

Lundi 12. — Je suis malade à la chambre. Le chef d'état-major, venu me rendre visite, m'annonce la prise d'Anvers. Nous devisons un instant de cet événement, aux conséquences incalculables et de nature à faire comprendre,

---

(1) Cette comparaison est très logique chez nos indigènes, dont l'immense majorité, quoique illettrée, possède, par la tradition orale, les récits des *Mille et une Nuits*, sans cesse rabâchés par les narrateurs professionnels, tant dans les cafés maures des villes que dans les douars les plus reculés.

à toute l'Angleterre, la gravité de la situation. C'est la question d'Anvers, pistolet chargé braqué sur l'Angleterre, qui brouilla définitivement celle-ci avec Napoléon et l'amena à poursuivre sans trêve cette lutte sans merci commencée en septembre 1792 et achevée à Waterloo le 18 juin 1815! C'est là un exemple de la ténacité britannique que l'Allemagne fera bien de méditer!

Mercredi 14. — Toujours au lit. Je suis réveillé le matin par le canon et je songe que c'est aujourd'hui le glorieux anniversaire d'Iéna-Auerstædt. Il y a cent huit ans que nos légions, commandées par Napoléon et Davout, brisèrent l'armée de Frédéric, puis l'anéantirent dans une poursuite sans répit. Ainsi terminèrent-elles, le 27 octobre 1806, par la prise de Berlin, cette campagne de trois semaines qui, commencée le 8, mit la monarchie des Hohenzollern aux pieds de l'Empereur. Il est malheureux que l'armée française ait cessé de célébrer de pareils anniversaires! En exaltant la gloire des pères, ils contribueraient à entretenir chez les fils le feu sacré, l'amour de la patrie et cet esprit guerrier qui, mieux que le pacifisme, met les peuples à l'abri de la guerre. Puisse la tradition en être reprise après la victoire!

Vendredi 16. — J'effectue aujourd'hui ma première sortie à cheval depuis mon arrivée à M.... Je me dirige vers Arras que je suis curieux de revoir. Le temps est froid, brumeux, parfaitement triste.

Je rencontre, en cours de route, de nombreux éléments d'un régiment alpin, contre lequel celui où j'ai accompli mon temps de troupe (1) manœuvrait souvent dans le Dauphiné. J'en profite pour tâcher de prendre langue avec les camarades. Hélas! quand je parle d'eux à des officiers dont le col s'orne du glorieux numéro du N[e] d'infanterie, mais dont les visages me sont totalement inconnus, il semble que j'évoque des noms des temps bibliques. Je finis enfin par rencontrer un ami d'antan et j'apprends par lui que les autres ont disparu dans la fournaise! les uns, morts; beaucoup, blessés; certains, enfin, promus au grade supérieur et passés dans d'autres corps.

C'est en me remémorant le souvenir des camarades tombés sous les balles allemandes que je pénètre, la rage au cœur, dans la cité

---

(1) Les officiers d'état-major accomplissent, au cours de chaque grade, un stage d'au moins deux ans dans un corps de troupe de l'arme dont ils sont originaires, sans préjudice des stages, beaucoup plus courts, effectués dans les autres armes avant, durant et après leur séjour à l'École supérieure de guerre.

martyre. Accompagné de Buratti, j'entre par la porte Sainte-Catherine. Les sabots de nos chevaux résonnent lugubrement sur le pavé de ces rues désertes dont les volets sont invariablement clos. Quelle tristesse dans ces murs et quelle angoisse se dégage actuellement d'une promenade à Arras! De ses 30 000 habitants, quelques milliers seulement sont restés, demeurant dans les caves, car, depuis onze jours, les Teutons s'acharnent à détruire la ville. Cent trente maisons sont déjà brûlées, sises presque toutes dans le voisinage de l'hôtel de ville, que les Huns modernes, dans leur abominable rage, visent particulièrement.

Quand j'arrive sur la vieille place, que j'ai tant admirée le 4, j'ai peine à la reconnaître. L'hôtel de ville n'est plus que débris fumants. L'incendie a détruit ce que les obus épargnèrent et seuls subsistent encore des vestiges de la façade et le beffroi, d'ailleurs fortement ébréché. Il semble, à contempler ces ruines, que douze siècles et non douze jours se soient écoulés depuis ma première visite.

Il fut! le chef-d'œuvre magnifique de Jacques Caron, auteur de ces merveilles; de ce maître maçon de l'abbaye de Marchiennes, que la municipalité d'Arras honora jadis du titre de bourgeois pour le récompenser de ses travaux. Les brutes l'ont bombardé parce que, arrêtés sur la Marne dans leur marche sur Paris, ils voulurent se venger en mutilant la terre française.

Je quitte, le cœur ulcéré, ces tristes vestiges et gagne la cathédrale, elle aussi bien touchée. Un obus a éventré le toit, près de l'entrée principale; néanmoins le service continue et Monseigneur d'Arras témoignera, ainsi que le Préfet du Pas-de-Calais, d'un beau courage.

L'hôpital n'a pas moins souffert. L'avant-veille, une jeune sœur y fut tuée, au chevet même de ses malades. De ce fait, on a dû évacuer les salles pour transporter les blessés dans les sous-sols, où plusieurs, me dit-on, sont en fâcheux état, en raison du brusque changement de milieu et de température.

Pourtant tout n'est pas ici universelle désolation; beaucoup de courageux habitants s'accommodent de leur malheureux sort et font bon visage à mauvaise fortune. A quoi servirait, en effet, de pleurer et de geindre perpétuellement? Étant entré dans une pâtisserie, sise près de la cathédrale, je trouve des dames grignotant, tout en bavardant, d'excellents gâteaux. Devant elles une trappe s'ouvre sur un escalier donnant sur la cave. C'est la note dramatique de ce five-o'clock. En cas de marmitage inopiné, les jolies gourmandes disparaîtraient dans ces profondeurs et iraient achever leur lunch à dix pieds sous terre. D'où un petit frisson de terreur qui sert d'aiguillon à la dînette et excite l'appétit. La fable du rat de ville et du rat des champs ne trouve, comme on le voit, pas d'application auprès de ces vaillantes Arrageoises. Du reste, l'émigration a sélectionné les courages et un commencement d'accoutumance au bombardement a raffermi les cœurs. Mais, après la comédie, le drame.

En retournant au quartier général, j'aperçois en pleins champs des paysans attroupés près d'une meule de paille. Ils causent avec animation. M'étant approché, j'apprends qu'un sombre épisode s'est déroulé ici, l'avant-dernière nuit, celle du 14 au 15, qui fut particulièrement froide. Une pauvre femme évacuée d'Arras avec ses trois petits enfants, portant l'un, traînant les deux autres à ses jupes, s'est arrêtée ici, harassée, rompue et n'en pouvant plus. Elle s'est endormie de fatigue à l'abri de cette meule, tenant sa nichée étroitement serrée dans ses bras ; mais le froid les a saisis tous les quatre. Au matin, on l'a trouvée inanimée près de trois petits cadavres !

Dimanche 18. — Notre camarade L..., de l'état-major, nous quitte aujourd'hui. Promu chef d'escadron, il va prendre le commandement du groupe d'Afrique, devenu disponible par le départ du commandant F..., qui est placé à la tête de notre artillerie divisionnaire en remplacement du lieutenant-colonel d'A..., blessé sous Soissons, et que nous n'espérons plus voir rejoindre. Bien que, du fait de sa mutation, L... reste à la division, son départ du Q. G. n'en cause pas moins un chagrin véritable à notre famille militaire, ainsi diminuée d'un membre. A la guerre, les caractères se montrent vite à nu! Or, celui de ce bon camarade gagnait fort à ce déshabillé, qui ne réussit pas à tout le monde.

Lundi 19. — Logé jusqu'à présent au village, j'ai pris hier, dans la villa où est installé le quartier général, possession de la chambre de L..., devenue vacante. C'était celle des maîtres de céans, deux jeunes époux. Près de mon vaste lit de milieu, se trouve, presque à portée de la main, un joli berceau d'enfant. Sa présence et celle de quelques photographies laissées sur la cheminée permettent de restituer aisément l'intimité charmante de ce ménage que les événements ont dispersé. C'est une triste chose, que la guerre. Le mari est aux armées; sa femme et le bébé sont réfugiés dans le Midi. Voilà leur propre chambre à coucher occupée par un étranger, un homme dont ils ne soupçonnent même pas l'existence et qui les ignore totalement. De tout leur domestique, assez nombreux, seul un jardinier demeure. C'est un très vieux bonhomme, cumulant avec ses fonctions celles de concierge, qu'il exerce jalousement. Depuis près de quarante ans, il n'a quitté ces lieux et son étonnement demeure indicible de voir des Africains, des spahis, des turcos, bref un tas de mécréants, installés, *quasi comme chez eux*, dans la maison de ses maîtres. Comme les Prussiens n'ont fait que traverser M..., c'est nous qui, à ses yeux, personnifions un peu l'invasion.

Mardi 20. — Le matin, à mon lever, j'a ouvert toute grande la double porte vitrée, donnant sur un balcon, qui éclaire ma chambre. Le temps était fort beau et j'ai un instant admiré le parc de notre résidence. Il est superbe en cette saison, comme d'ailleurs presque tous ceux de ce pays. J'ai sous les yeux des pelouses encore très vertes quoique un peu foulées par nos chevaux; de beaux arbres dont l'automne a jauni le feuillage, et parmi eux, un noyer centenaire, au pied duquel nos chauffeurs sont sans cesse occupés à chercher des fruits, en attendant leur tour de marcher. Une rivière aux eaux vertes, peuplée de truites, traverse la propriété et nos estafettes se livrent, entre deux courses, aux douceurs de la pêche à la ligne. Par ce ciel très pur et ce temps très doux, la vue de ce joli coin d'Artois me cause une sensation particulière de bien-être et de calme.

Je le contemplais, quand le ronflement d'un moteur puissant, dont le bruit venait de très haut, m'a fait lever les yeux. A 1 000 ou 1 500 mètres au-dessus du quartier général, se détachant en noir sur le ciel bleu, planait un taube. L'oiseau décrivait de grands cercles dans l'azur, cherchant quelque objectif à désigner à ses batteries. A cette hauteur, sa ressemblance avec un grand rapace, aigle ou faucon, guettant sa proie, était saisissante. Notre aviation paraît sommeiller pour l'instant. Quand donc nous délivrera-t-elle de ces carnassiers?

Mercredi 21. — Cette journée fut fertile en incidents. Le matin, j'ai accompli, avant de déjeuner, ma promenade à cheval accoutumée. J'ai poussé jusqu'à Arras, non que le temps fût particulièrement favorable, car il était plutôt sombre, mais parce que, les Allemands bombardant furieusement la cité, je voulais revoir l'hôtel de ville avant qu'il ne fût complètement détruit. Ça n'allait guère tarder, m'avait-on dit! En effet, il n'était que temps, et je puis m'inscrire désormais comme un des rares témoins de cet événement.

Il pouvait être 10 heures et demie quand j'ai franchi les portes de la ville, et il m'a fallu un bon quart d'heure pour gagner, non sans difficulté, la célèbre place. Les rues avoisinantes étaient encombrées de débris de toutes sortes, poutres, pierres de taille, briques et tuiles, mêlées à des meubles à demi calcinés et aux objets les plus hétéroclites. Tout était tordu, brisé, parfois réduit en miettes, par la violence des explosions et par l'action des flammes.

La fumée des incendies, se mêlant aux nuages de poussière que soulevaient les obus allemands, épaississait l'air; d'âcres odeurs de poudres diverses, vénéneux produits des laboratoires d'outre-Rhin, me saisissaient à la gorge. Çà et là des ardoises volaient. De minute en minute une marmite sifflait dans l'air, puis éclatait avec un fracas terrible, tantôt dans un immeuble, tantôt sur le pavé. L'ensemble du cataclysme me procurait une sensation assez pimentée de Jugement dernier.

Je cheminais prudemment, en homme appelé par sa simple curiosité et désireux qu'elle ne lui fût pas fatale. Comme il ne pouvait être question de rester à cheval, dans ce dédale de ruines, je marchais à pied, la bride en main, précédant *Boulet* qui me suivait docilement dans de vieilles et étroites ruelles. Je me dirigeais par à peu près, avec de longs détours causés par l'encombrement des matériaux.

Les rares êtres vivants rencontrés sur ma route, quelques habitants et des territoriaux de la garnison de sûreté, filaient rasant les murs et se dérobaient à mes questions. Impossible d'en tirer le moindre renseignement pour m'orienter dans ce labyrinthe chaotique. Enfin, je me suis trouvé, sans trop savoir comment, à l'extrémité de la célèbre place, face à ce qui fut l'hôtel de ville, sous des arcades supportant toute une série d'antiques maisons, dont les toits, bizarrement effilés, résonnaient sourdement au choc des éclats d'obus. On eût alors cru entendre de très vieilles gens, pleurant et gémissant sur les malheurs de la guerre. Après tout, elles avaient peut-être une âme, ces maisons.

En face de moi, à l'autre extrémité de la place, les 210 pleuvaient sur l'hôtel de ville. C'était un tir bien réglé dont les Allemands peuvent être... fiers. Les explosions faisaient voler d'énormes pierres de taille; elles crevaient les dernières murailles restées debout. La façade était à moitié abattue mais le beffroi, très endommagé, se dressait encore tout enveloppé de fumée et des flammes jaillissaient de ses hautes fenêtres. Vu du coin où j'étais blotti, il semblait, avec l'œil unique de son cadran, un cyclope blessé à mort et continuant pourtant à lutter sur les ruines de son palais contre d'invisibles ennemis. Puis tout à coup, atteint par le milieu, il s'est effondré avec un fracas terrible.

Quand le nuage de poussière provoqué par la chute du géant s'est dissipé, je n'ai plus eu sous les yeux qu'un misérable tronc décapité, une sorte de pyramide informe, dont les arêtes semblaient avoir été rongées par le travail d'un nombre prodigieux de siècles.

Sur la place, les marmites continuaient à voler et à faire voler les pavés. J'ai alors songé au petit G. de S..., tué sous mes yeux, à notre P. C. près de Soissons, et je me suis éclipsé, ma curiosité étant amplement satisfaite. Je connaissais le chemin, à présent; aussi, dix minutes plus tard, j'étais en pleine campagne et galopais très fort pour me donner de l'air.

Même jour, après-midi. — Le général d'Urbal nous a quittés hier. Brigadier en août, au début de la campagne, placé en septembre à la tête d'une division, en octobre à celle d'un corps d'armée, il va prendre, en Belgique, un commandement plus important encore. Là-bas, l'orage gronde et l'écho qui nous en arrive nous apporte la rumeur d'une formidable attaque allemande sur l'Yser.

Ce grand chef, sorti de l'arme de la cavalerie, est un homme de haute taille, d'aspect jeune, à la silhouette élégante, au caractère froid, résolu et tenace, à la décision invariable, et d'un calme impressionnant.

Son successeur, le général Pétain, participe des mêmes qualités physiques et morales, de la même netteté de jugement, de la même concision lapidaire. Mes camarades et moi, qui l'avons connu à l'École supérieure de guerre, où il professait avec une entière autorité le cours de tactique d'infanterie, sommes particulièrement heureux de le retrouver à notre tête. Il vient, l'après-midi, à notre quartier général. Il n'a pas changé, quoique bien des années se soient écoulées depuis qu'il nous quitta pour prendre le commandement d'un régiment. C'est toujours le fantassin de haute allure, grand, svelte, distingué; à peine sa moustache blonde a-t-elle grisonné. Lieutenant-colonel en 1906, quand il professait à Paris, son avancement fut médiocre durant la paix! 1914 le trouva à la tête du 33ᵉ d'infanterie à Arras, où il revient, cette même année, comme commandant de corps d'armée. La guerre, qui l'a soudain fait surgir de la foule des officiers supérieurs, le ramène près de son ancienne garnison. Il va combattre sur un terrain qu'il connaît dans ses moindres détails, et rendre illustre un nom que ses anciens disciples tenaient déjà pour célèbre (1).

Vendredi 23. — Les taubes, profitant du beau temps, continuent chaque jour à nous rendre visite et ont fini par nous repérer. Nous sommes à table quand, sur les midi, l'un d'eux survole le village. Quelques minutes après, une première marmite vient écorner le mur du parc à vingt mètres derrière notre salle à manger. Une deuxième la suit de près et explose cette fois du côté opposé, sur une pelouse devant notre perron. Nous voilà parfaitement encadrés, et c'est à se demander si le troisième envoi ne tombera pas au milieu de nous. Ce serait un dessert peu comestible et nous risquons de finir notre déjeuner chez Pluton. Néanmoins, le repas s'achève gaiement et en plaisantant sur l'arrivée possible de la visiteuse éventuelle. Sommes-nous bien tous en état de mourir, et combien en est-il d'entre nous qui iraient droit au paradis? N'approfondissons pas trop!

Nous prenons le café, quand deux autres détonations retentissent coup sur coup. Leur bruit est cette fois plutôt sourd. L'orage s'est éloigné du quartier général. Nous apprenons

(1) Depuis que ces lignes ont été écrites, le général Petain a été appelé au commandement d'une de nos armées les plus importantes.

peu après que ces obus viennent de tomber dans un pré voisin, où stationnait une de nos batteries. Résultat : un cheval tué et deux hommes très légèrement blessés, ce qui, après tout, n'est pas trop cher au prix où est le plomb, car ces 210 doivent peser 100 livres au moins.

L'après-midi j'assiste, du sommet d'une meule près de laquelle fonctionne notre P. C., au combat démonstratif mené par une compagnie de zouaves contre des tranchées ennemies, que notre artillerie canarde une fois qu'elles sont bien garnies de Boches. L'air est remarquablement pur; à l'aide de mon excellente jumelle, je peux, de la position dominante que j'occupe avec le lieutenant-colonel D..., auquel appartient la compagnie qui opère, suivre la marche des zouaves. Elle s'effectue à environ 1 000 mètres de nous, parallèlement à notre observatoire, et ne tarde à produire son effet. Voilà les tranchées garnies de casquettes et le feu de nos batteries déclanché. Le tir ayant été réglé d'avance, nos obus à mélinite tombent en plein dans le panneau. Pendant dix minutes, ils se succèdent avec une effrayante rapidité, soulevant d'épaisses colonnes de terre et avec elle des soldats du kaiser. Les explosifs vont les chercher dans leurs trous et les projettent en l'air, avec des cabrioles de poisson qu'on sort de l'eau.

Mais le va-et-vient d'officiers et d'estafettes qui se produit autour du P. C. ne tarde pas à nous faire repérer par les observateurs d'un ballon captif allemand, que nous voyons s'élever depuis quelques jours sur l'horizon et hors de portée de nos pièces de campagne. C'est un aérostat d'un genre très particulier. Les Allemands le dénomment le *Drachen* (dragon) et nos hommes le qualifient plus justement de *saucisse*, voire même d'un nom plus cru et plus caractéristique.

Ce pseudo-dragon n'a, en effet, rien du monstre légendaire. Vu de nos lignes, il rappelle plutôt quelque vessie monstrueuse, jaunasse et flasque, tout à fait semblable d'aspect à celles que l'on voit suspendues au-dessus de l'étal de certains charcutiers. Flottant dans l'azur, au bout d'une longue corde, qui à cette distance semble ficelle, l'aspect en est ignoble et tout à fait digne de la race de mangeurs de cochons qui se sert de cet outil étrange. A l'extrémité du câble, se voit une sorte de nacelle, constituée par un panier d'osier de la forme d'une benne. C'est là que se tiennent les observateurs. L'un, à l'aide d'une puissante longue-vue, fouille sans cesse le terrain qu'il domine de mille pieds. L'autre téléphone les renseignements reçus aux batteries que l'aérostat dessert et dont il peut ainsi déclancher instantanément le feu.

C'est à nous qu'en ont maintenant ces deux Teutons volants. Ils nous font expédier un couple de dragées de 77 qui passent en sifflant sur la meule. Mal dirigées, elles vont déraciner les betteraves dans le champ voisin, limitrophe d'une prairie où paissent des vaches. Celles-ci n'en paraissent pas autrement troublées. Avec une belle inconscience, elles lèvent un instant leur museau placide de ruminants, puis continuent à savourer l'herbe grasse et tendre. Que leur importent les querelles des hommes! Cette paire d'obus sera d'ailleurs le seul envoi du vieux Dieu boche, de l'Irminsul dont cette vessie est le céleste symbole. Il nous laisse dès lors tranquilles et nous continuons à observer l'opération. Celle-ci cesse à la tombée de la nuit, nous causant quelques petites pertes et aux Allemands bon nombre de victimes.

Samedi 24. — Le temps, magnifique hier, est froid et brumeux aujourd'hui. Dans le secteur occupé par la division voisine, une grande attaque se prépare depuis quelques jours sur un des faubourgs d'Arras, où l'ennemi a réussi à prendre pied. On tentera ce soir de l'en déloger. Dans ce but, une formidable artillerie a été groupée pour foudroyer la position. Nos canons tonneront d'abord durant une demi-heure. L'assaut sera ensuite donné, à la tombée de la nuit, par une troupe de choc, constituée par 2 500 Sénégalais qui furent amenés hier à pied d'œuvre.

Ayant de vieux camarades parmi les officiers de ces troupes noires, j'ai été leur rendre visite après déjeuner. Leurs hommes ont bel aspect, mais semblent un peu dépaysés. Ils paraissent souffrir du climat déjà froid en cette saison et sous cette latitude. On ne leur a cependant pas ménagé les chauds vêtements d'hiver. Chaque tirailleur, outre sa capote, est nanti d'un cache-nez de laine. Il s'en enveloppe si bien la tête, que seuls les yeux demeurent visibles, à travers l'étroit judas de peau noire qui paraît entre la chéchia, enfoncée jusqu'aux oreilles, et le reste du visage, engoncé dans la capote et le cache-nez.

Ces fils de Cham, que les événements ont amenés ici des profondeurs de l'Afrique pour guerroyer contre les Germains, appartiennent un peu à toutes les races du Sénégal et du Soudan. De ce fait, pour être unicolore, leur régiment n'en est pas moins une Babel d'idiomes souvent incompréhensibles les uns aux autres. D'où, pour leurs chefs, de grandes difficultés de commandement, avec l'incertitude d'être toujours bien compris, par suite obéis, de ces têtes crépues, quel que soit leur sens inné de la discipline.

L'attaque doit se déclancher ce soir à 6 heures

précises. Elle sera furieuse étant donnés les préparatifs et la troupe qui donne l'assaut. Aussi, n'est-ce pas sans un gros serrement de cœur que je prends congé des braves camarades qui vont charger ce soir à la tête de cette troupe valeureuse.

Même jour, 5 heures du soir. — Je m'étais promis de me rendre, lors du combat de ce soir, sur le plateau qui domine le village et d'où j'en percevrai au moins les lueurs et l'écho, car une bonne lieue de pleine campagne et la ville d'Arras nous séparent du faubourg attaqué.

Comme je dépasse les dernières maisons de M..., je rencontre le général Q..., se rendant à l'extrémité du sous-secteur dont il a le commandement, pour y suivre lui aussi les péripéties de l'attaque. Vieux colonial, il a dans le temps commandé des Sénégalais, et tout en cheminant il m'entretient de ses campagnes soudanaises.

La nuit tombe; une à une les étoiles se lèvent, très brillantes, car le brouillard s'est dissipé dans la journée. A l'horizon, du côté d'Arras, les Allemands, se méfiant de l'attaque, ont allumé, selon leur habitude en pareille occurrence, quelques meules de paille. Torches gigantesques, elles éclairent la contrée environnante. Celle-ci nous apparaît d'autant mieux que s'éteignent les dernières clartés du jour. Après avoir cheminé une demi-heure environ, nous voici sur le rebord du plateau, près d'une ferme sise au débouché d'un vallon qui se prolonge jusqu'à la position à enlever. Ce mouvement de terrain forme, par suite, oreille de Denys et il nous transmettra admirablement le bruit de l'action.

A l'heure dite, 120 pièces de campagne et 40 de gros calibre, tirant à obus explosifs, commencent un effroyable sabbat. La terre tremble. Les lueurs fulgurantes de toutes ces batteries agissant ensemble font rougeoyer le ciel. L'horizon s'embrase. On dirait qu'un prodigieux incendie dévore Arras, dont les maisons s'empourprent. Les meules de paille enflammées en sont tout éclipsées et ne paraissent plus que simples chandelles. Mais voici les batteries allemandes qui donnent la réplique à nos canons. Les obus sifflent sans arrêt dans l'air. Par un effet d'acoustique assez fréquent, il semble que leurs trajectoires passent tout près de nous. Immobiles, à l'ombre d'un bouquet de grands arbres, nous attendons avec anxiété la fin de cette effroyable canonnade qui va déclancher l'assaut furieux des Sénégalais.

Voilà bien vingt minutes que les batteries ont commencé leur feu. Je regarde ma montre, à la lueur de ma lampe électrique, et ne la quitte plus des yeux. Six heures moins cinq. Allons! la danse commencera dans cinq minutes. L'aiguille me paraît tourner très lentement. Plus que trois minutes, plus que deux, plus qu'une! Je suis maintenant avec angoisse l'aiguille des secondes et songe que là-bas, au bout du vallon, beaucoup de braves qui attendent l'arme au pied et baïonnette haute l'instant suprême, n'ont plus que ces secondes à vivre. L'aiguille circule sur le cadran. Dix, vingt, trente, quarante, cinquante. Comme c'est long, des secondes, quand on les regarde couler à pareil moment! Ma main tremble et ma lampe, dont j'ai touché par mégarde le contact électrique, s'éteint. Je la rallume bien vite. Plus que trois secondes, plus que deux, plus qu'une seule, mon général! Nos cœurs battent violemment, car la canonnade vient de s'éteindre et les vociférations des Sénégalais nous arrivent, avec l'appel strident de leurs clairons sonnant la charge.

> La monteras-tu, la côte, Pierrot?
> La monteras-tu, la côte!

Le ciel, que n'éclaire plus le feu des canons français, s'est assombri pour s'illuminer aussitôt après, aux lueurs blanches des fusées dont les Allemands éclairent la zone attaquée. Les hautes silhouettes des maisons d'Arras se dessinent comme en plein jour. Maintenant, le crépitement des mitrailleuses ennemies se fait entendre sans arrêt. Tac-tac-tac-tac... A cette distance, il est tout à fait semblable au déchirement d'une toile d'une longueur interminable. C'est la charge qui s'engouffre dans le village, tandis que la voix de notre canon reprend de plus belle. Il doit tirer sur les réserves allemandes pour les empêcher d'arriver. Ses formidables accents ont étouffé le bruit des mitrailleuses et les cris des Sénégalais qui, là-bas, chargent, chargent, chargent toujours.

Dimanche 25 octobre. — Arras continue à être bombardé. Chaque jour de nouveaux habitants quittent la ville et prennent les routes de l'exil. En dehors des riches, toujours sûrs du lendemain, bien peu se décident en une seule fois à quitter définitivement leur habitation. Ils partent un jour de *marmitage* particulièrement intense, s'arrêtent de fatigue au bout de quelques lieues, dans le premier village où ils peuvent trouver gîte, s'y sentent hors de la portée des obus et reprennent leurs esprits. Alors, regrettant leur intérieur, ils tentent par tous les moyens d'y rentrer. D'où, sur les routes environnantes, un perpétuel chassé-croisé qui a fini par émouvoir l'autorité militaire.

Le gouverneur — car, ville de l'extrême front,

Arras est maintenant, comme sous Louis XIV, une place de guerre — a décidé d'arrêter ce mouvement de reflux, dangereux pour l'armée, parce qu'il peut amener des suspects dans nos lignes; dangereux pour les émigrés, car le séjour devient de plus en plus intenable dans la capitale d'Artois. On a dû, en effet, évacuer les hospices. Hier, les vieillards sont partis; aujourd'hui, c'est le tour des enfants.

Sur les six heures du soir, comme j'assurais le service triquotidien de liaison au corps d'armée, j'ai rencontré une longue procession de petites filles escortées par des cornettes blanches. C'étaient les petites sourdes-muettes en route vers Aubigny, où les Filles de la Charité ont une annexe de leur maison d'Arras. Le temps était à la pluie. Comme toujours dans ce coin d'Artois, on percevait de violentes et proches détonations, qui naturellement laissaient bien calmes les petites infirmes. A quelque chose malheur est bon. Mais sans ouïe, elles n'étaient pas sans yeux, les ayant bien au contraire très ouverts. Or l'incendie, après les avoir chassées de leur asile, paraissait les poursuivre. Quelque part, derrière leur colonne, entre la ville et nous, une grande usine devait brûler dont le flamboiement trouait la brume d'une énorme tache sanguinolente. C'était sinistre et cela épouvantait ces enfants.

Au nombre d'une centaine, marchant très sagement deux par deux, les plus petites en tête réglant l'allure, elles s'évertuaient à couvrir, de leurs jambes fluettes, la longue étape de quatre lieues séparant les deux villes. Cette distance leur semblait interminable et il y avait de quoi. Aussi quand je les ai rencontrées, à mi-chemin environ, tout ce petit peuple trotte-menu, parti dès le matin, n'avançait plus qu'avec peine. Leur caravane allait échouer, loin du port, sur la route boueuse et dans la nuit froide que les incendies éclairaient mais ne réchauffaient pas. Une très vieille bonne sœur me fait, au passage, le signe de détresse à l'aide d'un immense parapluie bleu qu'elle agitait, il fallait voir comment.

J'ai fait stopper l'auto et, comme nous allions dans la même direction, je l'ai remplie, à refus, de gamines que j'ai transportées jusqu'au P. C. de notre corps d'armée, ce qui était autant de gagné vers Aubigny. Là, j'ai rendu compte de la situation à l'excellent colonel M..., chef d'état-major. Il a mis à ma disposition ses voitures disponibles, avec lesquelles j'ai organisé un va-et-vient entre la colonne des petites émigrées et leur point de destination. Quelle joie pour ces jeunes déshéritées ! Dans leur impossibilité de parler, elles traduisaient par gestes, combien expressifs, leur reconnaissance. J'ai embrassé les plus mignonnes et embarqué aussi, un peu malgré elle, la vieille religieuse à l'immense parapluie bleu. On m'a couvert de bénédictions et j'ai dû accepter des médailles.

De retour au quartier général de la division, où je suis arrivé très en retard, je n'ai, bien entendu, pas été gourmandé. Comme un petit détachement de sourdes-muettes adultes restait encore en souffrance sur la route, mes chefs m'ont autorisé à repartir avec les voitures libres pour conduire ces dernières fugitives à Aubigny. Monté dans la première auto, avec trois autres derrière, j'ai rejoint l'arrière-garde en détresse et enlevé ces dernières émigrantes demeurées en panne. Je signale ici un petit incident bien typique.

De grosses et vigoureuses commères, étrangères à la colonie, mais qui elles aussi déambulaient vers l'ouest, ont voulu profiter de l'occasion pour voyager vite et gratis. Or, il n'y avait place pour tout le monde. Sans se soucier des infirmes, elles se sont entassées dans une voiture et il a fallu me gendarmer pour les en faire descendre. Une fois sur la route, ces mégères, devenues furieuses, m'ont copieusement agoni d'injures.

Ce fut, pour moi, la conclusion de cette aventure de grand chemin.

Mercredi 28. — Depuis quelques jours, notre

quartier général est sous le feu des marmites et à A...., dans le cantonnement voisin du nôtre, où est établi le général T..., l'explosion de l'une d'elles s'est terminée en catastrophe. Un 210 est tombé en plein dans une grange où mon camarade de promotion, le capitaine Vésine-Larue, frère de celui tué sous Soissons (il est des familles au destin tragique), se trouvait avec deux sections de zouaves. Quarante et un hommes, dont près de la moitié de morts, sont restés sur le carreau. Parmi eux, le commandant de la compagnie. Un autre obus, explosant dans la rue, a tué quatre enfants en train de jouer. Le plus âgé avait bien six ans ! Ce sont là d'exceptionnels mais épouvantables effets de la guerre. C'est décidément une vilaine chose quand on la voit de près !

Vendredi 30. — Depuis que notre quartier général fut repéré par les taubes, il n'est de nuit où nous ne soyons réveillés par des marmites qui en veulent évidemment à nos personnes. A tout seigneur tout honneur ! Ce serait un joli tableau, pour nos bons amis d'outre-front, que de démolir, d'un seul coup, tout un état-major divisionnaire. Avant-hier, un obus, à nous destiné, a troué la façade de la mairie voisine ; hier, un autre est tombé près d'une masure sise non loin de notre villa. Le souffle du projectile a balayé, comme fétu de paille, le toit de cette maisonnette à un seul étage. Des jeunes filles dormaient au premier, des artilleurs somnolaient au rez-de-chaussée et les premières ont chuté sur les seconds à travers le mince plafond effondré. Par un hasard miraculeux, il n'y a eu personne de blessé et tout s'est terminé en éclats de rire.

Pour nous, à l'état-major, la situation devient inquiétante. Gratter du papier du matin au soir, avec la perspective de voir un projectile de 210 venir disperser tous nos papiers, finit par être agaçant. Certes notre copie ne s'en ressent pas, car nous sommes depuis longtemps blasés sur ces accidents possibles; mais l'histoire arrivée l'autre jour aux quarante zouaves a ému nos chefs. Ordre est donc donné d'évacuer le village, où ne demeurera qu'une garnison de sûreté établie sous abri. L'état-major participera à cette émigration. En conséquence, je vais chercher un nouveau gîte où nous nous installerons demain. Je le trouve sous les espèces d'une confortable habitation possédant l'habituel parc. Le village où elle est située est à peu près hors de portée. Nous, et les troupes qui y cantonneront, n'aurons à redouter que quelques obus égarés, dont l'un, tombé il y a quelque temps déjà, a démoli le fournil d'un boulanger comme il était occupé à pétrir. Il fut simplement projeté dans le pétrin et ne s'en plaignit pas. C'était un philosophe ! Bref, à côté de M..., X... sera la sécurité et le calme.

Samedi 30. — Nous avons changé de domicile a la brune. Ce sera, depuis le début de la campagne, le sixième où nous nous installons pour un temps appréciable. Il est vide de ses propriétaires comme les cinq autres, où invariablement nous visitèrent les marmites. Ce fait prouve péremptoirement qu'il ne faut jamais aller villégiaturer chez les gens quand on n'y est pas invité.

Lors de notre dernière nuit passée à M..., le commandant de la batterie boche qui nous honore de ses envois nous a, comme à l'ordinaire, régalé d'une salve de 200 livres de plomb. Cet homme aimable, mais exagéré, nous expédie généralement ses quatre *kolossales* dragées entre minuit et l'aube. Ce doit être un noctambule ! La première arrive à une heure quelconque et sans que nous soyons le moins du monde prévenus, le tact étant chose ignorée en pays d'outre-Rhin ; les trois autres se suivent exactement à cinq minutes d'intervalle, ce qui révèle chez l'expéditeur un homme ordonné. Les deux premières fois nous nous levâmes à l'arrivée de ces hôtesses nocturnes ; puis, soit habitude, soit paresse, la plupart d'entre nous restèrent ensuite tranquillement au lit. On y est admirablement pour analyser ses impressions, surtout dans le mien, grand, large et confortable à souhait; je les résume donc ici une fois pour toutes.

Étant doué d'un robuste sommeil, c'était seulement l'explosion de la première marmite qui m'arrachait à mes rêves. Je n'entendais donc pas son sifflement. Elle chutait ordinairement dans le parc, provoquant l'agitation des chevaux et les pépiements des poules dans le poulailler voisin des écuries. A ce moment, nous savions tous que trois autres projectiles allaient suivre à minutes comptées. Où tomberaient-ils et quelles seraient pour chacun de nous les conséquences éventuelles de leur visite? Mystère troublant et bien fait pour porter aux fortes méditations!

Le sentier de la vie me paraissait alors bordé d'écueils et l'existence d'une terrible fragilité. Je voyais mon âme brutalement projetée dans l'inconnu, pendant que mes pauvres restes, dispersés, se mêleraient aux débris de mon lit, à ceux du berceau de l'enfant et des photographies encadrées au-dessus de ma tête. Quelle salade et comment s'y reconnaître, grand Dieu! Ou bien, sort grotesque, le plancher s'effondrant brusquement sous moi, je dégringolerais, tel un bolide, dans le salon de service, au grand scandale des secrétaires dont il devenait chaque soir le dortoir.

Un sifflement aigu, suivi d'une pétarade formidable, qu'accompagnait un bruit significatif de branches cassées, m'arrachait à ces réflexions pénibles, en me donnant l'assurance réconfortante que la moitié du danger était écartée. J'entrais alors dans la phase de quiétude relative : celle du candidat à l'au-delà, dans le cerveau duquel commence à s'ancrer la conviction que son passeport n'est peut-être pas encore signé.

La troisième marmite volait et parfois avec elle quelqu'une de mes vitres ; dans la chambre voisine, semblable accident avait dû arriver à mon camarade S...., Méridional frileux, car je l'entendais pester contre les Boches et affirmer, avec son accent toulousain, qu'il claquerait d'un courant d'air. Nous n'avions plus qu'un obus à attendre ou à ... vivre ! Mais je ne le prenais pas au sérieux, celui-là. Ce serait certes, comme les autres, un simple tapageur, un bluffeur qui se bornerait à aller troubler dans leurs terriers les inoffensifs lapereaux du parc.

Rassuré et bien au chaud, je formais donc des projets d'après guerre : Reprise de mon excursion en Suisse, empêchée par les événements de juillet. Voyage en Italie. Parties de chasse autour de ma nouvelle et joyeuse garnison de Strasbourg, etc., etc... Troisième sifflement, sans explosion cette fois. Allons, c'est un four! Je blague en moi-même l'artilleur dont les dragées sont de si mauvaise qualité et entends, avec joie, les quatre détonations successives de quatre gros tousseurs d'acier, à la voix française, eux. C'est la réponse de nos 155 à la batterie boche. Nous ne voulons pas, en effet, demeurer en reste avec ces gens-là et nos canonniers de l'A. L. (1), qui ont repéré les joujoux d'outre-front, expédient quatre colis de mélinite aux 210.

Le matin, après le petit déjeuner, les officiers du quartier général vont, par petits groupes, examiner dans le parc les effets du marmitage nocturne. C'est là l'intéressante contre-partie du bombardement, celle qui provoque toutes sortes de commentaires. Les commères du village, nous sachant particulièrement visés, sont arrêtées sur notre seuil, panier au bras, et s'enquièrent de savoir si cette fois encore il n'y a pas eu de casse. Les officiers de l'état-major de l'A. D., avec lesquels nous voisinons, entrent et s'évertuent de trou en trou, en tenant des propos balistiques : angle de site, dérive, fourchette, trajectoire, calibre, portée, etc... Leur chef, le brillant et jovial lieutenant-colonel F..., traite son collègue allemand de crétin et prétend qu'il ne sait

(1) A. L. Artillerie lourde.

pas tirer. Hum! Hum! Tel n'est pas l'avis du vieux jardinier qui escorte ces messieurs dans son parc dévasté. Le bonhomme ne comprend rien à leur jargon, mais tient en piètre estime ces militaires vêtus de noir. Ce sont, après tout, les congénères des canonniers tudesques, cette mauvaise graine qui empêche les siennes de lever. Et c'est, au cours des formidables événements dont il est témoin, la seule chose troublant réellement ce brave homme.

Dimanche 1ᵉʳ novembre. Jour de la Toussaint. — J'ai assisté ce matin à la messe dans l'humble église du village dont le curé est un vieil ecclésiastique, infiniment vénérable. Elle était archipleine et j'ai eu la plus grande peine à me frayer passage jusqu'aux premières chaises. Parmi les fidèles, beaucoup de femmes; quelques vieillards, car les hommes en état de porter les armes sont tous absents, les uns sous les drapeaux, les autres dans les geôles allemandes où ils furent emmenés lors du passage de nos ennemis. Mais l'élément militaire dominait surtout. La pensée de la mort et la crainte de Dieu sont un peu synonymes. L'une et l'autre sont le commencement de la sagesse. Il y avait donc beaucoup d'officiers et de soldats à entendre l'office et à écouter le sermon du pasteur qui, dans une langue simple et harmonieuse, tout à fait convenable pour un curé de campagne, fit l'éloge des défunts tombés au champ d'honneur.

Revenu à mon bureau, je trouve le courrier du matin. Il nous apporte les journaux d'hier et avec eux la nouvelle du passage à l'ennemi de la Turquie, vendue par ses politiciens vendus eux-mêmes à l'Allemagne. Ainsi, Enver et sa clique de métèques musulmanisés ont jeté leur malheureux pays dans une mêlée où il n'avait évidemment que faire, étant étranger au conflit et n'ayant rien à y gagner et tout à y perdre, de quelque façon que tournent les événements. Cette trahison de celle qui fut, depuis François Ier, notre séculaire alliée ou amie est bien faite pour surprendre quiconque n'a lu, relu et médité l'admirable discours de Bossuet sur l'histoire universelle. Quel magnifique sujet la grande guerre ne fournirait-elle pas au Napoléon de la chaire! Comme ce puissant cerveau aurait beau jeu de nous exposer, dans sa langue merveilleuse, que les hommes ne sont entre les mains du Tout-Puissant qu'automates, dont Il se sert pour conduire les peuples vers des fins mystérieuses! En ce qui concerne les Turcs, il nous dirait probablement que les nations, tout comme les individus, ont leurs instants d'aberration et que le vieil adage latin : *Quos vult*

Jupiter perdere, dementat prius s'applique à elles comme aux rois.

16 heures. — *Courrier du soir.* — Les vague-mestres viennent, pour la seconde fois de la journée, chercher le courrier de leurs corps respectifs (1). Ils nous apportent les pièces journalières des chefs subordonnés, généraux de brigade, commandants de régiment et chefs des services divers. Elles sont enregistrées au secrétariat, puis examinées et triées par le chef d'état-major. Celui-ci les répartit ensuite entre les différents bureaux qui traiteront immédiatement les questions. Je trouve ainsi sur ma table un curieux rapport d'un de nos médecins-majors. Il est relatif à une épouvantable blessure faite par une balle retournée. La chose mérite quelques détails. Nos ennemis font rarement usage de balles dum-dum, c'est-à-dire explosives, dont la présence dans leurs stocks de munitions, toujours aisée à contrôler lors des prises faites au cours des combats journaliers, les desservirait dans l'opinion des neutres et exposerait le porteur à être fusillé.

Mais, avec leur volonté bien arrêtée de faire

(1) Le service de la trésorerie et des postes (T. P.) est organisé aux armées par quartiers généraux. Chaque division, corps d'armée ou armée a son bureau desservant un secteur postal. On les installe naturellement non loin du Q. G. dont ils dépendent.

usage de toutes armes illicites, ils suppléent à l'absence de dum-dum par un procédé aussi canaille que pratique. Ils retournent leurs balles ordinaires à l'aide d'un instrument spécial et à double fin, dont le fusil de chacun de leurs soldats est muni. C'est un outil en acier; s'ajustant à l'extrémité du canon, il sert soi-disant de couvre-bouche, destiné à préserver l'âme de l'introduction de corps étrangers; mais l'instrument est également apte à saisir la balle par sa pointe, à laquelle il s'adapte, et à l'extraire de la douille, où elle est replacée ensuite culot en avant.

De pareils projectiles sont impropres au tir à grande distance, car ils se comportent mal dans l'air, où ils tournent à la façon de toupies. Mais dans cette lutte rapprochée qu'est la guerre de tranchées, leur précision reste suffisante. Ils font alors d'épouvantables blessures, telle celle que nous signale dans son rapport le docteur A..., médecin aide-major au N^e zouaves. Après avoir pénétré dans la poitrine à hauteur de l'omoplate gauche, la balle retournée a déchiqueté l'orifice d'entrée comme eût pu le faire un gros éclat d'obus. Celui de sortie est encore plus grand, on y plongerait facilement les deux poings. Le praticien ajoute qu'il y aurait, de ce fait, doute sur la nature du projectile employé, s'il n'avait trouvé la balle encastrée dans un os.

C'est la démonstration la plus évidente de l'infamie de nos ennemis (1).

2 novembre. Jour des Morts. — En allant à la liaison, je me suis arrêté ce matin à H...-A..., petit village où nous avons nos ambulances. Cette pause me valut d'assister à une cérémonie fort impressionnante.

L'église ayant été utilisée par notre service de santé, on célébrait, en plein air, la messe des Morts. Elle fut dite sur un autel de campagne orné de verdure, par notre aumônier divisionnaire, un vieillard de soixante-quinze ans, très connu à Alger, où il officiait à l'hôpital du Dey. Ce prêtre est d'ailleurs un vieux soldat qui a fait la campagne de 1870 comme sergent-major de zouaves. La cérémonie s'est déroulée dans le cadre rustique de la place du village, près de l'église désaffectée et convertie en ambulance. L'ornementation, très sobre, était constituée par quatre faisceaux surmontés de couronnes de chêne entremêlées de rubans tricolores. Un officier doué d'une voix excellente, le capitaine K..., de l'état-major du C. A., chanta la messe, accompagné par l'harmonium; un simple soldat, artiste connu, Balthus, ex-premier prix du Con-

(1) Pareils faits, dont celui-ci, ont à diverses reprises été signalés dans des revues médicales.

servatoire, entonna le *Requiem* d'une façon splendide. Durant cette cérémonie, que favorise un temps superbe, le canon tonne et un avion, qu'on finit par reconnaître français, plane sur la petite place.

J'ai passé ensuite à l'ambulance, que, sous la haute direction du docteur G..., notre éminent médecin divisionnaire, dirige un chirurgien militaire réputé, Monsieur L..., homme de la plus haute capacité et du caractère le plus droit et le plus élevé (1). Elle est malheureusement toujours pleine et le service y est très dur pour le personnel. La relève des blessés ne pouvant souvent se faire qu'après la chute du jour, c'est de nuit qu'ils arrivent ordinairement aux ambulances. Celles-ci, pour être hors de portée de canon, sont généralement installées à deux ou trois lieues des postes de secours. Nos chirurgiens et leurs aides passent donc leurs nuits à panser et à opérer. Ils s'y emploient avec un dévouement inlassable qui fait le plus grand honneur au service de santé du front. Je trouve comme d'habitude l'église-ambulance pleine

---

(1) Le fait suivant en donnera idée. Un officier du service topographique étant, par inadvertance, monté dans le clocher de l'église-ambulance pour effectuer un tour d'horizon, le docteur L..., dès qu'il l'apprit, fit abaisser aussitôt le pavillon de la Croix-Rouge. A ses yeux, ce signe de la neutralité ne pouvait plus figurer sur l'édifice

de blessés, tous gravement atteints, car on transporte immédiatement à l'arrière tous ceux susceptibles de voyager, et c'est l'immense majorité.

Dans un local voisin, je passe au chevet du capitaine d'artillerie A..., qui, avant-hier, a eu un bras fracassé lors de l'explosion d'un caisson sur lequel il était monté pour observer le tir de sa batterie contre le *Drachen*. Repérés par les observateurs de la *saucisse*, nos canons furent soumis à un feu violent, d'où l'incident en question. On a dû amputer le malheureux commandant de batterie. Il s'en tirerait aisément, n'était qu'outre la gangrène gazeuse il est affligé de troubles graves, que la vibration des gaz a occasionnés au cerveau et au cœur (1). Le docteur doute qu'il en réchappe et nous apprendrons demain la mort de ce pauvre camarade.

Mardi 3 novembre. — Grand événement! Le Président de la République, accompagné du ministre de la guerre, est venu à 11 heures au P. C. de notre corps d'armée, sis à quelques kilomètres de notre quartier général. Il a procédé, au milieu d'une nombreuse assistance, à la remise des croix et des médailles. Parmi les décorés, le docteur J..., médecin-major de

(1) Ces troubles se produisent parfois même sans qu'il y ait de blessure apparente. Les blessés tournent alors sur eux-mêmes comme des toupies.

nos tirailleurs, qui, sous Soissons, puis sous Arras, a constamment fait le service des premières lignes, déployant un véritable héroïsme. Après la cérémonie, M. Poincaré a tenu à se porter à la cote N..., dans une zone très exposée aux obus et d'où l'on jouit d'un beau panorama sur le secteur qu'occupe le corps d'armée. Cette visite du chef de l'État a produit la meilleure impression sur tous.

Jeudi 5. — Les Allemands ont surpris cette nuit un élément de tranchée que gardaient des turcos. Pour obtenir ce mince avantage, ils ont ajouté un nouvel anneau à l'interminable chaîne de leurs infamies. Lors de leur attaque, un clairon bavarois, parfaitement dressé, a sonné notre « *Cessez le feu!* » A la faveur de l'accalmie qui en résulta dans notre tir, un détachement allemand, costumé en tirailleurs, est arrivé jusqu'à la tranchée. Ce stratagème n'a d'ailleurs réussi que partiellement, grâce à la présence d'esprit d'un officier indigène. Méfiant comme tout bon fantassin, il a interviewé en arabe le chef des pseudo-*nases*. L'autre tenta de répondre.

<blockquote>Mais cela gâta son affaire,
Il ne put du pasteur contrefaire la voix.</blockquote>

D'où nécessité pour l'ennemi de se démasquer et réception en conséquence.

Dimanche 8. — Le sous-lieutenant de M..., officier de liaison de la cavalerie, que nous gardons à déjeuner, nous charme par le récit de ses aventures en Amérique. La mobilisation a surpris ce grand beau garçon, distingué et d'excellente famille, dans le Far-West, où il vivait en cowboy, capturant des chevaux sauvages dans la Nevada. Il nous raconte notamment que, sur le paquebot qui le ramenait en France, étaient huit cents autres Français. A l'exception de quelques Basques américanisés, tous nos compatriotes de là-bas se sont empressés de rejoindre.

Mercredi 11. — Nous avons fait quelques prisonniers cette nuit et j'ai été chargé de les interroger. J'ai dû traduire en outre de nombreux carnets trouvés sur des cadavres. Parmi eux, celui d'un certain F... R..., instituteur à M...-O... (Bavière), consignait des détails fort suggestifs. Il y était question, à chaque page, de pillage, meurtre, viol, et même de la fusillade de nos tirailleurs prisonniers (1). La contre-partie de ces horreurs est que, dans des lettres venues

(1) Traduction et publication de ce document ont été données par M. J. Bedier, d'après le carnet même que l'auteur de ces pages a eu entre les mains et dont il avait souligné, au crayon de couleur, les passages les plus intéressants.

d'Allemagne, trouvées sur les morts, je constate un certain découragement. Dans l'une est consignée cette phrase typique : « Nos recrues sont parties le 1ᵉʳ octobre. Quiconque avait tout juste ses membres était reconnu bon pour le service. »

Vendredi 20. — Depuis quelques jours, le froid est très vif et le thermomètre placé à ma fenêtre, au premier étage, est descendu cette nuit à — 9 degrés centigrades. Dans ma chambre, une glacière face au nord, l'eau du pot à eau était gelée. Je ne saurais me plaindre ; mais que penser de la rude existence que mènent par ce froid nos admirables soldats dans leurs tranchées? Néanmoins, en raison des précautions prises, distribution de boissons chaudes et installations de braseros, il y a eu relativement peu d'accidents. Ce furent surtout des cas de congélation partielle ou totale des pieds. Nos tirailleurs en sont plus particulièrement affectés, et parmi eux, chose digne de remarque, presque tous ceux qui ont à un degré quelconque du sang noir. Ce serait là pour les Américains, si emballés sur les questions de consanguinité, un excellent procédé pour déterminer la filiation des sujets douteux. Je le livre comme tel aux méditations des généalogistes yankees.

VII

DEVANT LE LABYRINTHE

2 décembre. — Anniversaire d'Austerlitz. Le général Q..., l'héroïque soldat de Barcy et de Crouy, prend officiellement aujourd'hui le commandement de la division (1). Ce chef énergique va lui imprimer une vigoureuse impulsion dans la tâche si ardue qui lui incombe maintenant. Notre secteur a été déplacé vers l'est, en avant d'Arras. Nous couvrons cette ville au nord et en gardons les deux importantes routes de Béthune et de Lille, désormais fameuses dans les annales françaises. Le nœud de notre position est constitué par les villages, certes à jamais célèbres, de R... et d'E... Le premier dans une cuvette, le second sur un plateau avec, en face, *ce fameux Labyrinthe*, dont l'organisation, commencée en octobre par les Allemands, se perfectionnera chaque jour, au

---

(1) Nommé depuis général de division et proposé pour la croix de grand officier.

point de devenir un des plus formidables centres de résistance de tout leur front.

La force de nos lignes ne le cède d'ailleurs en rien à celle de l'ennemi. Le morceau étant, de part et d'autre, trop dur à avaler, chacun des deux adversaires s'efforcera de le grignoter; d'où une lutte incessante, de jour comme de nuit; des attaques et des contre-attaques sans cesse renouvelées. Elles nous laisseront un jour vainqueurs; le lendemain, parfois un peu entamés, mais jamais découragés et toujours prêts à reprendre du poil de la bête, du fauve qu'il faut à tout prix chasser de France.

Le moment n'est pas encore venu de retracer dans leur détail ces journées épiques, auxquelles l'histoire attachera certes les noms glorieux des chefs qui menèrent cette lutte de géants; mais on peut toutefois, dès maintenant, en donner une idée par des tableaux exacts quoique discrets, mettant en relief les hommes et les choses. C'est ce que nous tenterons de faire au cours de ce dernier chapitre de nos impressions de guerre.

3 décembre. — Au cours de ma promenade à cheval, je me suis arrêté, au sortir de H...-A..., le village où fonctionnent nos ambulances, à l'inévitable cimetière-annexe. Il est sis au croisement de la grande route et d'un chemin.

Comme nous avons eu des combats très sérieux tout le mois précédent, et particulièrement ces jours derniers, il s'est peuplé, ce cimetière. Début novembre, on y comptait à peine une douzaine de tombes, ornées d'une croix, d'une stèle ou d'un croissant, avec comme épitaphe le nom, l'âge et le régiment du défunt. Ce nombre a quintuplé aujourd'hui et le cimetière semble en fête. Le Bonhomme Hiver en fit les frais, annonçant ainsi sa visite.

Des stalactites de glace pendent aux croix et brillent telles des pierres précieuses; un blanc linceul de givre recouvre chaque tertre. Les fantassins éprouvant de beaucoup le plus de pertes, on a enterré ici surtout des zouaves et des tirailleurs. Quelle leçon de fraternité se dégage de la contemplation de ces humbles tombes régulièrement alignées et toutes semblables! Combien parlantes sont ces épitaphes d'hommes de toutes conditions, de toutes races, de toutes religions, dormant côte à côte et dont le drapeau tricolore, symbole de liberté et d'union, fit taire les inimitiés en les rassemblant sous ses plis glorieux!

J'ai relevé au hasard les noms d'une seule rangée de tombes et les reproduis ici sans interpolation aucune. Ce sont : Amed, Migonnet, Amed ben el Hadj Ali, Dubreuil, Antonez, Ramailhes, Marge, Seban Salomon, Rodrigue,

Bentajine, Abed, Dupont. Soit, sur douze défunts, sept chrétiens, dont cinq Français et deux néo-Français d'origine espagnole; trois musulmans, dont l'un s'enorgueillisait du titre de fils de pèlerin (ben el Hadj); enfin deux Israélites. Combien la simple vue de leurs tombes est de nature à montrer la vanité de ces querelles confessionnelles qui, sous des noms divers que précède invariablement le préfixe anti, excitent les uns contre les autres les enfants d'une même patrie. Qui oserait se sentir ici antichrétien, antijuif, antimusulman? N'ont-ils pas payé tous le même tribut à la mort glorieuse et ne doit-on pas les confondre tous dans la même glorieuse appellation de soldats français morts au champ d'honneur?

Dimanche 6 décembre. — Notre brillant chef d'état-major, le commandant D..., nous quitte pour aller prendre, comme lieutenant-colonel, le commandement d'un beau et vaillant régiment d'infanterie, à la tête duquel il conquerra bientôt sa rosette d'officier. Son successeur, le commandant O..., nous arrive de l'Yser. Son bataillon prit une belle part à la légendaire résistance de l'armée anglo-franco-belge contre le flot de 500 000 Allemands s'efforçant d'atteindre Calais, et dont les vagues d'hommes, sans cesse renouvelées, sont venues se briser devant le mur d'acier des troupes alliées.

Nous recevons ce même jour le général P..., ancien colonel du 2ᵉ étranger, à Saïda. C'est un vieux routier très connu en Algérie et dans toutes nos colonies, où son nom, véritable drapeau, est synonyme d'honneur et de courage. Récemment promu, il vient remplacer notre nouveau divisionnaire à la tête de son ancienne brigade.

Ayant accompli presque toute sa carrière dans l'armée d'Afrique et principalement à la légion, le général P... porte la cravate de commandeur, qu'il doit à de magnifiques états de service. En Algérie, ses légionnaires l'adoraient, mais le craignaient comme le feu. Ils l'avaient surnommé *Trente dont huit*, c'est-à-dire trente jours de prison dont huit de cellule, faisant ainsi allusion à sa juste sévérité qui leur appliquait libéralement le maximum toutes les fois qu'il était nécessaire. De taille moyenne, très large d'épaules, le teint coloré, le regard clair, les traits accentués, l'aspect à la fois mâle et jovial, le général P..., Bourguignon d'origine, nous quittera dans quelques mois pour prendre le commandement d'une division. Lors de son arrivée, le général Q... lui a confié le commandement de l'ensemble de notre front.

Sous ces chefs énergiques, qu'actionnent les claires directives des deux illustres soldats, tous deux anciens maîtres de l'École supérieure de guerre, commandant l'un notre armée, l'autre notre corps d'armée, les opérations vont prendre dans le secteur de la division une singulière vigueur. Elles prépareront la grande offensive du printemps 1915, celle qui nous rendra définitivement maîtres du Labyrinthe. Avec orgueil nous pourrons penser, à l'heure de la glorieuse récolte de mai, que nous, les ouvriers de la première heure, avions bien semé là-bas en Artois (1).

7 décembre. — J'ai reçu aujourd'hui un israélite algérien, nommé H..... Établi depuis trois ans au Maroc, il venait, de là-bas, chercher le corps de son fils tué à R... Comme je lui disais que les règlements interdisent les exhumations pendant la guerre, cet homme, à la figure et au costume de patriarche, me déclara d'une voix très calme :

« Il me faut le ramener, sans quoi sa mère se tuera. » Il y avait quelque chose d'antique et d'inéluctable dans le ton de sa réponse. A cet instant, ce juif m'a semblé recéler une force de volonté digne de surmonter le destin. Je l'ai adressé à qui de droit.

---

(1) La division se trouvait alors sur l'Yser, et on voit qu'elle combattit toujours aux points les plus exposés.

Mardi 8 décembre. — On m'a envoyé dès l'aube à R..., auprès du lieutenant-colonel A..., jadis à l'état-major du général de L... et qui a pris, sous Soissons, le commandement du régiment de zouaves F... devenu vacant à la suite de la blessure reçue par son chef. Avec ce corps de marche, dont il a su faire un régiment d'élite, cet officier supérieur assure, depuis notre arrivée sous Arras, c'est-à-dire depuis deux mois, la défense du sous-secteur de R... C'est là une difficile mais glorieuse tâche, car ce village est, ainsi que celui d'E..., situé à 1 200 mètres plus à l'ouest, constamment battu par l'artillerie. Placé en saillant du bastion avancé que notre secteur constitue en avant de la capitale de l'Artois, R..., canonné à la fois de front et d'écharpe, est, de plus, perpétuellement arrosé de balles, car ses dernières maisons s'élèvent à moins d'un kilomètre des lignes ennemies dont les tranchées sont, par endroits, à quelques mètres seulement des nôtres.

Parti en auto comme d'habitude, car, à l'État-major, nous allons aux tranchées chaque jour à tour de rôle, je lâche ma voiture un peu avant d'entrer dans la zone des balles, au bas d'une grande côte au delà de laquelle tout véhicule qui s'aventurerait aux vues de l'adversaire serait immédiatement châtié par son canon. Escorté d'un des cyclistes qui assurent la liaison entre le colonel A… et la brigade, je suis accompagné par un secrétaire d'état-major porteur d'une musette pleine d'objets divers (briquets, papier à cigarettes, cigares, etc.) destinés à nos braves, que ces envois quotidiens amusent.

Nous cheminons à travers champs, marchant tantôt dans des boyaux plus ou moins profonds, tantôt, quand la boue les rend impraticables, complètement à découvert, car on y enfonce par endroits jusqu'aux genoux. La musique des balles vous bourdonne alors désagréablement aux oreilles. Les unes, de beaucoup les plus nombreuses, sont des projectiles perdus qui rasent constamment ce glacis; d'autres, plus rares, nous frôlent de très près, nous étant spécialement adressées par les tireurs d'élite dont la consigne est de surveiller sans cesse les abords de nos lignes. La sensation de gibier que ressent alors l'homme ainsi visé n'a rien de drôle et, pour ma part, je préfère à ce bourdonnement discret l'explosion brutale des grosses marmites.

C'est ainsi que nous atteignons le couvert des plus relatifs qu'offre la lisière de R… En ce début de décembre 1914, ses maisons, souvent veuves de leurs toits, sont déjà en majorité trouées comme des écumoires. Leurs murs disjoints et percés laissent passer tous les vents accompagnés de quelques prunes… toujours de saison ici.

Je trouve le lieutenant-colonel A... étendu sur un lit de camp. Il vient de s'y allonger, après trent-six heures de labeur ininterrompu, soit dans les tranchées qu'il inspecte sans cesse, soit dans son poste, où, administrateur émérite, il travaille avec non moins d'ardeur. C'est un soldat de haute taille, aux traits énergiques, au regard expressif, à la chevelure broussailleuse plutôt poivre que sel, et portant entièrement une barbe plutôt sel que poivre, qu'il n'a pas ici le loisir de soigner plus particulièrement. La figure a un aspect général d'ascétisme et de sévérité que tempère la grande bienveillance des yeux. Vêtu de bure comme ses zouaves, sa silhouette évoquerait un peu celle de ces moines-soldats du moyen âge, par exemple celle d'un templier mitigé de bénédictin, n'était que le colonel porte dans son intérieur le fez semi-rigide. La lourde responsabilité que lui donne la défense de ce sous-secteur, particulièrement menacé, se lit sur son visage perpétuellement soucieux.

Une expression de mélancolie plus spéciale se reflète aujourd'hui sur ses traits. Elle a été provoquée, m'apprend-il, par une bombe qui, il y a tantôt une heure, a pénétré dans son bureau en son absence. La dame, en tant que Boche, ne pouvait se montrer plus galante, mais le colonel ne lui en sait aucun gré. N'a-t-elle pas dispersé, broyé, brûlé ses papiers, sur lesquels besognaient quatre scribes dont aucun d'ailleurs ne fut touché et qui, ainsi libérés de leur tâche, furent aussitôt expédiés aux tranchées. Voué par mes fonctions à recevoir une partie de ce volumineux courrier, je n'éprouve de ce désastre aucune peine particulière. Je fais donc très respectueusement remarquer au colonel, qui veut bien m'honorer de sa bienveillance, qu'il n'a pas trop à se chagriner de ce méfait. Rares sont les projectiles privant un chef de corps de quatre porte-plumes pour lui restituer quatre fusils.

Durant cet entretien, le tac-tac des balles s'écrasant à chaque instant contre les murs du poste se fait entendre sans arrêt. Cette musique est perpétuelle ici et on s'y croirait à toute heure du jour et de la nuit dans le voisinage d'un tir forain. Après lui avoir fait connaître ma mission, je quitte l'énergique soldat, qui a transformé cette partie du front en forteresse imprenable, et vais visiter en détail les travaux de défense. Dans le boyau emboué où je pénètre, des territoriaux appartenant au bataillon du commandant Bourdel, officier de réserve et l'un des directeurs d'une des plus importantes maisons d'édition de Paris, projettent d'un geste machinal sur le revers du talus la boue qui les englue. Véritable travail de Pénélope, cette besogne de chaque jour approfondit toujours davantage le chemin par lequel nous cheminons. Des balles, dont personne n'a cure, passent en sifflant sur nos têtes. De temps en temps, on perçoit, venant de l'avant, une explosion sourde produite par un *minenwerfer* (1), ou bien encore un projectile, plus ou moins puissant, nous survole en ronflant bruyamment. C'est là l'habituelle musique de ce coin du front.

Mais le boyau se rétrécit, nous franchissons les tranchées de deuxième ligne et je trouve à son poste de commandement l'officier supérieur de jour dans le sous-secteur. C'est aujourd'hui le commandant de Robien (2). Officier de carrière, âgé de près de soixante ans, en retraite depuis plusieurs années déjà lors de la mobilisation, il appartenait à l'armée territoriale et fut placé, sur sa demande, à la tête d'un bataillon de zouaves avec lequel il fait merveille. C'est un homme de très haute taille et ne voulant en perdre un pouce dans ses tranchées, où il chemine du matin au soir et du soir au matin. Ses traits sont fortement accusés, le

(1) Lanceur de mines allemand. Il en est de différents types.
(2) Il devait trouver, à quelques semaines de là, une belle mort dans ces lieux mêmes. *L'Écho de Paris* lui consacra un article nécrologique où le caractère de mysticisme de cet officier, au nom connu, fut peut-être un peu exagéré.

nez est très proéminent; le sourire, quand il existe, un tantinet amer; la bouche, un peu édentée, mâchonne perpétuellement, avec ce qui lui reste d'incisives, un éternel cigare la plupart du temps éteint. Le geste est sobre, et la parole encore davantage. D'une bravoure calme, froide, héroïque, le commandant de Robien est un soldat de race et la sienne en a fourni beaucoup au pays.

Sortant de sa *cagna*, nous nous engageons, l'un derrière l'autre, et en échangeant quelques brèves paroles, dans l'inextricable labyrinthe des tranchées qu'il faut admirablement posséder pour ne pas s'y égarer. Lui en connaît à fond le dédale. On est ici dans le sable. C'est un plaisir de s'y promener après s'être péniblement traîné dans la boue des boyaux précédents. Chemin faisant, nous croisons des zouaves, mêlés de sapeurs et de quelques territoriaux de corvée. Ils vont et viennent, appelés par leur service. Puis, brusquement, nous tombons dans les tranchées de première ligne, distantes en ce point de quelque 60 mètres de celles de l'ennemi. Nous nous retrouvons, hélas! dans la boue, car le terrain redevient glaiseux. Le spectacle est saisissant. Derrière leurs créneaux, plus ou moins espacés, des zouaves veillent dont les fusils sont perpétuellement braqués sur l'ennemi; d'autres somnolent accroupis dans des abris individuels creusés dans le talus. Mais ces soldats ne ressemblent en rien à nos zouzous si coquets du temps de paix. Ils ont abandonné depuis longtemps le boléro ajusté et le jupon garance, et sont maintenant vêtus à la façon de nos thabors.

Chaque régiment n'en a pas moins gardé son particularisme, je dirai presque sa mode, qui s'inspire invariablement du caractère du chef. Ici elle est sévère, ignore l'afféterie, la coquetterie et tranche, du tout au tout, avec celle des zouaves qui occupent le sous-secteur voisin.

Tous ces hommes, très mêlés comme race, car il est parmi eux un bon quart de néo-Français, se sont fondus dans le puissant creuset qu'est un régiment d'infanterie perpétuellement aux avancées. Ce sont, dans toute l'acception du mot, des soldats de France et de fiers soldats! Depuis deux mois, ils vivent sous une voûte de feu, au bruit perpétuel des balles, des pétards, des obus et des torpilles aériennes. Aussi plus rien ne les émeut, et c'est avec une suprême indifférence qu'ils voisinent avec la mort.

Quand un blessé passe, ils s'effacent pour lui faire place, mais personne ne se répand en vaines lamentations sur son sort. L'instant d'après, même chose peut vous arriver et chacun s'y attend un peu, sans plus s'en soucier. Quand un camarade est tué, on lui enlève ses papiers, son argent, bref tout ce qui pourrait intéresser sa famille, puis on introduit dans une boutonnière de la capote un petit morceau de bois fendu, serrant un carton, sur lequel est libellé l'état signalétique du défunt. Le cadavre est alors provisoirement garé dans quelque coin. A la nuit, on l'inhumera le plus profondément possible, et généralement pas très loin du lieu où il est tombé. Courte sera la cérémonie et brève l'oraison funèbre prononcée par un camarade, par le chef de section, ou parfois par le capitaine du défunt. Ici il n'est point d'usage de répandre longuement des fleurs sur les tombes constamment ouvertes. Un bref : « C'était un brave garçon ! Un vaillant qui n'avait pas froid aux yeux ! Un bon camarade ! » déclaration suivie d'un expressif : « On te vengera », et c'est tout. Nul n'a le temps de s'apitoyer. Nous rencontrons ainsi quelques cadavres sur notre route et les saluons au passage.

Chemin faisant, le secrétaire distribue aux zouaves les menus objets apportés pour eux, pendant que je questionne officiers, gradés et soldats sur leur état, leurs besoins, leurs désirs, tout en inspectant les travaux et en examinant ceux de l'adversaire soit par les créneaux, soit au périscope. Entre temps, je prends force notes qui me permettront ensuite de faire mon rapport à mes chefs.

Durant cette partie du trajet, nous sommes à une distance des Allemands variant de soixante à six mètres. Aux points les plus rapprochés, les adversaires s'invectivent parfois à la façon de héros d'Homère, si bien que cette guerre, qui par certains côtés balistiques rappelle les sièges fameux du règne de Louis XIV, évoque sous d'autres rapports un passé autrement reculé : celui de l'Iliade.

Mais nous voici à la route fameuse d'Arras à Lille qu'Allemands et Français ont coupée par toute une série de formidables barricades. Là s'étalent largement les obstacles les plus variés : tranchées profondes, parapets, sacs à terre, trous de loup, réseaux en fil de fer, chevaux de frise, etc., etc..., derrière lesquels sont braquées, menaçantes, des mitrailleuses perpétuellement prêtes à entrer en action. Pour nous, comme pour nos adversaires, ces barrages qui coupent la grande artère d'Artois dans les Flandres sont d'une importance capitale. Des combats incessants se livrent presque chaque semaine pour défendre ou forcer ces obstacles et, à cinq cents mètres à la ronde, le sol recouvre des cadavres, souvent à fleur de terre. Venu pour étudier plus spécialement ce coin de secteur, j'en opère la reconnaissance guidé par le commandant de Robien, puis je regagne R... où, d'après les instructions de mes chefs, je dois rester jusqu'à nouvel ordre.

Nuit du 8 au 9 décembre. — J'ai été maintenu au village en raison d'un coup de main qui doit être effectué sur les minuit, contre la barricade allemande de la route de Lille. Le général de brigade P... est arrivé au crépuscule pour diriger l'opération et en régler les détails avec les divers chefs subordonnés. D'où, au P. C., une nombreuse affluence d'officiers. Puis, toutes choses ayant été réglées, on dîne fort gaiement tous ensemble au bruit des marmites et du tac-tac incessant des balles.

A 10 heures, chacun se rend à sa place de bataille. Une heure plus tard, notre canonnade se déclanche pour occuper les Allemands. A l'heure prescrite, le groupe franc du sous-secteur, une centaine de durs à cuire, se jettent revolver au poing et baïonnette nue à la ceinture (1), sur la barricade allemande, dont ils surprennent les défenseurs. Après en avoir massacré la garnison et bouleversé les travaux de

---

(1) Pour ce genre d'attaque, on a remplacé depuis les épées-baïonnettes par des coutelas, analogues à ceux des Allemands, et beaucoup plus pratiques pour le corps à corps.

l'ennemi avec des pétards, ils rentrent dans nos lignes, distantes en cet endroit de quinze à vingt mètres. Il ne saurait être question, en effet, d'occuper le point attaqué, car il est sous le feu direct des batteries allemandes et serait par suite intenable.

A 2 heures du matin, nous sommes de nouveau rassemblés au P. C. et réunis cette fois aux gradés et aux plus braves d'entre les braves du groupe franc, que le lieutenant-colonel A... veut fêter. Plusieurs manquent, hélas! dont leur chef, un lieutenant qui fut tué d'une balle au front. L'adjudant C... le remplace, c'est un tout jeune homme blond, petit, presque imberbe, déjà médaillé, plusieurs fois cité et proposé pour la Légion d'honneur.

Près de lui et formant un frappant contraste, l'adjudant S... des chasseurs d'Afrique, un vieil Algérien, grand, élancé, bronzé et barbu, magnifique type de soldat dont la réputation de bravoure est légendaire à la division.

Nous nous attablons et on soupe gaiement, tout comme après une sortie de bal. Notre hôte, auprès duquel je suis assis, porte au dessert un toast ému à la mémoire des camarades tombés, puis lève son verre en l'honneur des survivants. Le champagne pétille dans les coupes. Dehors, la canonnade fait rage, car les Allemands, agacés de l'incident, se vengent sur le village. Mais cette pétarade n'émeut personne. A quoi servirait-il! A R... comme à E... c'est incident journalier, auquel on finit par ne plus attacher d'importance. Le jardin tout proche a été converti en cimetière, car les obus tombent particulièrement autour du poste. Les morts sont donc enterrés à quelques pas de la salle où nous sommes réunis. Seul le mur de la pièce nous sépare de cette nécropole, à laquelle aucun ne songe en ce moment. Le désir de jouir de la vie se concilie en effet parfaitement avec le voisinage de la mort.

Un peu avant l'aube, nous nous séparons. Comme la lune s'est voilée, je pars en charrette avec le général P... et S..., l'ancien officier d'ordonnance du général Q..., devenu le sien. Nous ramenons le principal trophée de la nuit, un bouclier très pesant pris par les zouaves.

9 décembre, 9 heures. — En rentrant du corps d'armée où j'ai été rendre compte des événements de cette nuit, le général m'expédie de nouveau aux tranchées. J'irai cette fois dans le sous-secteur d'E... pour étudier un détail des lignes allemandes, en vue d'une opération consécutive à celle à laquelle je viens d'assister.

Je pars en auto et roule pendant une demi-heure. A la faveur du brouillard, je réussis, par extraordinaire, à gagner en voiture un point du chemin, sis non loin de l'entrée d'un boyau, où je m'engage avec le guide accoutumé. Après une course assez longue, car ce boyau est dans un état affreux, j'arrive à l'extrême avancée des tranchées, qui en ce point commandent sensiblement celles de l'ennemi.

D'ici, et sans se donner le torticolis, on voit admirablement les lignes adverses, éloignées de moins de cent mètres. Il ne faudrait cependant en inférer que l'on aperçoive grand'chose. A travers les betteraves, qui dans cette région couvrent d'immenses espaces, court, parallèlement à notre front, une sorte de levée de terre rougeâtre, d'un mètre à un mètre cinquante d'élévation, percée de créneaux et derrière laquelle on devine un fossé.

C'est actuellement la frontière allemande! L'autre front! d'aspect absolument semblable au nôtre. Et c'est là tout ce que traduisent dans la réalité ces mots formidables : *les fronts*. Vue d'ici, on ne peut songer, sans émotion, que cette simple strie à travers la campagne, ce sillon à peine perceptible de loin, ce rien en apparence, s'étend de la Suisse à la mer du Nord, constituant sur des centaines et des centaines de kilomètres la plus redoutable barrière que le génie humain ait encore enfantée.

En fait l'obstacle matériel, tout admirablement organisé qu'il soit, n'a rien de nouveau. Les Romains, devant Gergovie et Alésia; nos pères, devant Badajoz et Saragosse, en ont dressé et enlevé d'autrement importants. Le facteur nouveau, décisif, celui qui a vraiment modifié le caractère de la guerre, c'est la puissance, quasi miraculeuse aujourd'hui, des armes à tir rapide, fusils et surtout mitrailleuses.

A franchir, du point où je suis, les cent mètres de ce glacis qui dévale en pentes assez raides et entièrement découvertes vers les lignes allemandes; à traverser cet unique champ de betteraves, que son propriétaire retrouvera largement fumé, la vieille garde de Napoléon elle-même, l'élite de l'élite, la quintessence des héros d'Italie, d'Égypte, d'Austerlitz et d'Iéna, se révélerait impuissante. Elle mourrait mais ne passerait pas ! Débouchant de ce fossé bourbeux où je patauge, la garde fondrait en un instant, comme en 1812 elle fondit, en l'espace de quelques semaines, sous les frimas du ciel moscovite.

Le fusil à répétition ! La mitrailleuse surtout ! Voilà les deux engins qui, plus que les progrès du canon, ont transformé, révolutionné la guerre. Que l'on ne s'y trompe pas ! Si donc seule, comme par le passé, l'offensive stratégique peut donner la victoire, il demeure incontestable que la défensive tactique a désormais beau jeu (1).

Celui qui en douterait serait convaincu, par le spectacle que j'ai sous les yeux, en ce coin du front, fameux aux lignes d'Arras sous le nom de la *tranchée des cadavres*. Entre celle où je chemine et la ligne allemande, sur trois cents mètres de large et cent de profondeur, le sol est jonché de corps tombés au cours des assauts livrés à diverses époques. Ils sont, par suite, aux différents états de la décomposition. Les plus proches sont à quelques mètres de nos créneaux, enchevêtrés dans les fils de fer. Pourtant, si près qu'ils soient, personne au monde ne pourrait songer à les inhumer, même par la nuit la plus profonde.

Tombés les armes à la main, ils les tiennent encore de leurs doigts décharnés. Les faces de beaucoup sont entièrement noires et on croirait voir des nègres. Les yeux ne sont plus et les lèvres, elles aussi, ont depuis longtemps dis-

---

(1) Rappelons à nos lecteurs que la stratégie est l'art de faire mouvoir les armées sur les théâtres d'opérations ; la tactique, celui de les faire agir sur les champs de bataille. Les règles de la première sont, par suite, immuables, comme le sont elles-mêmes les grandes lignes du terrain (fleuves, montagnes, collines); alors que celles de la seconde, fonctions des armes, varient perpétuellement avec leurs progrès.

paru, laissant les dents à nu. Ainsi ils paraissent rire, d'un rire sépulcral qui glace quand on s'y arrête trop longtemps. Fantoches horribles et superbes, ces trépassés glorieux continuent ainsi à vivre dans la mort, puisque rire est le propre de l'homme, du vivant. A les voir dans les attitudes héroïques où les figea la camarde, il semble que, comme dans *le Rappel* de Raffet, ils attendent le moment de se dresser pour combattre, charger, et mourir de nouveau, quand retentira l'appel strident des clairons.

Tantôt rivés au sol par la gelée, ils font bloc avec lui, ces chasseurs à pied, ces fantassins, ces zouaves, ces tirailleurs, car il en est de tous uniformes et des Allemands aussi. Tantôt, quand souffle le zéphir, ils ne sont plus qu'amas de chairs en décomposition. Si, dans le but de leur donner sépulture honorable ou de se soustraire à l'odeur nauséabonde, les défenseurs de la tranchée des cadavres tentent de les amener à eux avec une longue perche ou un lasso quelconque, ces corps s'en vont par morceaux, laissant leurs membres à toutes les pointes du réseau barbelé. Tel fut le cas de ce sergent qu'on me montre amputé de sa senestre restée là dans le fil de fer. Et la vue et l'odeur de ce charnier empesté rendent fortement spiritualiste, car... que serait l'homme s'il n'était que cela après la mort?

Il faut, semble-t-il, de rudes nerfs pour résister aux impressions déprimantes qui doivent résulter de ce perpétuel et macabre voisinage. Est-ce bien sûr? Ceux qui vivent ici s'en accommodent pourtant. Or ces zouaves sont précisément ceux du colonel D..., les zouaves d'Oran (1), réservistes pour la plupart, et que j'ai rencontrés là-bas dans tous les rangs sociaux; qui, exerçant une profession libérale; qui, colon; qui, ouvrier. Je me rappelle que celui-ci m'a servi des bocks à la terrasse d'un grand café et que j'ai rencontré cet autre au Palais, sous la toge de l'avocat. C'étaient donc des citoyens paisibles de notre démocratie laborieuse. Rien ne les avait préparés au métier de héros. Peut-on pourtant leur enlever ce titre à ceux qui, de jour comme de nuit, l'arme perpétuellement en main ou à portée d'eux, sont toujours prêts à repousser l'envahisseur ou, à l'appel de leurs chefs, à se jeter, baïonnette croisée, sur les lignes formidables de l'adversaire?

Quel miracle a donc pu les transformer ainsi? Oh! c'est bien simple. Ce miracle, c'est le sang de la race qui l'a accompli. Le sang de notre vieille race gauloise, celle qui, à deux reprises,

---

(1) Mêlés, bien entendu, comme toutes nos formations européennes d'Algérie, de nombreux Français de France, la colonie étant trop peu peuplée pour fournir, à elle seule, ces nombreux bataillons.

a conquis le monde ; d'abord avec Brennus, plus tard avec Napoléon, et qui, au jour du danger national, alors qu'on la croyait la plus amollie par sa civilisation raffinée et ses apparentes divisions, s'est dressée devant l'invasion. Il est beau, ce sang ! Que de belles pages furent et seront encore écrites avec cette glorieuse encre rouge. Il coule dans les veines de la plupart de ces fils de la France, qu'ils soient nés dans la mère patrie ou chez sa fille africaine. Quant aux néo-Français, l'exemple des camarades et surtout celui des chefs les mua insensiblement en héros, eux aussi. Ainsi le devinrent-ils tous sans s'en douter. Ainsi le sont-ils sans le savoir souvent. Quand on leur attribuera plus tard cette étiquette, ils en seront parfois tout surpris.

Ces chefs ! sont-ils donc des surhommes ? Non ! Ce sont simplement des officiers français, des hommes tout court, mais des hommes de devoir toujours, parfois de plaisir aussi. Pour être sans cesse prêts à mourir et avoir un absolu mépris de la mort, beaucoup n'en aiment pas moins la vie et ses côtés aimables. Parmi eux, les chartreux sont rares. Pour se donner du ton ils ne clament pas, d'une voix sépulcrale, un perpétuel : « Frère, il faut mourir. »

Celui qui commande ici est le lieutenant-colonel D..., un véritable type d'épopée. Il a imprimé à ses soldats son propre caractère, fait de bravoure impétueuse et de sens de la vie. « Prendre gaiement toutes choses », pourrait être sa devise. A Oran, où je l'ai connu major au 2ᵉ zouaves, il fut, comme dans toutes ses autres garnisons, grand organisateur de réjouissances, féru de bals, de réunions mondaines. Grand, les épaules larges, le teint rosé, l'œil clair et perçant, la physionomie souriante, toujours ganté de frais, rasé de même, invariablement monoclé, un tantinet pommadé, il était la joie des salons. Ici, l'homme n'a pas changé. Quand, le stic à la main, il ne mène pas ses zouaves à la bataille, ce chef intrépide et fleurant bon, qui a fait du sous-secteur d'E... le pendant de celui de R..., s'applique à leur alléger, mieux encore à leur agrémenter la dure existence qu'ils mènent.

Il leur a procuré toutes les distractions compatibles avec la vie des tranchées. Son régiment, maintes fois cité à l'ordre du jour, possède son bar, sa salle de lecture, ses sociétés sportives, sa chorale, sa musique, son théâtre, que sais-je? On y trouve de tout : d'habiles figaros, aptes à manier les ciseaux et le rasoir et qui, en un tour de main, muent au sortir de la glaise un poilu hirsute en un soldat coquet ; d'excellents cuisiniers, idoines à transformer la bidoche et les légumes de l'ordinaire en succulentes ratatouilles ; puis des artistes en tous genres, des peintres, des photographes, des musiciens, des chanteurs et jusqu'à des poètes. Et chaque semaine, après le drame de tous les jours, on joue la comédie et le vaudeville au théâtre des zouaves.

Depuis des semaines, le régiment est la sentinelle avancée de la division devant le formidable Labyrinthe, accumulation prodigieuse de tranchées et de travaux de tous ordres que les Allemands ont édifiés au sud de Neuville-Saint-Vaast, entre les routes de Lille et de Béthune, et qu'ils perfectionnent sans cesse. L'horizon de ces braves est : à l'est, la vaste plaine de Douai avec ses interminables champs de betteraves et ses routes invariablement bordées de grands arbres que la mitraille a déchiquetés; au nord, les lisières saccagées de Thélus et de Neuville-Saint-Vaast avec leurs clochers démolis; à l'extrême ouest, les tours du Mont Saint-Éloi, dont le nom, évocateur du ministre de Dagobert, est en réalité celui d'une abbaye du dix-septième siècle, construite à roc et à sable, mais que chaque jour bat le canon allemand. Aussi, comme le beffroi d'Arras, les tours massives de Saint-Éloi, assez semblables de loin à celles de Notre-Dame de Paris, se disloquent, s'effritent et tombent chaque jour un peu plus en ruines.

Après deux bonnes heures de pataugeage dans ces tranchées, je gagne par un boyau très battu, où chaque jour succombent des nôtres, le village d'E..., sis à moins de 1 000 mètres des lignes allemandes. J'y arrive sur les midi. C'était, il y a encore deux mois, un coquet village enfoui dans la verdure avec l'ordinaire château à l'invariable parc. Ce n'est plus maintenant qu'un amas de décombres dans lesquelles claquent sans répit les balles, et où, de jour comme de nuit et à des heures diverses, tombent les grosses marmites. Elles explosent aujourd'hui ici; demain, là; mais, toujours, quelque part. Aussi l'imbroglio de ces ruines, perpétuellement remuées, est-il indescriptible. Tous les habitants ont fui depuis des semaines, à l'exception d'un seul et très vieux paysan réfugié dans une cave avec sa vache.

Le lieutenant-colonel D..., commandant du sous-secteur, est installé ici et, comme lors de mes précédentes visites, annoncées par le téléphone, il a eu l'attention de m'inviter à déjeuner. Je n'ai garde d'y manquer, d'autant que sa table est délicate. Il a trouvé dans un de ses bataillons un cuisinier réputé, en l'espèce le Vatel de la taverne la plus renommée d'Oran. Le menu qu'on me servira sera aussi choisi que bien apprêté. Huîtres, langouste, volaille dodue et un lièvre très authentique, envoi d'un zouave qui le trouva, paraît-il... dans la tranchée... Hum! Hum! Que diable ce lièvre pouvait-il bien faire parmi ces lapins! Le repas sera arrosé de vins généreux, car le pays d'Artois en abonde et on les réquisitionna au début au prix coûtant.

En attendant l'arrivée d'un autre convive, le brave commandant Guého, qui doit nous tenir compagnie, je fais avec mon amphitryon le tour du propriétaire. Il me montre les travaux opérés... par les obus, depuis ma dernière visite. Belle besogne, en vérité! La maison, la seule dont les murs tiennent encore à peu près, a toutes ses pièces percées d'énormes œils-de-bœuf. Ce serait très agréable en été; mais, en décembre, la bise utilise ces ouvertures pour s'engouffrer partout. Dans la chambre à coucher-bureau, des toiles de sacs bouchent, tant bien que mal et plutôt mal que bien, les trous de marmites; mais il y a des fleurs sur la table de travail et d'élégantes photographies sur la cheminée. Le colonel n'a pu, en effet, se résigner à se réfugier dans la cave. Il l'a abandonnée à son précieux chef de cuisine pour y installer sa pacifique batterie et ruminer, en paix, les menus qu'on servira tour à tour aux officiers du sous-secteur. Ce voyage autour de la chambre ne va pas ici sans quelques distractions (1).

Pst! C'est une balle! Perçant la fruste tapis-

(1) *L'Illustration* de janvier 1915 a donné quelques vues suggestives de cette installation, avec un portrait du colonel D... à sa table de travail d'E...

serie, elle a traversé la pièce avec un parfait sans-gêne. Mon hôte ne s'en émeut pas autrement, mais il gourmande son ordonnance d'avoir laissé dans la cloison de fâcheux interstices.

Sa mercuriale est interrompue par une forte et voisine explosion. Poum! C'est, cette fois, une grosse marmite qui éclate dans le village, à cent mètres d'ici. « Envoi du collègue », ponctue le colonel, faisant ainsi allusion à l'officier allemand chef du sous-secteur adverse, et il ajoute : « Imaginez-vous que ce crétin a juré de ne jamais me laisser déjeuner tranquille. C'est ainsi à chaque repas. Mais il peut tirer, je m'en fiche. »

Ce j'm'enfichisme parfait ne manque pas de grand chic. Ici comme à R..., plus peut-être, le danger de mort est de tous les instants, de toutes les minutes, de toutes les secondes. A quelque temps de là, deux invités (les zouaves ont horreur des agapes solitaires) manquèrent fâcheusement à leur parole. Ils le firent pour raison majeure, ayant été occis en route par le même obus, qui tomba à leurs pieds, comme ils arrivaient. L'un d'eux, le capitaine G..., fut complètement volatilisé et un de ses membres projeté au sommet d'un arbre. L'autre, le petit lieutenant B..., jeune homme de vingt-trois ans, eut les deux jambes coupées et mourut peu après.

Ce sont d'ailleurs, ici, incidents toujours possibles. La semaine dernière, un projectile, éclaté juste dans la pièce au-dessus, creva le plafond de la salle à manger, pulvérisant le lustre et une partie de la vaisselle. Le colonel venait de se mettre à table avec ses deux officiers adjoints, dont un tout jeune universitaire, professeur dans un lycée. La marmite, un 210, arriva alors que ces messieurs achevaient les hors-d'œuvre et que l'ordonnance allait servir l'entrée, une truite succulente. Les victuailles furent dispersées, mais les convives restèrent indemnes. Un morceau d'ogive s'encastra dans la table, à l'endroit même que le chef de corps venait de quitter, en raison d'un courant d'air, pour aller s'asseoir en face. Le culot du projectile est sur la cheminée. C'est un magnifique disque de cuivre du poids de 25 livres.

Mais voici le commandant Gueho. Comme moi, il arrive crotté comme un barbet. On le gratifie d'un vigoureux coup de brosse, puis nous nous mettons à table. Le déjeuner s'achève de la façon la plus heureuse et c'est seulement au café que commence aujourd'hui le bombardement diurne.

Quand nous nous séparons, une demi-heure plus tard, mes commensaux ont l'amabilité de m'accompagner, sous les obus, jusqu'à l'extrémité du village, à la croisée des chemins. Là se dresse une monumentale pancarte, en l'espèce le tableau noir du maître d'école, réquisitionné *ad hoc* après le départ du dernier écolier.

Sur ce tableau se lit cette suggestive annonce que je signale aux amateurs de villégiatures : « E...-les-Eaux. Station thermale pour maladies nerveuses. Séjour recommandé aux froussards. Traitement homéopathique avec guérison assurée. Grand hôtel de la Belle-Étoile. Caves blindées pour personnes délicates. Cuisine soignée : spécialité de pruneaux et de petites marmites. On sert à domicile. Ruines à l'instar de Pompéi. Excursions faciles, frontière à 800 mètres. »

Après avoir quitté ce trou délicieux, je me dirige à pied vers le point, distant de 1 500 mètres environ, où une auto doit me prendre. La moitié de ce trajet est ordinairement battue par les balles ; mais, à cette heure, on n'en entend pas trop siffler, car c'est généralement un peu avant l'aube et au crépuscule que le feu est surtout vif. Alors, à ces moments favorables aux surprises, les hommes qui gardent les tranchées ont une tendance à tirer à tort et à travers au moindre bruit ; d'où une pluie de balles perdues tombant à l'arrière des lignes.

Je m'arrête, en passant, au poste de commandement de mon ancien camarade L..., devenu chef du groupe d'Afrique. Artilleur fanatique de son métier, il ne quitte pour ainsi dire jamais ses batteries. Celles-ci, toujours prêtes à entrer en action, font d'excellente besogne. L..., de caractère un peu taciturne, est un homme de haute culture aimant beaucoup la lecture. Aussi s'accommode-t-il parfaitement de son existence d'ermite. Je le trouve dans sa petite baraque de branchages et de paille, sorte de hutte à la Robinson, gîte convenable par le beau temps, habitable par la pluie. Sise en plein champ, elle est reliée téléphoniquement aux batteries dont on peut ainsi déclancher instantanément le tir. L... m'offre une tasse de thé et me montre sa bibliothèque de campagne : quelques Elzévirs traitant de guerre, d'histoire et d'exégèse. Après une amicale causerie, je quitte cet artilleur philosophe qui, par certains côtés de sa nature, avec l'amour du métier en plus et le fiel en moins, rappelle un peu le canonnier à cheval Paul-Louis Courier.

Samedi 19. — Je reçois une affectueuse lettre du lieutenant-colonel D..., notre ancien chef d'état-major. Il me donne des détails sur la prise de Vermelles. Ce n'est plus qu'un horrible charnier. Notre artillerie et la guerre de mines, car le village fut enlevé maison par maison, ont tout détruit là-bas, jusqu'aux plus petits animaux : lièvres, lapins, poules et pigeons. Quant aux défenseurs, totalement abrutis par notre feu, ils avaient renoncé à enterrer leurs morts dont on a trouvé des centaines en pleine décomposition, tant dans les rues que dans les caves.

Vendredi 25. Jour de Noël. — Hier soir nous n'avons pas fait de réveillon, mais simplement agrémenté notre dîner d'une dinde, à laquelle tous firent honneur. Le propriétaire de céans, curé d'une paroisse des faubourgs d'Arras, et son jeune frère, séminariste à Saint-Sulpice, actuellement en vacances, ont pris part à notre repas.

Dans les tranchées il y a eu, de part et d'autre, une sorte de trêve tacite de la mousqueterie. Les pieux Bavarois, qui, mêlés d'ailleurs à pas mal de mécréants Prussiens et Saxons, nous font vis-à-vis dans le quadrille de la guerre, ont chanté des cantiques durant une partie de la nuit. Chez nous, au secteur d'E..., le territorial Balthus, artiste connu, a donné le *Minuit, chrétiens* et *la Marseillaise*. Ces morceaux chantés d'une voix vibrante, à cent pas de l'ennemi et sous un ciel étoilé, furent fort goûtés de nos soldats.

Puis, en dépit du froid (le temps était entièrement à la gelée et il fait aujourd'hui — 4°), nos hommes ont réveillonné. La pétarade des bouteilles de champagne, fournies par l'administration, a remplacé pendant quelques instants celle des coups de fusil. En face d'eux, à quelques mètres parfois, leurs adversaires se gorgeaient, eux, de bière et de charcuterie.

Mardi 29. — Depuis quelques semaines déjà nous sommes en pleine guerre de mines et, tout comme devant Saragosse et Sébastopol, on n'entend plus parler que de fourneaux, de camouflets, de fougasses. A la division, le metteur en scène de tous ces artifices est le capitaine du génie H..., un sapeur alsacien au nom à consonance germaine. Il nous arrive du Maroc. Sa figure joviale et bon enfant s'agrémente d'une majestueuse paire de lunettes. Mais il ne faut pas trop se fier à ces dehors pacifiques, car le bon H..., qui passe une partie de son existence dans les entrailles de la terre au milieu de ses mineurs, nourrit à l'égard de nos adversaires les plus ténébreux et les plus sanguinaires projets. Nuit et jour il est occupé à les faire sauter et y réussit souvent. C'est ainsi qu'hier il a opéré une véritable marmelade de soixante Munichois, lesquels auront de la peine à se retrouver entiers au jugement dernier.

Après cet exploit, H... est arrivé tout guilleret au rapport journalier, apportant au général une volumineuse liasse de papiers trouvés sur les cadavres allemands. Parmi eux, les documents du capitaine du génie, son adversaire au jeu de sapes, car il a eu la singulière bonne fortune de faire sauter ce collègue et rival. Dans cette paperasse, je trouve un paquet de cartes postales agrémentées de quelques lignes, toujours les mêmes, qu'un citoyen de la capitale de la bière (1) adressait aux siens, de l'abri blindé où il se croyait bien en sûreté. La dernière fut écrite cinq minutes avant l'explosion. Son auteur y annonce, pour la vingtième fois, qu'il se porte bien, va être relevé et affirme qu'il est désormais certain de voir luire l'année nouvelle. Hélas! illusion! hyperbole! chimère! le pauvre n'avait pas compté sur notre Alsacien, et H... lui a démontré la vanité des calculs de ce monde.

Une particularité assez cocasse est que l'officier de sapeurs bavarois, directeur des travaux dans le secteur adverse, avait un nom très français. Ses papiers révèlent aussi qu'il comptait nous faire sauter sous peu. « Mais l'astucieux H... a pris les devants sur vous, Herr Dumont. »

---

(1) Les régiments bavarois, qui nous faisaient face, provenaient en effet de Munich et d'Augsbourg. Tous leurs boyaux et tranchées étaient, par suite, affublés de noms régionaux comme : Münchnerweg, Augsburgerstrasse, c'est-à-dire : chemin de Munich, route d'Augsbourg, etc.

Mercredi 30. — Pour lutter avec succès contre les *minenwerfer* dans cette guerre où les combattants sont souvent à quelques pas les uns des autres, on est revenu, depuis quelque temps déjà, aux engins jadis démodés du dix-septième siècle : pétards, grenades, crapouillots... Nous voici maintenant aux arbalètes et à demain, sans doute, le retour à l'antique catapulte et à la baliste romaine. Un innovateur, dans un rapport qu'il adresse au général, préconise en effet l'engin de Guillaume Tell pour lancer au loin les pétards. Comme il existe dans le Nord diverses sociétés d'arbalétriers, dont les stands sont actuellement abandonnés, l'auteur du projet nous expédie une de ces armes.

Notre camarade G... (1), l'ingénieur algérien, s'empare aussitôt de l'engin et parle d'abattre, à trente pas, une pomme sur la tête de notre vétérinaire-popotier. Mais celui-ci refuse absolument de servir de cible. Bel A..., notre brillant chef d'escorte, se récuse également. G... doit donc se contenter d'un arbre pour son premier essai. Entouré de spectateurs attentifs, il épaule soigneusement, vise avec minutie, déclanche d'un doigt énergique le mécanisme et envoie son carreau (2)... dans une vitre du cabinet du

(1) Le général Q... l'avait amené avec lui en prenant le commandement de la division.
(2) Nom des traits dont se servaient les arbalétriers.

général. Lui, en vieil Africain ayant horreur des courants d'air, sort en coup de vent et arrête du coup l'expérience en proclamant la déchéance de l'archer qui, dans sa présomption, s'intitulait déjà chef de nos arbalétriers. G..., nature folâtre et doué d'un organe tonitruant dont il abuse, devra donc renoncer à chanter de sitôt :

> Maintenant je suis capitaine,
> A la tête de cent archers.

Vendredi 1ᵉʳ janvier. — Nous voici arrivés au seuil de l'année nouvelle, que nous saluons avec joie. Franchir un tel cap est une heureuse aubaine à la guerre, et surtout dans un secteur aussi éprouvé que le nôtre. Combien, en effet, de nos valeureux camarades sont tombés depuis notre arrivée sous Arras; depuis que surtout, sous une vigoureuse impulsion, nous entravons par d'incessantes attaques les redoutables travaux de l'ennemi, qui, d'agressif qu'il était, observe depuis quinze jours une prudente défensive. Mais la guerre, œuvre de force, est hélas! aussi œuvre de sang et l'on peut rarement y faire acte utile sans en répandre fatalement.

Ce premier jour de l'an de la grande guerre sera d'ailleurs probablement suivi d'un autre, car ce n'est, sans doute, que par voie d'usure totale que l'Europe civilisée aura raison du formidable empire de proie qu'elle a laissé se développer après nos désastres de l'année terrible. Tout en étant donc absolument certain de la victoire des alliés, car nous sommes le droit, la volonté, le nombre et, par suite, la durée, il me semble hors de doute que la lutte sera très, très longue. Personne, à mon sens, ne pourrait prouver actuellement, en ce 1ᵉʳ janvier 1915, que nous n'entrons pas dans une période de guerres analogues à celles de la Révolution. L'incendie, en effet, a bien des chances de s'étendre à toute l'Europe et de nouveaux matériaux viendront l'alimenter. Quoi qu'il en soit, le siège de l'Allemagne est commencé, sur notre front d'Occident tout au moins, où, réduit à la défensive, l'adversaire s'est terré.

Nos braves soldats, si ardents en campagne et qui semblaient de ce fait handicapés pour ce genre d'opérations, s'accommodent parfaitement de leur existence nouvelle et si dure. Leurs vertus militaires ne le cèdent en rien à celles de leurs glorieux ancêtres de l'an II, ceux de la Grande République. Que de savoureux épisodes ne pourrait-on glaner dans leur existence de troglodytes et dans les combats incessants auxquels elle donne lieu. J'en narrerai très brièvement deux au hasard, tous deux vécus dans le secteur de notre division.

J'ai dit qu'en maints endroits nos tranchées sont à quelques mètres seulement de celles de l'ennemi. Le pays d'Artois étant pays de brume, il ne faut donc pas s'étonner que des méprises se produisent parfois, telle la suivante, qui eut lieu l'autre jour un peu avant l'aube.

Deux fantassins allemands, porteurs d'une volumineuse marmite de café, s'étant égarés dans le brouillard, sont descendus par inadvertance dans une de nos tranchées. Là ils se sont trouvés, nez à nez, avec nos zouaves. Ceux-ci ont pincé l'un et abattu d'un coup de fusil l'autre qui tentait de s'enfuir. Quant *au jus*, nos zouzous l'ont dégusté. Sans le proclamer comparable au leur, ils l'ont trouvé très convenable. Ce n'est pas la décoction de glands que les Allemands servent, paraît-il, à nos soldats captifs. Nos adversaires se soignent et nous savons, par les prisonniers, que leur alimentation est à peine inférieure à celle de nos hommes qui est, de tous points, excellente.

L'autre histoire date de quelque temps déjà, de la mi-octobre, quand notre gauche était devant la Targette. Au cours d'une attaque de ce célèbre pâté de maisons, un groupe franc de Joyeux (1) avait réussi à arriver sur les derrières

---

(1) Hommes des bataillons d'Afrique. Ce groupe était commandé par le lieutenant Isaac, soldat héroïque, fertile organisateur de coups de main qui, promu capi-

d'une tranchée ennemie, alors qu'elle était bourrée de défenseurs. Ceux-ci, empilés comme des harengs, furent consciencieusement *baïonnettés* par les bat'd'Af' qui, montés sur le parapet, les transperçaient de haut en bas, sans grande résistance possible. Au cours de cet engagement, un des assaillants, enfant de Paris, eut affaire à un gros lieutenant de landwehr, lequel, après avoir vidé le barillet de son browning, se mit à crier : *Merci!* en un excellent français. Il entendait évidemment ce terme dans le sens de : *Grâce!* Sans écouter sa prière tardive, qu'il ne comprenait d'ailleurs pas, le joyeux a continué à jouer de la baïonnette jusqu'à ce que mort s'ensuive. A chaque coup, l'officier boche criait de plus belle : Merci!

« Et on dit qu'ils ne sont pas polis, répétait à qui voulait l'entendre notre lascar après cet incident. A chaque coup de lardoire dont je le gratifiais, ce *poteau* g... merci. »

Lundi 4. — Envoyé dans le secteur de R... pour y reconnaître un point de la ligne allemande, j'arrive juste au moment où l'ennemi attaque nos avancées. Profitant de l'explosion

---

taine et passé aux zouaves, est devenu aveugle à la suite d'une terrible blessure reçue sur l'Yser. La presse parisienne a annoncé récemment son mariage avec la charmante infirmière qui l'avait soigné.

d'une de leurs mines dans une de nos tranchées, les Allemands ont réussi à s'y introduire; d'où un léger hourvari produit par le soudain afflux de blessés au poste de secours. Après avoir pris contact du colonel M. L..., l'ancien chef du régiment sénégalais (1), que j'ai visité en octobre, et qui, passé aux zouaves, commande en ce moment le sous-secteur, je me porte en avant pour me rendre compte de la situation. J'atteins non sans difficultés la première ligne.

La situation est à mon arrivée assez sérieuse; mais le capitaine Engasser (2), commandant le bataillon qui défend aujourd'hui ce point du front, s'apprête à contre-attaquer énergiquement. Grâce à de judicieuses dispositions, très vigoureusement exécutées, et en dépit des pétards dont les assaillants accablent ses soldats, ceux-ci réussissent à les refouler. A la nuit, l'ennemi ne se maintient plus que dans un seul élément de tranchées.

Revenu à R..., je trouve le général de brigade P..., arrivé à la première alerte. Après avoir pris les directives du général de division, il décide que l'opération sera reprise de nuit, avec le concours de l'artillerie cette fois. A dix

---

(1) Au début de l'hiver ce corps, d'ailleurs très réduit, avait été envoyé dans un climat plus chaud.
(2) Mort au feu dans des circonstances que nous relaterons.

heures du soir, je repars donc pour les avancées, accompagnant le colonel M. L..., qui doit diriger l'action du P. C. le plus proche du point d'attaque. C'est un abri creusé dans le sable, à cent mètres environ des lignes allemandes. Manquant d'élévation, on ne saurait s'y tenir debout.

Nous y sommes depuis quelques instants, couchés l'un près de l'autre, avec à nos côtés le téléphoniste, quand, à 23 heures précises, notre artillerie se déclanche. Comme elle tire sur des tranchées voisines, les obus rasent d'assez près notre gîte. L'impression que nous cause ce tir bien réglé, dont les trajectoires serrées nous survolent de quelques mètres à peine, est formidable. Pendant une demi-heure, les obus à mélinite tombent avec une précision mathématique sur la ligne allemande. Ils passent sur la troupe d'assaut, massée dans le voisinage du point à enlever, et lui procurent un grand sentiment de force. Chaque soldat sent que l'ennemi est littéralement cloué au sol par ce tir intense, et que ses réserves sont dans l'impossibilité d'avancer.

L'artillerie adverse riposte d'ailleurs de son mieux. Elle fait pleuvoir sur nos positions une grêle d'obus. L'un d'eux tombe non loin de notre abri et coupe la communication téléphonique. Le culot du projectile, pénétrant les cinquante centimètres de terrain sablonneux qui nous abrite, tombe aux pieds du colonel. Il le fait mettre de côté, pour s'en servir plus tard comme presse-papier.

Puis les Bavarois font jouer leurs mitrailleuses. Durant plusieurs minutes, une épaisse nappe de balles rase le poste, nous donnant l'illusion des sifflements de milliers de reptiles. Il y a loin de cette musique infernale au bourdonnement d'abeille du projectile isolé. Enfin notre canon cesse de tonner. Les troupes d'assaut s'élancent, réussissent à pénétrer dans les tranchées ennemies bouleversées; mais comme toujours, les Allemands contre-attaquent. L'action se poursuit donc avec des chances diverses jusqu'au point du jour, où elle s'éteint graduellement. Et le combat, très meurtrier, meurt de part et d'autre un peu faute de combattants.

Néanmoins, tandis que nous rejoignons R..., de nombreuses balles tombent encore dans le boyau. Le ronflement de toupie de celles qui ont été retournées, dans l'étui de la cartouche, est très caractéristique. Un malheureux territorial qui déblayait le chemin a la jambe littéralement broyée par un de ces projectiles, que nos adversaires transforment ainsi en dum-dum.

Mardi 5. — Les combats d'hier nous ont donné une centaine de prisonniers. Ce sont en grande partie des fantassins bavarois, mêlés cependant de quelques sapeurs mineurs prussiens. Parmi les fantassins, plusieurs, qui appartiennent à l'*ersatz* (1), sont franchement mal bâtis. Une bonne demi-douzaine appartient au type dit chez eux *hopfenstänge* (perche à houblon). Très minces, la poitrine étriquée, d'aspect misérable, ils semblent de vrais candidats à la tuberculose. Rien qu'à les voir, on sent que l'Allemagne commence à faire flèche de tout bois. Un autre mal f... offre avec les précédents le contraste le plus complet. Très court sur ses pattes torses, la tête enfoncée dans des épaules énormes, c'est un gibbeux véritable. Il est si contrefait que, n'en croyant pas mes yeux, je m'imagine qu'il a caché un pain de munition sous sa capote. L'ayant tâté pour m'en assurer, je suis obligé de me rendre à l'évidence, car j'ai sous la main une authentique protubérance de chair et d'os. Puisse ce contact me porter bonheur! Ce bossu me dit être engagé volontaire; son aspect est d'ailleurs plutôt sympathique et sa face hilare ne dément pas le proverbe.

Tous ces hommes sont mal vêtus, et leurs capotes usées jusqu'à la corde. En revanche, leur mine, généralement bonne, atteste de l'excellence de l'alimentation. Je leur fais subir un

(1) *Ersatzreserve* : réserve de remplacement constituée par des dispensés du temps de paix et des ajournés rappelés en temps de guerre.

interrogatoire sommaire, puis nos spahis les conduisent au corps d'armée.

L'après-midi on m'en amène deux nouveaux, l'un et l'autre aspirants officiers. Le premier, un avocat de Munich, grand diable à la structure de ficelle, n'avait, en raison de sa pauvreté thoracique, jamais servi avant la guerre. Il possède, en revanche, la *tapette* professionnelle. Animé de la classique haine contre l'Angleterre, ce basochien tente d'entamer une digression sur la perfidie britannique. Mais je suis obligé de couper ses effets, ayant d'autres occupations que de l'entendre développer ce thème usagé.

Le second, petit et joufflu, est un Herr Professor d'une *Realschule* de la Prusse orientale (1). C'est un *vir doctissimus*, tout confit de *Kultur* et de croyance à la supériorité de sa race. Peu loquace, ou tout au moins très réservé, il répond sommairement à mes questions et prétend, à tort ou à raison, ignorer notre langue. Pendant que je fais jaser l'avocat, j'ai confié ce pédagogue aux bons soins d'un de nos vieux spahis, avec lequel il semble avoir quelques difficultés. Voici en effet son gardien qui me paraît l'apostropher d'un ton animé. M'étant

(1) École professionnelle. — Très nombreuses en Allemagne, leur enseignement concurrence un peu celui des Universités.

approché pour intervenir, j'entends la fin du dialogue. Oh! combien savoureuse et de nature à rabattre l'orgueil de ce disciple de Nietzsche.

« Qui qu' c'est ça? vocifère Abdallah très indigné. J't'y parle français! Ti comprends pas. J't'y parle z'arabe! Ti comprends pas non plus! Ti comprends rien z'alors! *Ti sauvage!* »

Mardi 6. — Une douloureuse nouvelle nous arrive aujourd'hui au quartier général. Le brave commandant de Robien, qui en raison de sa belle conduite venait d'être nommé au commandement d'un régiment de réserve qu'il aurait déjà dû rejoindre, avait demandé à garder quelques jours encore son beau bataillon. On se battait en effet dans son sous-secteur, et jusqu'au bout ce beau soldat voulait prendre part à la fête. Ce matin, tandis qu'il opérait une reconnaissance sous une pluie de pétards, ayant hasardé la tête hors de la tranchée, il est tombé aussitôt, la poitrine broyée par une bombe. C'était, je l'ai déjà dit en esquissant sa silhouette, un officier plein de bravoure et de calme. Cette dernière qualité est beaucoup plus rare, partant plus appréciable. On l'enterrera au cimetière de A... Le général de Maud'huy, commandant l'armée, viendra assister à ses funérailles et lui dira un vibrant adieu.

Vendredi 8. — Les combats de ces jours-ci, livrés sur tout le front, ont donné lieu à pas mal de distinctions dont la division a sa bonne part. Depuis quelque temps, nos grands chefs se montrent prodigues à son égard. Parmi les nouveaux médaillés, deux Alsaciens, comme il s'en trouve beaucoup dans nos rangs depuis le début de la guerre. L'un, un vieux territorial du nom de S..., a fait, à lui seul, seize prisonniers dans un boyau. L'autre, un tout jeune zouave nommé H..., est un engagé pour la durée de la campagne. Il parle un français atroce, mais joue admirablement de la baïonnette et s'est distingué dans divers coups de main. Aussi le général en chef nous téléphone qu'il veut remettre lui-même à ce brave l'insigne de la valeur.

En conséquence, H..., appelé d'urgence, arrive à notre Q. G. sur les deux heures. Je suis chargé de conduire au général de Maud'huy, alors à son poste de commandement, notre zouzou, encore tout couvert d'une noble boue, car il sort des tranchées. Nous voici à X... Nous descendons de voiture et trouvons, dans une simple salle d'école, notre grand chef penché sur ses cartes. Interrompant son travail, il accroche la médaille sur la poitrine du héros fangeux, le félicite et l'embrasse sur les deux joues. Puis, il lui remet des cadeaux divers, notamment deux bouteilles de champagne qui seront bues à sa santé. L'Alsacien rit d'un œil et pleure de l'autre, tant l'accueil du commandant de l'armée l'a ému. Le général de Maud'huy possède en effet, au summum, l'art de parler aux soldats. Il les visite souvent, toujours revêtu de sa peau de bique et tout en fumant une pipe, devenue légendaire.

Sa figure, popularisée par l'image, est des plus connues. Mais, ce que la photographie et même l'estampe ne sauraient rendre, c'est l'impression de mouvement qui caractérise ce visage énergique et mobile, aux yeux pétillants d'intelligence, cette silhouette qui a gardé toute la sveltesse de la jeunesse, toute la pétulance de l'ancien sous-lieutenant de chasseurs à pied. C'est dans ce corps que le général a fait presque toute sa carrière. Elle s'est déroulée à la frontière et à Paris, où, durant des années, il a professé à l'École supérieure de guerre, et toujours avec le même éclat, les cours les plus variés. La guerre, qui en quelques semaines le poussa aux premiers rangs, l'avait trouvé simple brigadier. Le voilà, depuis plusieurs mois, à la tête d'une importante armée; mais chasseur à pied durant trente années, il en a conservé toutes les allures physiques. Aussi, et quelques belles pages que l'avenir lui réserve encore, l'histoire unira certes le souvenir de Maud'huy à la légende des diables bleus, comme elle a rendu inséparable de celle de nos houzards le Lorrain Lasalle, son illustre compatriote.

Jeudi 14. — Bonne journée pour nous tous. La division vient d'être citée à l'ordre de l'armée. Le général rayonne et chacun est ravi. La nouvelle est aussitôt téléphonée à l'avant. Pour fêter cette distinction, nos zouaves, par un hardi coup de main, font une centaine de prisonniers. Après passage à notre Q. G., on les expédie, comme d'habitude, au général de Maud'huy. Il s'en réjouira la vue, ainsi que notre commandant de corps d'armée qui les verra également au passage. L'un et l'autre se rendront ainsi compte du désir de nos braves de continuer à se montrer dignes de tels chefs. Le soir, l'armée nous envoie une forte prime pour être employée, comme d'usage, en menus cadeaux, à répartir entre ceux de nos hommes qui ont le plus contribué à la prise. Au début, il y a quelques mois, elle était de dix francs par tête de captif; mais depuis quelques semaines, le nombre des prisonniers est devenu si considérable qu'ils sont descendus à moins de vingt sous, l'un dans l'autre. Bref! le Boche est au plus bas cours.

Mercredi 20. — Décidément la série est à la

noire ! Avant-hier, une marmite, tombant sur un rassemblement de tirailleurs, en a dégringolé bon nombre. Aujourd'hui, le capitaine Engasser, officier de la plus haute valeur, qui avait remplacé le commandant de Robien à la tête de son bataillon, vient lui aussi, et à moins de quinze jours d'intervalle, de trouver une mort glorieuse dans le même et terrible sous-secteur de R... Comme son prédécesseur, c'est au cours d'une reconnaissance préliminaire à une attaque qu'il fut tué. D'un courage froid et inaltérable, Engasser n'aimait pas à se servir du périscope. En vain ses officiers lui conseillaient-ils plus de prudence. Sa dernière parole fut : « Je veux voir. » Il s'est donc dressé de tout le buste au-dessus des lèvres de l'entonnoir et fut aussitôt foudroyé d'une balle en plein front. On l'enterrera à côté du commandant de Robien, dont, tout jeune encore, il aurait pu être le fils. Comme lui aussi, il appartenait à une famille de soldats et son vieux père est chef de bataillon en retraite à Nice.

Vendredi 22. — Le temps, très pluvieux depuis plusieurs jours, a transformé en ruisseaux de boue certaines de nos tranchées. Cette nuit, lors de la relève, des tirailleurs, qui pour couper au plus court s'étaient aventurés dans un boyau peu fréquenté, se sont enlisés jusqu'au ventre.

Ils furent un instant en grand danger de périr dans la fange, d'où il a fallu les retirer avec des cordes. On finit par y réussir; mais l'opération fut pénible et tous leurs effets sont restés dans la glaise. C'est dans un costume des plus primitifs qu'ils sont sortis de ce maudit boyau. Loué cependant soit Allah!

Samedi 30. — A l'issue d'une reconnaissance dans le secteur d'E..., le lieutenant-colonel D... me retient à déjeuner dans la maison isolée, sise en pleine campagne, où il a dû s'installer, après que son dernier P. C. lui fut dégringolé sur les épaules. Cette aventure lui arrive pour la troisième fois; mais rien ne peut enlever sa belle humeur à ce chef aimable. C'est le sourire aux lèvres qu'il me reçoit sur le seuil de sa nouvelle habitation. Comme elle n'avait aucun nom sur la carte, il lui attribua celui d'une dame au vocable poétique. Mais les rustres d'en face n'en ont cure, et durant le déjeuner les inévitables 210 tombent autour de la villa T...

Dimanche 7 février. — J'ai été chargé, lors de la liaison du soir, de porter au C. A. diverses bombes non explosées, d'usage courant chez nos adversaires. Auprès de ces engins, ceux que, lors des attentats anarchistes de Paris, la préfecture de police faisait avec un grand luxe de précautions enlever dans les voitures blindées, passeraient pour des joujoux inoffensifs. J'en ai six répartis un peu partout dans l'auto. A..., qui m'accompagne et qui est très capitonné de sa personne, en prend un sur ses genoux.

Ces saletés explosant très facilement par percussion, je recommande au chauffeur de nous épargner les cahots. Nous arrivons sans encombre à X..., mais, ne voilà-t-il pas que, devant la porte du quartier général, notre vétérinaire, garçon un peu distrait, laisse choir son petit paquet, une sorte de tortue enfermée dans une boîte pleine de sciure de bois. Heureusement qu'il y avait un pied de boue devant le perron. Tout s'est donc bien passé et j'ai pu étaler, devant le général Petain, cette collection de bibelots variés, enfantés par l'art industrieux des pyrotechniciens d'outre-Rhin. Plusieurs ont un aspect des plus bizarres, voire franchement repoussant. On dirait certains de ces êtres hybrides des époques paléontologiques, dont la conformation déroute les savants et échappe à toute classification. Brrou! les vilains monstres, et comme ils ressemblent bien à leurs Boches de pères!

Lundi 8. — Il nous arrive aujourd'hui de l'Yser trois capitaines de cuirassiers en rupture d'escadrons. Ces *coquillards,* qui doivent être employés comme agents de liaison de trois de nos chefs de corps, sont, comme on le pense, de superbes gaillards. Ils se présentent armés de pied en cap, avec casque et cuirasse ; bref, semblables à de véritables forteresses humaines. Leur vue évoque les brillantes chevauchées de l'Épopée ; mais, hélas ! ces temps sont révolus. Leur carapace étant peu pratique pour se promener dans les tranchées, ils devront l'abandonner pour se muer en modestes pousse-cailloux.

Dimanche 14. — Nouvelle présentation au général. C'est cette fois un zouave, qui doit certes bien être le doyen de tous les zouaves. Agé de soixante-six ans, il a fait la guerre de 1870 comme sous-officier. Ce brave se nomme Bugeaud. Comme son illustre homonyme, il est originaire du Limousin, mais habitait Alger au moment de la mobilisation. Engagé pour la durée de la guerre, ce vétéran, dont la tête aux traits rustiques de vieux paysan français est entourée d'un collier de barbe blanche, nous déclare qu'il n'a jamais été si heureux qu'au régiment. Avec son prêt, il s'estime plus riche qu'un roi. C'est de tous points un satisfait !

Jeudi 18. — Cet épisode sera le dernier de ma relation de guerre. Hier, nous avons effectué, dans le sous-secteur de R..., une attaque qui nous a permis de pousser nos avancées comme un coin dans les lignes ennemies. Les Allemands paraissant vouloir reprendre les tranchées perdues, je vais relever avant l'aube le camarade de service là-bas depuis vingt-quatre heures. Après l'habituel trajet, j'atteins sans encombre le poste blindé où il me passe la consigne. L'action de la veille a été chaude; de nombreux blessés se trouvent encore au poste de secours et plusieurs officiers ont été tués, dont le capitaine Bidot, de ma promotion.

Sur les 9 heures, les Bavarois attaquent, après avoir réussi à faire exploser plusieurs fourneaux sous leurs anciennes tranchées conquises par nous. D'où un peu de tumulte à l'avant. Comme des fils téléphoniques ont été coupés par l'explosion, le P. C. du sous-secteur se trouve ainsi piètrement relié avec le point attaqué. Le lieutenant-colonel A... s'inquiète donc d'être si mal renseigné et je lui propose d'aller voir ce qui en est exactement.

Parti à 10 heures, j'atteins quarante minutes après, et par des boyaux encombrés de blessés, un premier P. C. où se tient le commandant R..., des zouaves. Il a en réserve un bataillon, massé dans une place d'armes voisine; cet officier me confirme, sans pouvoir préciser davantage, l'irruption des Allemands et l'action de refoulement entreprise contre eux par le N° bat' d'Af' (1).

Les Joyeux (2) de l'énergique commandant F..., qui dirige en ce moment le combat, contiennent l'ennemi tout en subissant de grosses pertes, car l'adversaire les accable d'obus, de pétards et de torpilles aériennes. Celles-ci font un bruit véritablement épouvantable, et comme elles éclatent à moins de cent mètres d'ici, il nous faut, le commandant R... et moi, parler très fort pour arriver à nous entendre. Renseigné, je le quitte pour continuer de l'avant; course pénible, car les boyaux ont été bouleversés par les projectiles ennemis et il faut souvent enjamber les morts et les blessés. Le bat' d'Af' qui m'accompagne, ayant été atteint, disparaît dans la bagarre. Me voilà sans guide et, quelle que soit la précision de mon croquis et ma connaissance du secteur, il me devient difficile de me reconnaître dans ce labyrinthe chaotique où, à chaque instant, les projectiles me jettent au visage de la terre mêlée à toutes sortes de débris divers.

Poursuivant ma marche, je finis néanmoins par atteindre le but que je m'étais proposé : l'entonnoir le plus avancé, sur la possession duquel il y avait doute à R... C'est une sorte de

(1) A la suite de ce combat, ce bataillon fut cité à l'ordre de l'armée.
(2) Surnom des soldats des bataillons d'Afrique.

cirque, d'une dizaine de mètres de diamètre, de deux ou trois d'élévation, creusé par l'explosion d'une de nos mines dans la ligne allemande, et dont la conservation nous importe fort. Je constate que quelques Joyeux y tiennent toujours, continuant à lutter sur les cadavres de leurs compagnons.

Le spectacle est saisissant. Bien fait pour donner une idée exacte de la guerre de tranchées, il vaudrait à lui seul la course. Ces défenseurs ultimes se sont déséquipés et n'ont gardé sur la capote que deux musettes, l'une et l'autre pleines de pétards. Ils les projettent avec toute la vigueur possible de l'autre côté du parapet, dans un fragment de tranchée où des Allemands sont installés et cherchent à faire irruption ici. Deux ou trois mètres de terre nous séparent de cet ennemi qui riposte par l'envoi d'autres explosifs. Quelques Boches qui ont surgi un instant, revolver dans une main et bombe dans l'autre, au-dessus de notre entonnoir, ont été tués sur son rebord. Par-dessus ces corps, leurs camarades se contentent maintenant de lancer pétards sur pétards. Heureusement que la plupart n'éclatent pas, sans quoi il n'y aurait plus personne de vivant ici.

Bref, la lutte se poursuit très âpre. L'ardeur des défenseurs est telle, que leurs gestes sont un peu ceux de gamins se battant à coups de boules de neige durant une chaude mêlée de beau jour d'hiver. L'odeur de la poudre, la vue du sang, semblent les avoir prodigieusement surexcités. J'ai l'impression, qui ne diminue d'ailleurs en rien leur mérite, qu'en ce moment l'idée de la mort ne leur vient même pas à l'esprit. Je les encourage de la voix, puis au bout de quelques minutes, rassuré sur ce premier point, je quitte l'entonnoir, mon rôle de représentant du commandement n'étant pas de jouer les grenadiers, mais de prendre le contact du chef et de me concerter avec lui.

Me voilà donc de nouveau dans les tranchées où je rencontre heureusement un homme de liaison auprès du commandant F... « Il est tout près d'ici », paraît-il. Effectivement, je trouve ce vaillant chef de corps à quelques pas de là, non loin de l'entonnoir. Ses traits énergiques sont noirs de poudre et sa tunique est éclaboussée de sang. Je le salue. Il s'approche, me serre vigoureusement les deux mains, me félicite, mais le moment n'est pas aux congratulations.

Pour mieux nous expliquer au milieu de cet épouvantable vacarme, nous pénétrons sous le couvert sommaire d'un abri improvisé, où plusieurs officiers, momentanément hors de combat, sont déjà installés. Je trouve là le capitaine-adjudant-major C... et les lieutenants M... et M... Ces trois camarades, dont l'un est blessé, ont un aspect très caractéristique. Sous la vibration des gaz et la violence des explosions, ils ont subi un effet physique bien connu de tous ceux qui ont fait aux avancées la guerre de tranchées. En ce moment ils donnent l'impression de sortir d'un état léthargique, disons le mot, d'une profonde ivresse. Leur état est celui d'hébétement.

C... me regarde sans me reconnaître et l'un des lieutenants, officier très valeureux, répond à mes questions par des propos incohérents. Sachant ce qui en est, je ne m'en étonne pas autrement et dialogue, en criant à tue-tête, avec le commandant F... qui réclame des renforts et surtout des pétards. Je reviens donc à l'arrière près du chef de bataillon R... Nous actionnons les réserves et on réussit à chasser l'ennemi.

. . . .

Au poste de secours, où je me suis rendu, au sortir de la mêlée, pour pouvoir fournir au général un rapport complet sur les événements, il y a un prodigieux encombrement. Le docteur de P..., médecin-major des zouaves, et ses aides dont le dévoué docteur A..., ne savent où donner de la tête! Joyeux, zouaves, tirailleurs, sapeurs et fantassins territoriaux aussi, se pressent autour des chirurgiens. Ce sont les blessures à la tête qui dominent. Beaucoup sont d'apparence affreuse, mais il ne faut pas trop s'en émouvoir. Quand l'homme ne meurt pas sur le coup, les atteintes au crâne ou à la face se guérissent assez vite en général. Parmi ces blessés, mon camarade de promotion M..., capitaine de turcos, atteint pour la seconde fois.

L'aumônier de la brigade, l'abbé G..., prêtre canadien, sur le front depuis trois mois, circule dans le poste en offrant les secours de la religion. Lui aussi doit opérer vite. Son procédé est donc des plus simples : « Es-tu catholique? — Oui. — Demande pardon au Bon Dieu de tes péchés?... » Là-dessus, murmure du blessé, signe de croix et absolution consécutive du digne aumônier, qui passe immédiatement au suivant. De cette façon, tant ici que dans les tranchées où je l'ai rencontré tout à l'heure au plus fort de la mêlée, l'abbé G... a, dans les vingt-quatre heures, fourbi les consciences de plusieurs centaines de braves garçons, bien portants ou moribonds, pratiquants ou non, mais tous enchantés de le rencontrer sur leur chemin.

Tous ces hommes ne sont pas geignants et gémissants, comme on pourrait le croire. Ce serait une profonde erreur que de s'imaginer qu'on entend, dans le poste de secours, un concert de lamentations. Sauf quelques blessés au ventre, qui souffrent énormément et ne réussissent pas toujours à étouffer un cri douloureux, l'attitude des autres est le plus souvent d'une belle résignation. D'ailleurs, les armes actuelles frappent avec une si excessive violence, qu'il en résulte, pour la partie atteinte, une sorte d'insensibilité avec phénomènes d'anesthésie locale.

Bref, tant qu'on ne le panse pas, le blessé est assez tranquille. Il ne ressent ordinairement d'une façon vraiment vive les atteintes de la douleur physique, que quand on met la blessure à nu. Pressés de besogne, les infirmiers ne déshabillent pas; ils coupent le drap ou le cuir qui couvre la plaie, à laquelle adhèrent toujours des lambeaux d'étoffe et parfois des débris divers. Pour les enlever, le chirurgien, surtout les jours de pareille affluence, n'a pas toujours le loisir de déployer un grand luxe de précautions. C'est donc le moment de la réaction physique, celui où l'homme gémit plus ou moins, pour crier parfois sous la morsure du scalpel.

Les différentes races ne se comportent d'ailleurs pas toutes de la même façon. Leur résistance à la souffrance, fonction de leurs nerfs, est très variable. D'une façon générale, les Ariens sont beaucoup moins sensibles à la douleur que les Sémites (Arabes ou Israélites algériens), et sans vouloir méconnaître les néo-Français d'origine espagnole, italienne ou maltaise, il est justice d'affirmer que ce sont les Français qui demeurent les plus stoïques.

Et là encore, à l'ambulance, se manifeste dans toute sa beauté... le sang de la race.

FIN

TABLE DES MATIÈRES

	Pages.
I. — Le branle-bas en Algérie	1
II. — De la Méditerranée aux champs de bataille de la Marne	42
III. — Un coin de la bataille de la Marne	76
IV. — La marche en avant	119
V. — Sous Soissons	157
VI. — Sous Arras	205
VII. — Devant le Labyrinthe	274

PARIS. TYP. PLON-NOURRIT ET Cⁱᵉ, 8, RUE GARANCIÈRE. 21359.

A LA MÊME LIBRAIRIE

Dixmude. *Un chapitre de l'histoire des fusiliers marins (7 octobre-10 novembre 1914)*, par Ch. Le Goffic. 64ᵉ édition. Un volume in-16 avec deux cartes et douze gravures.   3 fr.
(Prix Lasserre 1915.)

En Campagne (1914-1915). *Impressions d'un officier de légère*, par Marcel Dupont. 34ᵉ édition. Un volume in-16. Prix . . . .   3 fr. 50

Notes d'une infirmière (1914), par M. Eydoux-Démians. 8ᵉ édition. Un volume in-16. . . . .   3 fr.

Visions de guerre et de victoire, par Énée Bouloc. ? édition. Un volume in-16. . . . .   ? fr.

Les Allemands à Louvain. *Souvenirs d'un témoin*, par M. Herve de Gruben. Préface de Mgr Simon Deploige. ? édition. Un volume in-16. . . . .   ? fr.

La Bataille de la Marne *(6-12 septembre 1914)*, par ? Blain. 5ᵉ édition. Un vol. in-16 avec neuf ?

? de papier. *Ce qu'il faut savoir des ? de guerre*, par Daniel Bellet. Une brochure in-16.

L'Indépendance européenne, *étude sur les ? pays*, par André Sardou. Une brochure in-8°.

Chez nos ennemis à la veille de la guerre, par ? Choisy. Une brochure in-16. . . . .

A la conquête du Maroc Sud avec la colonne ? (1912-1913), par le capitaine Cornet, de l'infanterie ? Lettre-préface du général Ch. M?. ? édition. Un volume in-16 avec 19 gravures et une carte.

Un ?. *Le lieutenant Jacques Roze*, par ? Étienne Roze. 4ᵉ édition. Un volume in-16 avec ? Prix
(Couronné par l'Académie française.)

? militaire. *Italie (1859). — Cochinchine ? ? (18??)*, avec une préface de M. le vicomte de Vogüé, de l'Académie française. 2ᵉ édition. ? écu . . . .

PARIS, TYP. PLON-NOURRIT ET Cⁱᵉ, ? RUE GARANCIÈRE.

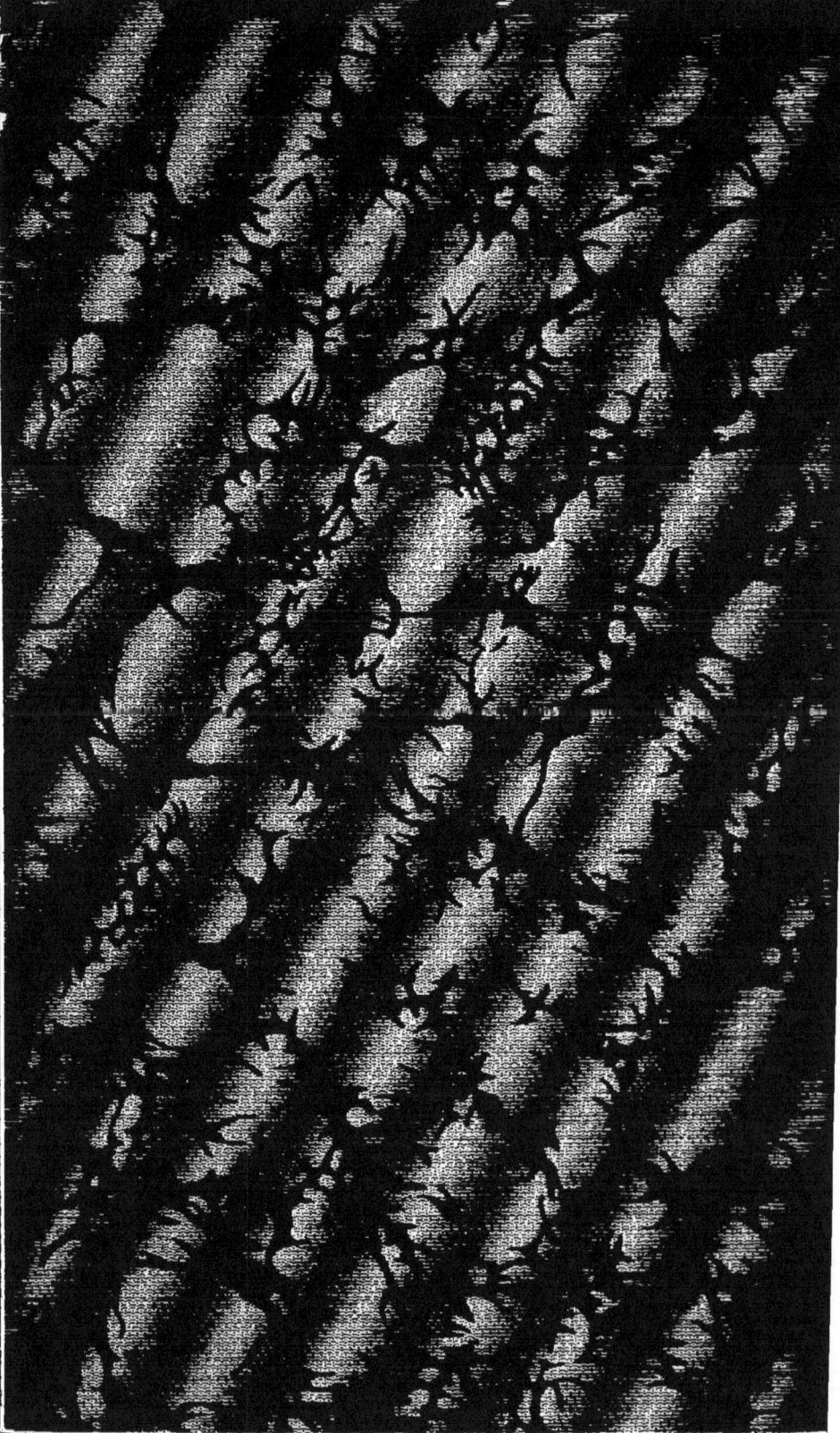

www.ingramcontent.com/pod-product-compliance
Lightning Source LLC
Chambersburg PA
CBHW070906170426
43202CB00012B/2210